Roland Fröhlich

Kleine Geschichte der Kirche in Daten

Roland Fröhlich

Kleine Geschichte der Kirche in Daten

HERDER

FREIBURG · BASEL · WIEN

www.herder.de
Einbandgestaltung: Finken & Bumiller, Stuttgart
Satz: Barbara Herrmann, Freiburg
Druck und Bindung: Těšínská tiskárna a.s., Český Těšín
Gedruckt auf umweltfreundlichem, chlorfrei gebleichtem Papier
ISBN 3-451-28350-3

Inhalt

Vorwort

An wertvollen Gesamtdarstellungen der Kirchengeschichte fehlt es nicht. Spärlicher sind Datenwerke, die sich auf die Erwähnung von Ereignissen beschränken. Gründe dafür sind leicht zu nennen. Während das Aufzeigen von Entwicklungen Daten sortiert, Wichtiges und Unwichtiges klassifiziert, kann das isolierte Ereignis je nach Fragestellung unentbehrlich oder überflüssig erscheinen. Der Vorwurf, zu viel oder zu wenig angeführt zu haben, ist deshalb nahezu unvermeidlich. Auch mag die zeitliche Einordnung von Vorgängen, gemessen am Inhalt, vielen relativ unwichtig vorkommen.

Die vorliegende Zusammenstellung nach Daten will einem breiten Spektrum von Bedürfnissen entgegenkommen. Sie orientiert sich an den Themen, die in den Fachbüchern für wichtig gehalten werden, die auch in Unterricht, Vorlesungen und Prüfungen eingehen. Darüber hinaus werden neuere, zeitgemäße Fragen an die Geschichte der Kirche berücksichtigt: die kirchliche Soziallehre, der Beitrag der Frauen in der Entfaltung der Kirche, die ökumenische Bewegung, das sich wandelnde Selbstverständnis der Kirche. Immer wieder wird auch die Brücke zu philosophischen Denkern geschlagen – gemäß dem Leitwort des Anselm von Canterbury: *fides quaerens intellectum* – der Glaube sucht das Denken.

Die genannten Merkmale sind auch ein Hinweis auf die angezielte Verwendung: als Nachschlagewerk, um schon bekannte Ereignisse, Personen, Begriffe in ihrem geschichtlichen Kontext zu finden; als Grundwissen, das für verschiedene Zwecke wieder aufgefrischt werden kann; schließlich als „Entdeckungsreise", bei der man auf Neues oder Vergessenes stößt und sich mit Freuden einer spezielleren Lektüre zuwendet.

Um geschichtliche Epochen leichter zu behalten, wurde die Darstellung nach Jahrhunderten gegliedert und dabei – um nicht ein bezugloses Springen zwischen sehr verschiedenen Inhalten zu häufen – zwischen „Kirche und Gesellschaft/Staat" und „Innerkirchliches Leben" unterschieden. Spätere Auswirkungen Weichen stellender Ereignisse werden (im Kleindruck) an Ort und Stelle genannt. Das ausführliche Personen- und Sachregister will allen entgegenkommen, die den geschichtlichen Kontext einzelner Namen und Begriffe suchen.

Kirchengeschichtsschreibung will „objektiv" sein, nichts verschweigen – und ist doch stets der Gefahr ausgesetzt, den Skandal oder das Erbauliche überzubetonen. Hinter ihr steht letztlich eine Glaubenshaltung, die der Kirchenhistoriker Hugo Rahner mit wenigen Worten ansprach: die Kirche – Gottes Kraft in menschlicher Schwäche.

Tübingen, im März 2004 *Roland Fröhlich*

1. Jahrhundert
Von Jerusalem nach Rom

A. Kirche und Gesellschaft/Staat

Die Verkündigung Jesu vom Anbruch des Gottesreiches durch die in ihm wirkende Macht des Vaters sowie sein autoritativer Umgang mit dem mosaischen Gesetz spalten die Hörer. Nach seiner Hinrichtung ist es dem unerschrockenen Auftreten seiner Jünger, die ihn als Auferstandenen erfahren haben, zu verdanken, dass die „Sache Jesu" trotz aller Gegenmaßnahmen weiterlebt. Schon in der zweiten Hälfte des 1. Jahrhunderts fallen die Christen den römischen Behörden als eigene, von den Juden zu unterscheidende Gruppe auf. Ihre Unbeugsamkeit, nur Christus als „Kyrios", als obersten Herrn, anzuerkennen, bringt sie in Konflikt mit kaiserlichen Ansprüchen.

▪ **zwischen 7 und 4** vor unserer Zeitrechnung **Geburt Jesu** in Bethlehem (Judäa), während der Regierungszeit des Kaisers Augustus; sein Heimatort ist Nazaret (Galiläa). – Seit 63 v. Chr. steht Palästina unter römischer Herrschaft. Die Hoffnung auf einen von Gott geschickten „Messias", einen König, der sein Volk befreit und das „Reich Israel wieder aufrichtet" (Apg 1,6), gewinnt neue Aktualität.

525 Dionysius Exiguus, Mönch in Rom, zählt zum ersten Mal die Geschichtsjahre von der Geburt Jesu an. Bei der Berechnung unterlaufen ihm Fehler.

▪ **um 30 Kreuzigung Jesu** durch den Prokurator Pontius Pilatus, unter der Regierung Kaiser Tiberius'.

▪ **um 33** Steinigung des **Stephanus** durch aufgebrachte jüdische Mitbürger, denen er den Mord am Messias vorwirft. Er gilt als erster christlicher Märtyrer.

um 42 Hinrichtung **Jakobus des Älteren** durch Herodes Agrippa.

um 50 Nach Sueton (gest. um 150) vertreibt Kaiser Claudius „Juden, die unter Anstiftung des Chrestos ständig Unruhen verursachten", aus Rom (Vita Claudii 25,4).

64 Brand Roms. Als Kaiser **Nero** in Verdacht gerät, Rom zu Gunsten neuer Bauprojekte angesteckt zu haben, beschuldigt er – wie Tacitus um 116 in seinen Annalen (XV, 44) erwähnt – die Christen der Brandstiftung. Viele sterben in der Arena. – Zu den Opfern dieser ersten Christenverfolgung zählen auch **Petrus** und **Paulus.**

66–70 Jüdische Erhebung gegen die römische Herrschaft. Der Aufstand endet mit der Eroberung Jerusalems durch Titus (Sohn Kaiser Vespasians) und der **Zerstörung des Tempels** (70). Zahlreiche Juden (und Christen) werden verschleppt und tragen auf diese Weise zur Verbreitung des Glaubens bei.

Im Verlauf des jüdisch-römischen Krieges wird auch **Qumran** zerstört, das Zentrum der **Essener.** Diese jüdische Sekte, die ihre Blütezeit an der Wende vom 2. zum 1. Jahrhundert v. Chr. erlebte, hatte sich zur strengeren Gesetzesbeobachtung abgesondert und in der Nähe des Toten Meeres niedergelassen. Sie verwirft den Jerusalemer Tempelkult, den Eid, die Sklaverei; von Vollmitgliedern wird Ehelosigkeit erwartet. Eine enge Verbindung zu Qumran unterhalten auch die **Ebioniten** („Arme"), eine Gruppe von Judenchristen aus Jerusalem, die um 66 nach Pella (Ostjordanien) abwandern und sich nach der Zerstörung Jerusalems zur Sekte entwickeln; sie verlangen die Beobachtung des mosaischen Gesetzes, betrachten Paulus als Apostaten und bestreiten die Gottessohnschaft Jesu, den sie nur als Propheten anerkennen.

81–96 Als erster beansprucht Kaiser **Domitian** für sich den Titel *Dominus et Deus* – Herr und Gott – und macht den schon üblichen Eid „beim Genius des Kaisers" zur Pflicht. Mehrere Römer – wahrscheinlich Christen – werden unter der Anschuldigung des „Atheismus" bzw. der „Verirrung zu jüdischen Sitten" hingerichtet, darunter der ehemalige Konsul

Titus Flavius Clemens (seine Frau Domitilla wird verbannt). Unter Domitians Regentschaft wird auch der Apostel **Johannes** auf die Insel Patmos verbannt (?).

um 93 Der jüdische Historiker **Josephus Flavius** spricht in seiner Geschichte Israels von Jakobus dem Jüngeren, dem „Bruder Jesu, welcher Christus genannt wird“ (Antiquitates XX, 9,1), und erwähnt an anderer, vielleicht von christlicher Hand überarbeiteter Stelle (XVIII, 3,3), dass Jesus auffallende Werke vollbracht habe und von Pilatus zum Tod am Kreuz verurteilt worden sei; seinen Anhängern sei er am dritten Tag wieder lebend erschienen; „noch bis jetzt hat das Geschlecht der Christen, welche nach ihm benannt werden, nicht aufgehört“.

B. Innerkirchliches Leben

Die Anhänger Jesu erwarten seine baldige Wiederkunft als Weltenrichter. Seinem Auftrag gemäß feiern sie in ihren Häusern das eucharistische Mahl, sorgen für die Armen, achten die Autorität der Apostel. Von entscheidender Bedeutung ist die wachsende Erkenntnis, dass Gott nicht nur die Rettung Israels im kommenden Gericht, sondern das Heil aller Völker im Sinne hat – ein Heil, das nicht an die Befolgung des mosaischen Gesetzes gebunden ist, sondern allen zuteil werden soll, die Jesus als Sohn Gottes bekennen und sich taufen lassen. – Gegen Ende des Jahrhunderts tritt die Naherwartung allmählich zurück und macht der Vorstellung Platz, zuerst müsse das Evangelium auf dem ganzen bekannten Erdkreis verkündet werden.

um 34 Bekehrung und Taufe des Saulus, der den Namen **Paulus** annimmt.

um 45–47 Erste Missionsreise des Paulus nach Zypern und Kleinasien. Er versucht seine jüdischen Glaubensbrüder davon zu überzeugen, dass Jesus der verheißene und auferstandene Messias ist. Zugleich stößt er auf ein zunehmendes Interesse von Nichtjuden („Griechen“ bzw. „Heiden“) an Person und Botschaft Jesu.

Auf einer zweiten (um 50–52) und dritten (53–58) Missionsreise dehnt Paulus seine Verkündigung auf Mazedonien und Griechenland aus.

um 48 Die in Jerusalem anwesenden Apostel, darunter Petrus, beraten über eine von Paulus vorgetragene Streitfrage innerhalb der Gemeinden. Sie entscheiden: Heiden, die sich taufen lassen, brauchen nicht das jüdische Gesetz (mit seinen über 600 Vorschriften) zu übernehmen. Die junge Gemeinde löst sich damit von einer bestimmten Kultur und schafft so die Voraussetzung für eine die verschiedenen Völker übergreifende Gemeinschaft.

um 57 In **Rom** besteht bereits eine christliche Gemeinde. Mit seinem „Brief an die Römer“ bereitet Paulus seinen Besuch in der Hauptstadt vor und legt vor allem sein Verständnis von der „Rechtfertigung aus dem Glauben“ dar. (Der Brief wird später die Grundlage der Theologie Martin Luthers.)

um 70–90 Entstehungszeit der vier **Evangelien** (als erstes das Evangelium nach Markus, knapp vor 70, als letztes das des Johannes. Matthäus und Lukas kennen bereits das Markusevangelium).

um 96 Clemens, dritter Nachfolger des Petrus als Bischof von Rom, schreibt seinen Brief an die Korinther (so genannter **1. Clemensbrief**), in dem er auf den Märtyrertod von Petrus und Paulus hinweist.

2. Jahrhundert
Die Apologeten

A. Kirche und Gesellschaft/Staat

Der wachsende Zustrom von „Griechen“ – darunter zunehmend Gebildete –, die nicht in jüdischen Traditionen verwurzelt sind, fördert die intellektuelle Auseinandersetzung mit dem neuen Glauben. Aus dem Schatten einer jüdischen Sekte heraustretend, beanspruchen die Christen nun, an der Stärke ihrer Argumente gemessen zu werden. In zahlreichen „Apologien“ setzen sie sich mit dem römischen Götterglauben auseinander. Dabei treffen sie einen wunden Punkt im römischen Selbstbewusstsein, das zwischen emphatischer Bewunderung der eigenen Größe und dem Gefühl einer tief greifenden Auflösung früherer Werte schwankt. Dementsprechend zeichnet sich auch die kaiserliche Politik gegenüber den Christen durch Ambivalenz zwischen Toleranz und Unterdrückung aus.

▪ **um 112** Auf eine Anfrage des Statthalters von Bithynien, Plinius des Jüngeren, antwortet Kaiser Trajan, dass Christen, die das Götteropfer und die Verehrung des Kaiserbildes verweigern, hinzurichten sind; doch ist dazu eine Anzeige notwendig; anonyme Hinweise sollen nicht beachtet werden. – Plinius erwähnt in diesem Zusammenhang, dass sich „jener ansteckende Aberglaube nicht nur in den Städten, sondern auch in den Dörfern und auf dem flachen Lande“ verbreitet habe.

▪ **117** Zu Beginn der Regierungszeit **Hadrians** erreicht das Römische Reich seine **größte Ausdehnung.** Es umfasst das europäische Festland westlich des Rheins und südlich der Donau, den Süden Englands, Kleinasien bis an die Grenzen des persischen

Reiches, Syrien, Palästina, Ägypten und die an das südliche Mittelmeer grenzenden afrikanischen Länder.

Zwischen 117 und 138 Aristides, christlicher Philosoph in Athen, verteidigt in einer Schrift an Hadrian (oder Antoninus Pius) den christlichen Glauben: jede Religion sei an der Erhabenheit ihres Gottesbegriffes zu messen; hierin seien die Christen überlegen, außerdem zeichneten sie sich durch besondere Sittenreinheit aus.

132–135 Jüdischer Aufstand unter der Führung von **Bar Kochba.** Nach der Niederwerfung untersagt Kaiser Hadrian den Juden das Betreten Jerusalems. In der Stadt, jetzt **Aelia Capitolina** genannt, werden griechische Tempel errichtet.

139 In Rom wird als Grabmal Hadrians erbaut, die spätere **Engelsburg**.

Um 150 Justinus (s.u. S. 18) richtet eine Apologie (Verteidigungsschrift) an Kaiser Mark Aurel. Er entkräftet Vorwürfe gegen das Christentum und legt Beweise für die Gottheit Christi vor. Später wird er wegen seines Glaubens hingerichtet.

156 Der 86-jährige **Polykarp,** Bischof der Gemeinde von Smyrna, der in seiner Jugend noch den Apostel Johannes gekannt hat, stirbt in Rom in der Arena (unter Antoninus Pius). Ein bewegender Bericht über seine letzten Tage, verfasst von einem nicht näher bekannten Marcion als Schreiben der Gemeinde von Smyrna an die Kirche von Philomelium in Phrygien, ist der älteste erhaltene Märtyrerbericht.

um 172 Melito von Sardes (Stadt in Lydien) betont in seiner Apologie an Mark Aurel, dass ein gutes Auskommen von Staat und Kirche für beide Seiten von großem Segen sei.

176 Das seit Nerva (98) geltende Prinzip, den Besten durch Adoption zum Nachfolger zu bestimmen, wird von Mark Aurel (161–169) – dem „Philosophen auf dem Kaiserthron“ – zugunsten seines Sohnes Commodus durchbrochen. Letzterer wird nach Jahren der Ausschweifung umgebracht (192).

177 Der christliche Philosoph **Athenagoras** aus Athen verfasst eine die Duldung der Christen betreffende Bittschrift an Mark Aurel und Commodus.

177 In **Lyon** kommt es während eines Festes zu Ausschreitungen gegen die „Atheisten". Etwa 50 Christen werden in der Arena wilden Tieren vorgeworfen.

um 178 Der platonische Philosoph **Celsus** greift in seiner Schrift „Wahrer Logos" *(alethès lógos)* den christlichen Glauben an: die Wunder Jesu sind erdichtet, eine Menschwerdung Gottes ist mit seiner Unveränderlichkeit nicht vereinbar, eine Schöpfung aus dem Nichts unmöglich. Das Christentum hat sich aus allgemeiner Angst vor dem angekündigten Weltgericht verbreitet. – **Origenes** wird später (um 245) eine ausführliche Erwiderung (Contra Celsum) verfassen.

um 180 Sechs Christen aus **Scilli** (Nordafrika) werden in Karthago durch den Prokonsul Saturninus zum Tod verurteilt. Die Protokolle über das Verhör sind die ältesten Märtyrerakten – und überhaupt der erste christliche Text in lateinischer Sprache.

Zwischen 180 und 210 ist die Spruchsammlung des **Sextus** zu datieren. Hellenistische Ethik und christliche Sittenlehre werden miteinander verbunden, in Weltdistanz und Abwertung des Leiblichen. Die Weisheiten werden vielfach übersetzt und bis zum Mittelalter besonders von den (westlichen) Mönchen eifrig gelesen.

Um 185 Nach dem Zeugnis des Irenäus, Bischof von Lyon, gibt es auch in den Provinzen Germaniens bereits Christen.

Zwischen 190 und 200 entsteht, verfasst von einem unbekannten Christen (vermutlich aus Karthago), der **Brief an Diognet**. In Abgrenzung zu Juden und Heiden legt er einem heidnischen Freund den christlichen Gottesbegriff dar. – Um die gleiche Zeit verspottet der sonst unbekannte Philosoph **Hermias** in einer satirischen Schrift die Versuche heidnischer Philosophen, das Wesen Gottes zu erklären. Zwischen 197 und 250 schreibt **Minucius Felix**, römischer Rechtsanwalt, seinen Dialog „Octavius": eine Diskussion zwischen dem Christen Octavius und dem Heiden Cäcilius. Octavius legt dar, dass jeder Mensch die Wahrheit erkennen kann und dass der Kosmos auf einen einzigen Schöpfer verweist; auch der Glaube an die Auferstehung findet bei verschiedenen Philosophen eine Stütze. Cäcilius sieht seine Einwände widerlegt und bekehrt sich.

um 197 Tertullian, Jurist und Rhetor in Karthago, verfasst eine Verteidigung des Christentums (das so genannte „Apologeticum") an die Statthalter des Reiches. Er beklagt die Rechtsverletzungen bei den Prozessen: keine Verteidiger; Anwendung der Folter nicht um zu ermitteln, sondern um Abschwörung zu erreichen; Verurteilung nicht wegen eines Verbrechens, sondern wegen einer Bezeichnung *(nomen christianum)*; trotzdem: durch Hinrichtungen werde der Glaube nicht vernichtet, sondern verbreitet *(semen est sanguis Christianorum* – das Blut ist der Same der Christen).

B. Innerkirchliches Leben

Allmählich bekommen in den Gemeinden die „Heidenchristen" das Übergewicht über die „Judenchristen". Andere Denkrichtungen versuchen nun, die Botschaft über Jesus in das eigene Welt- und Gottesverständnis zu integrieren. Die Gnosis etwa will sie in eine allgemeine Erkenntnis- und Weisheitslehre einordnen, andere Richtungen in einen die ganze Wirklichkeit umfassenden Gegensatz von Geist und Materie. Man beginnt darüber nachzudenken, wie die Gottessohnschaft Jesu mit der Einzigkeit Gottes vereinbar ist. – In der verwirrenden Vielfalt theologischer Spekulation werden für die Gemeinden die „Nachfolger der Apostel", d. h. die Bischöfe jener Orte, an denen Apostel gewirkt haben, zu Garanten des rechten Glaubens – unter ihnen besonders der Bischof von Rom, der letzten Wirkstätte von Petrus und Paulus.

um 110 Es entsteht die **Didache** (Lehre der 12 Apostel; Verfasser unbekannt), eine in Syrien beheimatete Kirchenordnung. Sie enthält Weisungen für die christliche Lebensführung (auch über Schmuck und Haartracht), über Taufe und Eucharistie. Auffällig ist die klare Trennung von Klerus und Laien. Den höchsten Rang in der Gemeinde nimmt der Bischof ein, dem sich alle unterzuordnen haben. Auch in seiner Lebensführung und Ehe soll er für alle ein Vorbild sein.

seit 120 Die im griechischen Raum beheimatete Lehre von der **Gnosis** – der rechten, Erlösung bewirkenden Erkenntnis – gewinnt auch unter den Christen Anhänger. Auf dem Hintergrund eines unversöhnlichen Gegensatzes zwischen Materie und Geist soll dem Menschen durch Aufklärung über den Ursprung seiner irdischen Situation der Weg zur Befreiung des Geistigen gezeigt werden. Die Abwertung des Körperlich-Materiellen führt bei manchen Anhängern entweder zu strenger Askese (Unterdrückung körperlicher Bedürfnisse) oder zu Zügellosigkeit (Unwichtigkeit des Körpers).

Cerinth vertritt (um 100 in Kleinasien), dass nicht Gott, sondern ein Zwischenwesen (Demiurg) die Welt geschaffen habe. Christus war nur ein Mensch, auf den bei der Taufe der Geist Gottes herabkam – vor dem Leiden hat er ihn wieder verlassen.

Basilides (um 120–145 in Alexandrien): Aus der Urfülle (Pleroma) entspringen zahlreiche geistige Wesen (Archonten, Äonen), welche die Welt beherrschen. Christus wird auf die Erde gesandt, um die Menschen aus der Gewalt der Archonten zu befreien. Seine menschliche Gestalt war nur Schein (Doketismus). **Valentinus** (um 135 in Alexandrien): Alles Irdische strebt danach, zur höchsten Fülle (zum Pleroma) zurückzukehren. Das pneumatische Element im Menschen wird durch die wahre Erkenntnis (Gnosis), die der Erlöser brachte, gestärkt; am Weltende vereinigt es sich wieder mit dem Licht. **Markion** (aus Kleinasien, seit 140 in Rom) unterscheidet zwei verschiedene höchste Wesen: den Demiurgen – Schöpfer der Welt, Gott des Gesetzes, gerecht statt barmherzig – und den Gott der Liebe, der sich in Christus geoffenbart hat. Da Markion den Demiurgen mit dem Gott des Alten Testaments gleichsetzt, verwirft er von den neutestamentlichen Schriften alle, die einen zu großen Einfluss des Demiurgen verraten. Er anerkennt nur das Lukasevangelium (ohne die Kindheitsgeschichte Jesu) und die ersten zehn Paulusbriefe (ohne Hebräerbrief und Pastoralbriefe). Von der römischen Gemeinde wird er 144 ausgeschlossen.

zwischen 110 und 120 Als Gefangener unterwegs nach Rom, wo er in der Arena sterben wird, verfasst **Ignatius**, Bischof von Antiochien, sieben (in Überarbeitung erhaltene) Briefe an verschiedene Gemeinden. Beschwörend mahnt er zur Einheit mit dem Bischof und warnt vor Irrlehrern. Das bevorstehende Martyrium bedeutet für ihn die Gnade, „Weizen Gottes" und „reines Brot Christi" zu werden – die Gemeinden sollen nicht versuchen, dies zu verhindern.

um 140 Papias, Bischof von Hierapolis, erwähnt in seinen Schriften, dass Markus als Dolmetscher des Petrus in Rom dessen Predigt sorgfältig, wenn auch ungeordnet aufgeschrieben habe.

um 140 Es entsteht der **Hirt des Hermas**, eine in weiten Teilen apokalyptische Schrift des römischen Christen Hermas, dem ein Engel in Gestalt eines Hirten Offenbarungen vermittelt. Wegen seines erbaulichen Inhalts, auch wegen antirigoristischer Tendenzen (auch Sünden nach der Taufe sind vergebbar), genießt sein Werk hohes Ansehen und wird vereinzelt auch (z. B. von Irenäus) als kanonisch betrachtet. Das Muratorische Fragment (s.u. S. 20) empfiehlt es nur als lesenswert.

um 160 **Hegesipp**, vermutlich ein jüdischer Christ aus Syrien, unternimmt eine Reise über Korinth nach Rom, um in den verschiedenen Gemeinden die gültige Überlieferung der Lehre der Apostel zu finden. Von seinen „Hypomnemata" sind nur Bruchstücke erhalten.

165 Der platonische Philosoph **Justinus** (geb. in Neapolis, Palästina). findet im Christentum „die allein zuverlässige und brauchbare Philosophie" (Dialog 8). Als Wanderlehrer gründet er in Rom eine Schule, wird dort um 165 mit sechs Gefährten wegen seines Glaubens enthauptet. – Er verbindet antikes Logos-Denken mit christlichen Inhalten: Der Logos Gottes trat zum Zweck der Weltschöpfung aus dem Vater hervor und wurde zu einer eigenen – allerdings dem Vater untergeordneten Person **(Subordinatianismus)**. Die menschliche Vernunft besitzt einen Keim (Sperma) des göttlichen Logos, der in Christus in seiner ganzen Fülle erschienen ist.

Der Schüler des Justinus in Rom, **Tatian** (geb. in Assyrien), schreitet zur völligen Verachtung der griechischen Philosophie. Nur durch strenge Abtötung des Körpers kann sich der Mensch vom Einfluss der Dämonen befreien. – Nachdem ihn die römische Gemeinde ausgeschlossen hat (um 172), gründet er in Syrien die Sekte der **Enkratiten**. Diese verwerfen die Ehe als Sünde, lehnen auch Wein- und Fleischgenuss ab. – Als erster versucht Tatian (im so genannten Diatessaron) die vier Evangelien zu einer einzigen Darstellung zu verschmelzen.

um 170 Montanus aus Phrygien verkündet nach seiner Taufe – unterstützt von den beiden Prophetinnen Priscilla und Maximilla – die unmittelbar bevorstehende Wiederkunft Christi. Von den Gläubigen verlangt er ständiges Fasten und Verzicht auf die Ehe; vor dem Martyrium darf niemand zu fliehen versuchen. – Die Bischöfe reagieren unentschlossen, erst um die Mitte des 3. Jahrhunderts erfolgen die ersten Verurteilungen des **Montanismus.**

176 Irenäus (geb. in Kleinasien, Schüler Polykarps von Smyrna) wird Bischof von **Lyon**. Gegen die gnostischen Irrlehren seiner Zeit schreibt er seine fünf Bücher „Adversus haereses". In seiner Argumentation beruft er sich auf neutestamentliche Schriften als theologische Autoritäten. Wahr ist eine Lehre in der Kirche dann, wenn sie mit der auf die Apostel zurückreichenden Lehrtradition übereinstimmt. – Einen Vorrang nimmt die von Petrus und Paulus gegründete Kirche von Rom ein: mit ihr müssen alle anderen Kirchen übereinstimmen (Adv. haer. III, 3,1–3).

um 180 Theophilus, Leiter der Christengemeinde von Antiochien, wendet zum ersten Mal den Begriff „Dreiheit" (Trias) auf Gott an und spricht dabei von „Gott, Logos und Sophia".

um 190 Der neue Bischof **Victor** von Rom verlangt auch von den Christen Kleinasiens, das Osterfest am Sonntag nach dem jüdischen Passah zu feiern (und nicht, wie dort üblich, am Passahfest selbst). Es gelingt Victor, sich im so genannten

Osterfeststreit gegen die **Quartodecimaner** (sie feiern Ostern am 14. Tag des jüdischen Monats Nisan) durchzusetzen.

Von Victor aus der römischen Kirche ausgeschlossen wird **Theodotus** der Gerber (aus Byzanz stammend). Um die Einzigkeit Gottes zu wahren, erklärt er das Verhältnis Christi zu Gott so, dass Christus (ein Mensch) von einer göttlichen Kraft *(dynamis)* erfüllt worden sei (dynamistischer **Monarchianismus**). Im Gegensatz dazu vertritt **Praxeas** (aus Kleinasien, um 190 ebenfalls in Rom), dass Christus eine Erscheinungsweise Gottes sei, der sich einmal als Vater, ein anderes Mal als Sohn oder Heiliger Geist zeige. Da man dann konsequenterweise auch sagen kann, der „Vater" habe am Kreuz gelitten, werden die Anhänger dieses **Modalismus** auch **Patripassianer** genannt. Hauptvertreter des Modalismus wird um 220 Sabellius (s.u. S. 25).

um 195 Die Katechetenschule von **Alexandrien** wird durch ihren Leiter **Clemens** (und später noch mehr durch dessen Schüler Origenes) berühmt. In seinem Werk „Der Pädagoge" stellt er Christus als Erzieher der Gläubigen dar und gibt genaue Anweisungen für einen christlichen Lebensstil.

vor 200 Das **Muratorische Fragment** gibt in Auseinandersetzung mit der Gnosis ein Verzeichnis kanonischer (neutestamentlicher) Schriften: es fehlen gegenüber dem heutigen Kanon nur Hebräerbrief, Jakobusbrief, die beiden Petrusbriefe; darüber hinaus werden angeführt die „Sapientia Salomonis" und die Petrus-Apokalypse. – Der Festschreibung des neutestamentlichen Kanons ist um diese Zeit im Wesentlichen abgeschlossen.

3. Jahrhundert
Der Kampf ums Überleben

A. Kirche und Gesellschaft/Staat

Inzwischen gehören Christen unübersehbar zur Bevölkerung einer jeden römischen Metropole. Es handelt sich nicht mehr um den „Aberglauben kleiner Leute“: auch die Gelehrten sind in Pro und Contra gespalten und diskutieren die christlichen Glaubensaussagen auf hohem Niveau. Dabei scheint der Staat zu spüren, dass seine Fundamente bedroht sind und das Althergebrachte ins Wanken gerät. Eine Epoche staatlich organisierter, lebensbedrohlicher Verfolgung beginnt. Ihr Überleben verdanken die Christen einer Reihe geschichtlicher „Zufälle“, aber auch ihrer Todesbereitschaft, die zusammen mit dem Zeugnis ihres Glaubens das letztlich stärkere Argument ist.

▒ **201** Septimius Severus verbietet den Übertritt zum Judentum. Ein Jahr später wird auch die Annahme des Christentums unter Strafe gestellt.

202 (oder 203) Im Amphitheater von Karthago sterben die jungen Mütter **Felicitas** und **Perpetua**. Über ihre Gefängniszeit ist ein zum Teil von Perpetua selbst verfasster Bericht vorhanden.

▒ **212** Kaiser Caracalla gewährt allen Bewohnern des Reiches das römische Bürgerrecht. – Krieg gegen die Alamannen, Goten, Parther.

▒ **um 215** Der Jurist **Ulpianus** sammelt die Edikte früherer Kaiser gegen die Christen.

▒ **um 232** Einfluss des Christentums auch am kaiserlichen Hof: Julia Mamäa, Mutter des Imperators Severus Alexander, lädt Origenes zu Vorträgen nach Antiochien ein.

▒ **seit 242** Als „Apostel des wahren Gottes“ predigt in Persien

Mani (geb. 216 in Babylonien): durch Enthaltung von unreinen Worten und Speisen (Fleisch und Wein), von gemeiner Arbeit und von der Ehe befreit der Gläubige das in ihm wohnende Licht. – Hintergrund dieser Forderungen des **Manichäismus** ist der Glaube an zwei ewige und unversöhnliche Reiche: Licht und Finsternis (Materie). Die gegenwärtige Welt entstand durch Vermischung beider. Ziel der Geschichte ist die Befreiung des Lichts. Jesus hat die Menschen über ihren Ursprung und ihr Ziel belehrt: Mani ist der von ihm verheißene Paraklet.

seit 244 In Rom lehrt **Plotin** (geb. in Ägypten). Zusammen mit seinem Lehrer Ammonius Sakkas ist er der Begründer des **Neuplatonismus**: die Vielheit geht aus dem Ersten, Einen hervor und verwirklicht sich in stufenweisem Abstieg vom Einen über die Bereiche des Geistes und der Weltseele zur Materie. Aufgabe des Menschen (der Einzelseele, die in der Weltseele enthalten ist) ist die Abkehr vom Sinnlichen und die Hinwendung zum Geist *(nous)*, um durch ihn zum Einen zurückzukehren.

248 Unter Philippus Arabs feiert **Rom** sein **1000-jähriges Bestehen**. – Angriffe der Karpen und Quaden auf die römischen Grenzgebiete.

249–251 Zur inneren Reform des Reiches gehören für **Decius** die Belebung des Kaiserkultes und die Verehrung der Götter. Durch Edikt wird jeder Christ zum öffentlichen Opfer verpflichtet und erhält darüber eine Bescheinigung. Die Weigerung vieler Christen löst eine Hinrichtungswelle aus, die nur durch den Abwehrkampf gegen die Goten und durch den Tod des Kaisers beendet wird.

257 **Valerian** verbietet den christlichen Gottesdienst und den Besuch der Katakomben (Begräbnisstätten). Kleriker, die das Götteropfer verweigern, werden hingerichtet, Laien mit dem Verlust des Besitzes, Verbannung und Zwangsarbeit bestraft.

260 Ein **Toleranzedikt** unter **Gallienus** bringt den Christen die Rückerstattung des Gemeindeeigentums. – 40 Jahre lang (mit einer kurzen Unterbrechung unter Aurelian) können sie nun in Frieden leben.

um 270 Der Philosoph **Porphyrius** (geb. um 232 in Tyrus, Syrien), Schüler Plotins (s.o. S. 22), schreibt 15 Bücher „Gegen die Christen" und stellt ihrem Glauben eine am Neuplatonismus entwickelte Religionsphilosophie gegenüber.

274 Mit der Verehrung des *Sol invictus* – des unbesiegten Sonnengottes – will **Aurelian** einen das ganze Reich umfassenden gemeinsamen Kult einführen. Er selbst beansprucht als *Dominus et Deus* – Herr und Gott – religiöse Verehrung. – Der seit Augustus geltende Prinzipat (der Kaiser als erster Bürger) wandelt sich mehr und mehr zum „Dominat" (der Kaiser als der oberster Herr des Staates).

284–305 In Kaiser **Diokletian** verbinden sich militärischer Sachverstand, organisatorisches Talent und persönliche Genügsamkeit. Er unternimmt eine umfassende Reorganisation des Staates.

293 Gliederung des Reiches in einen östlichen und einen westlichen Verwaltungsbezirk. Jedem der beiden Augusti – im Osten Diokletian (Residenz Nikomedia), im Westen Maximian (Mailand) – wird ein Caesar zugeordnet, der zugleich Nachfolger sein soll: Constantius Chlorus (Trier) und Galerius (Sirmium). Die Gesetzgebung soll im ganzen Reich einheitlich bleiben.

301 Der Wirtschaft werden Höchstpreise vorgeschrieben, ebenso die Erblichkeit der Berufe. Die Steuerberechnung *(indictio)* erfolgt jeweils auf 5 Jahre.

302 Nach der Verfolgung der Manichäer (297) entschließt sich Diokletian auch zur Verfolgung der Christen (s.u. S. 27).

B. Innerkirchliches Leben

Zeiten der Verfolgung werden immer wieder unterbrochen von Jahren der Duldung. 200 Jahre nach den ersten Taufen haben sich in den Gemeinden feste Strukturen herausgebildet. Der Bischof genießt unbe-

strittene oberste Autorität, der Klerus ist sein verlängerter Arm, die Laien sind die Geführten. Zwischen allen besteht ein tiefer Zusammenhalt: im drohenden Martyrium verschwinden alle Standesunterschiede, sind alle auf den Grund ihres Menschseins, das der Gnade bedarf, zurückgeworfen. – Immer größere Sorge bereiten die „Hochgelehrten", die Gott und Christus zu begreifen versuchen und denen die kirchlichen Amtsträger intellektuell häufig kaum gewachsen sind. Mit Ausschluss aus der Gemeinde oder durch Synodalbeschlüsse behelfen sich die Bischöfe, wenn Argumente die Einheit des Glaubens nicht mehr gewährleisten können.

um 215 Die **„Apostolische Überlieferung"** (Traditio apostolica) des **Hippolyt** (geb. vor 170 in Kleinasien oder Alexandrien, um 189 Priester in der römischen Gemeinde) bietet zum ersten Mal eine genaue Beschreibung der römischen Gottesdienstordnung. – Wegen modalistischer Tendenzen gerät er mit den römischen Bischöfen, zuletzt mit Pontianus, in Streit. Beide fallen der Verfolgung durch Maximinus Thrax zum Opfer.

um 217 Origenes (geb. um 185 in Alexandrien) wird Leiter der Katechetenschule von Alexandrien. Seine literarische Tätigkeit (nach Eusebius umfasst sie fast 2000 Titel) und theologische Ausstrahlung machen ihn zum bedeutendsten griechischen Kirchenschriftsteller. Sein Hauptinteresse gilt dem Alten Testament, dessen Schriften er kommentiert. Um den genauen Text zu ermitteln, stellt er in sechs Kolumnen fünf griechische Ausgaben neben den hebräischen Wortlaut (so genannte „Hexapla"). – Seine Art der Schriftauslegung – er unterscheidet den buchstäblichen (somatischen), moralischen (psychischen) und allegorisch-mystischen (pneumatischen) Sinn – ebenso wie die neuplatonische Färbung seines Denkens (sein philosophischer Lehrer war Ammonios Sakkas) machen ihn zum sehr umstrittenen Theologen. Der Bischof von Alexandrien, Demetrius, distanziert sich von ihm, später lässt Kaiser Justinian einige Sätze aus seinen Werken durch eine Vorsynode des 5. Allgemeinen Konzils verurteilen (s.u. S. 46). – In der Christenverfolgung durch Decius stirbt Origenes (um 253) in Tyrus an den Folgen der Folter. In seiner radikalen Religiosität hatte er sich schon früher (in Anschluss an Mt 19,12) entmannt.

um 220 Der **modalistischen** Gotteslehre gibt **Sabellius** (geb. in Libyen; zwischen 199 und 217 in Rom) den systematischen Zusammenhang: Die eine Gottheit hat drei Wirkweisen: Vater ist sie als Schöpfer und Gesetzgeber, Sohn als Erlöser, Geist als Gnade und Heiligung.

nach 220 Tod des **Tertullian** (geb. 160 in Karthago). Seit 205 wendet er sich mehr und mehr dem Rigorismus der Montanisten zu. Die Zweitehe (nach dem Tod des ersten Gatten) betrachtet er als Unzucht; dem Christen sind der Kriegsdienst und alle Berufe, welche Teilnahme an kultischen Feiern verlangen, untersagt; die Vollmacht, Sünden zu vergeben, besitzen in der Kirche nur die wahrhaft geistlichen Menschen. 207 trennt er sich von der Großkirche.

um 230 Die Gemeinde in Rom geht im Gottesdienst zum Gebrauch des **Lateinischen** statt des bisher verwendeten Griechischen über.

um 240 **Julius Africanus** (geb. in Jerusalem, gest. nach 240, mit Origenes befreundet) schreibt die erste christliche Weltchronik: die Welt besteht sieben Jahreswochen lang, wobei jede Woche 1000 Jahre währt. Vor 6000 Jahren wurde sie geschaffen, im Jahr 5500 ist Christus geboren. Die 7. Woche ist das verheißene tausendjährige Reich.

um 248 **Cyprian** (geb. zwischen 200 und 210) wird Bischof seiner Heimatstadt Karthago. Er bemüht sich vor allem um die Einheit in der Kirche (Hauptwerk „De unitate ecclesiae"). Letztere wird durch die Bischöfen repräsentiert, und nur wer in der Einheit mit seinem Bischof steht, ist in der Kirche. Und: „Keiner kann Gott zum Vater haben, der nicht die Kirche zur Mutter hat" (6). Jeder Bischof hat die gleiche Würde und Vollmacht wie Petrus (4), wie auch den Aposteln die gleiche Macht wie Petrus verliehen wurde.

256 Über die Frage, ob die von Irrlehrern gespendete Taufe gültig sei, entsteht der **Ketzertaufstreit**. Cyprian spricht sich für die schon von Tertullian vertretene Ungültigkeit aus, während der Bischof von Rom, Stephan, sie für gültig ansieht (somit die nochmalige Taufe eines bekehrten Häretikers ablehnt). Als eine Synode in Afrika (256) auf der Wiedertaufe besteht, bricht Rom mit Karthago. Bevor der Streit größere Ausmaße annimmt, werden beide Kontrahenten in der Verfolgung unter Valerian zu Märtyrern: Stephan 257, Cyprian 258.

um 250 Es entsteht im syrischen Raum, von unbekanntem Verfasser, die **Didaskalia** („Katholische Didaskalia der zwölf Apostel des Erlösers"). Die in zahlreichen Übersetzungen, aber nicht im griechischen Urtext erhaltene Schrift enthält eine Buß- und Gottesdienstordnung sowie Anweisungen für eine geordnete Gemeindeverwaltung. Maßgeblicher Hirte ist der in seinen Vollmachten monarchische Bischof (nicht der Klerus).

251 Streit in Rom um die Bischofswürde zwischen **Cornelius** (Kandidat der Mehrheit) und **Novatian**. Der Konflikt hat eine theologische Komponente: die **Novatianer**, die eine Kirche der Reinen und Heiligen anstreben, verweigern den in der Verfolgung Abgefallenen (so genannte *lapsi* bzw. *lapsae*) die kirchliche Rekonziliation und werden deswegen auf einer römischen Synode ausgeschlossen. Im Osten halten sie sich bis ins 7. Jahrhundert.

seit 270 In der Nähe des Roten Meeres, am Berg Kolzim, lebt der Einsiedler **Antonius**. Er ist der erste Exponent einer Bewegung, die den Kampf gegen Satan gewissermaßen auf dessen Boden, der Wüste, aufnehmen will. Durch ständige Konzentration auf Gott, durch die Beherrschung des Leibes und durch ständige Übung („Askese") der Enthaltsamkeit soll das Böse besiegt werden. – Um Antonius sammeln sich bald (seit 306) weitere Einsiedler, es entstehen die ersten Mönchsgemeinschaften. Er selbst erreicht das biblische Alter von 105 Jahren (gest. 356). Athanasius, der ihn persönlich kannte, hinterlässt eine eindrucksvolle Biografie („Vita sancti Antonii").

4. Jahrhundert
Von der Verfolgung zum christlichen Imperium

A. Kirche und Gesellschaft/Staat

Der Entschluss Konstantins, auf den Gott der Christen zu setzen, um mit ihm seine Schlachten zu gewinnen, stellt die Kirche in eine völlig neue Situation: aus dem Schatten der Verfolgung in die Sonne kaiserlicher Gunst. Plötzlich ist Christsein modern, eilen die Massen zur Taufe, um die eigene Karriere zu begünstigen. Der Kaiser versteht sich – nach alter römischer Tradition – nicht als „Sohn der Kirche", sondern von der Gottheit auserwählt, für diese Religion Sorge zu tragen und sie für die Ziele des Reiches fruchtbar zu machen. Er beruft Synoden ein, verbannt die dort Verurteilten, stellt Bischöfe und Klerus unter staatlichen Schutz. Doch schon bald nach dem Tod Konstantins werden seine Nachfolger in innerkirchliche Auseinandersetzungen hineingezogen. Je nach ihren Ratgebern entscheiden sie sich für oder gegen den Arianismus und andere Richtungen und werden so für die einen oder die andern zur Bedrohung des rechten Glaubens.

▒ **303** Galerius und Diokletian eröffnen die letzte, das ganze Reich erfassende systematische **Christenverfolgung.**

▒ **311** Galerius, an Krebs erkrankt, beendet die Verfolgung im Osten. In seinem **Toleranzedikt** gestattet er den Christen, ihre Versammlungsstätten wieder aufzubauen und Gottesdienste zu halten.

▒ **312 Konstantin** besiegt seinen Rivalen Maxentius vor Rom an der Milvischen Brücke. In der Schlacht hat er – durch Wahl der Feldzeichen – auf den Gott der Christen gesetzt.

▒ **313** Zusammen mit Licinius erlässt Konstantin ein Toleranzedikt (so genanntes **Mailänder Edikt**), das den Christen volle Gleichberechtigung mit anderen Religionen gewährt.

314 Zur Beilegung des Donatistenstreits (s.u. S. 31) beruft Konstantin eine Synode nach Arles.

324 Nach dem Sieg über Licinius ist Konstantin Alleinherrscher. Immer offenkundiger fördert er die christliche Religion. Zu den Vergünstigungen zählen: Kirchenbau (in Nikomedien, Antiochien, Jerusalem [Grabeskirche], Bethlehem [Geburtskirche], Rom [Lateranbasilika]), Befreiung des Klerus von Steuern und öffentlichen Dienstleistungen, Gleichstellung der Bischöfe mit hohen Beamten, Recht auf Eigentum, Schenkung von Grundbesitz, Einführung des (christlichen) Sonntags (321).

325 Um den innerkirchlichen Streit über Arius zu beenden (s.u. S. 31), ruft Konstantin die Bischöfe zu einem **Konzil** in **Nizäa** (1. Allgemeines bzw. Ökumenisches Konzil). Nach der Verurteilung durch das Konzil verhängt Konstantin über Arius und dessen Anhänger die Verbannung.

330 Der Kaiser bestimmt **Konstantinopel** zur neuen Hauptstadt des Reiches.

337 Tod Konstantins (Taufe auf dem Krankenlager).

337–361 Die Söhne Konstantins setzen die Politik kirchlicher Bevormundung fort. Die Kirche wehrt sich gegen diese Praxis erst, als **Konstantius** (Imperator der östlichen Reichshälfte) sich dem Arianismus annähert.

341 Konstantius lässt heidnische Opferhandlungen und Magie mit dem Tode bestrafen.

346 Erneutes Verbot der Opfer durch Konstantius und Konstans; Schließung der Tempel.

355 Auf Drängen des Konstantius verurteilt eine Synode in Mailand den Antiarianismus des **Athanasius von Alexandrien**, der in die Verbannung geschickt wird. Bischöfe, die nicht zustimmen, werden ebenfalls verbannt, darunter auch Papst Liberius.

361–363 Kaiser **Julian** („Apostata“), gegen Konstantius von seinen Soldaten zum Imperator ausgerufen, versucht – nach anfänglichen Sympathiebekundungen gegenüber den Christen – eine altrömische Restauration:

362 Christliche Lehrer werden an Schulen nicht mehr zugelassen („Rhetorenerlass").

363 Julian gestattet den jüdischen Bürgern, ihren Tempel in Jerusalem wieder aufzubauen, doch werden die Arbeiten nach wiederholten unerklärlichen Feuerausbrüchen eingestellt. – Julian stirbt auf dem Feldzug gegen Schapur II.

375 Als erster römischer Kaiser verzichtet **Gratian** auf den Titel *Pontifex Maximus* – oberster Priester.

379 Gratian (Westen) erlässt ein **Verbot des Arianismus.**

380 Auch **Theodosius** (Osten) verbietet den Arianismus: Glaubensnorm sei der von Petrus den Römern überlieferte, von Papst Damasus und Bischof Petrus II. von Alexandrien vertretene Glaube.

382 Trotz heidnischer Proteste (Symmachus) befiehlt Gratian, die Statue der Göttin Victoria aus dem römischen Senatsgebäude zu entfernen.

386 Ambrosius, seit 374 Bischof von Mailand, verhindert durch seinen Protest Maßnahmen Valentinians II. zugunsten der Arianer. – In Sachen des Glaubens verlangt Ambrosius vom (getauften) Kaiser Unterordnung unter die Kirche: „Der Kaiser ist in der Kirche, nicht über der Kirche."

388 Als Kaiser Theodosius den Wiederaufbau der von fanatischen Christen eingeäscherten Synagoge in Kallinikon verfügt, erreicht Ambrosius durch Druck (angedrohter Abbruch des Gottesdienstes) die Rücknahme der Order.

390 Wegen eines brutalen Vergeltungsaktes – Hinrichtung von 6000 Bürgern in Thessalonike wegen Ermordung des Stadtpräfekten – muss Kaiser Theodosius Reue zeigen, bevor er von Ambrosius zur Eucharistiefeier zugelassen wird (zum ersten Mal beugt sich ein Kaiser priesterlicher Autorität).

391 Erhebung des Christentums zur Staatsreligion und Verbot aller heidnischen Kulte durch Theodosius (Ende des Heidentums im öffentlichen Leben).

393 Letzte **Olympische Spiele** des Altertums, 394 von Kaiser Theodosius verboten.

395 Reichsteilung: Nach dem Tod Kaiser Theodosius' wird das Reich unter seinen beiden Söhnen Honorius (Weströmisches Reich) und Arcadius (Oströmisches Reich) aufgeteilt.

B. Innerkirchliches Leben

Mit dem Übergang von der verfolgten zur geduldeten und sehr bald geförderten Kirche blüht das religiöse Leben auf: Gotteshäuser werden gebaut, die theologische Diskussion entfaltet sich, Missionare predigen das Evangelium fernen Völkern, Mönche leben den radikalen Weltverzicht. Allerdings dämpft nun keine Verfolgung mehr innerkirchliche Konflikte. Sachliche und persönliche Differenzen wuchern, nur mühsam gebändigt durch Schlichtungsversuche und Ordnungsrufe der Kaiser. – Der Wandel von der armen zur besitzenden Kirche, die neue Möglichkeit, an der Gestaltung der öffentlichen Ordnung mitzuwirken, enthielt die bisher kaum gekannte Gefahr der Verweltlichung und des Missbrauchs von Macht. Besonders die bischöfliche Würde war begehrt, aus den Hirten, die den Gläubigen ehedem auch im Martyrium vorangingen, sind nun Herren geworden, die über die soziale Zukunft von Priestern und Theologen entscheiden.

vor 303 Eusebius, später (um 314) Bischof **von Cäsarea**, verfasst die erste bedeutende Kirchengeschichte (Hieronymus wird sie bis zum Jahre 378 ergänzen).

um 315 Über die Zeit der Verfolgungen von Nero bis Diokletian gibt **Lactantius** (um 250–325) Auskunft („De mortibus persecutorum"). Von Konstantin wird er 314/315 als Erzieher seines Sohnes Crispus nach Trier gerufen.

303 Ein Konzil spanischer Bischöfe zu **Elvira** gebietet Bischöfen, Priestern und Diakonen, „sich ihrer Ehefrauen zu enthalten und keine Kindern zu zeugen" (DH 119).

312 Aufkommen des **Donatismus** in Afrika (Numidien). Donatus (gest. 355) stützt seinen Anspruch auf den Bischofsstuhl von Karthago mit dem Argument, die Bischofsweihe (seines Konkurrenten) sei ungültig, da sie von „Auslieferern" (*traditores*, konkret: solche, die während der Christenverfolgung durch Diokletian den Behörden die heiligen Schriften ausgehändigt hatten) vollzogen wurde.

314 Eine Synode in Arles erklärt die Gültigkeit von Weihen auch durch *Traditores*, doch beharren die afrikanischen Bischöfe auf ihrem Standpunkt. In der Folgezeit verfestigt sich die donatistische Bewegung in Afrika (zu ihr zählen gegen Ende der Regierungszeit Konstantins mehr als 270 Bischöfe).

405 Kaiser Honorius erklärt die Donatisten zu Häretikern und nimmt ihnen so die Legitimität. Vereinzelt halten sie sich in Afrika bis Anfang des 8. Jahrhunderts.

318 Arius, Priester in Alexandrien, predigt, der Sohn sei nicht gleich ewig wie der Vater, wohl aber das erste und höchste aller Geschöpfe. – Eine Synode schließt ihn im folgenden Jahr aus der Gemeinde aus (gest. um 336).

um 320 In der Thebais (Oberägypten) sammeln sich um **Pachomius** die ersten **Mönchsgemeinschaften** (Koinobiten bzw. Zönobiten). An seinem Lebensende (346 oder 347) leitet er neun von ihm gegründete Klöster mit mehr als 5000 Mönchen. – Seine Regel (Armut, Gehorsam, Arbeit) erlangt über Cassian und Benedikt Einfluss auf das spätere abendländische Mönchtum.

um 340 Die Schwester des Pachomius, Maria, gründet ein Frauenkloster.

325 Im Bemühen, den Streit um Arius beizulegen, beruft Konstantin ein **Konzil** nach **Nizäa** (1. Ökumenisches, d. h. Allgemeines Konzil). Die versammelten 300 Bischöfe definieren im *Symbolum* (Glaubensformel) die Wesensgleichheit *(homoousios)* des Sohnes mit dem Vater. – Mehrere Bischöfe widerrufen nach der Abreise ihre Zustimmung.

325 Zu den heftigen Gegnern der Arianer zählt **Eustathius**, Bischof von

Antiochien, der auf dem Konzil den Vorsitz führt. Später (zwischen 326 und 331) wird er aufgrund vielfältiger Anklagen der Arianer vom Kaiser nach Thrakien verbannt (gest. vor 337).

348 **Cyrill**, der neue Bischof **von Jerusalem**, vermeidet zwar das *homoousios*, spricht aber von Christus als „Gott aus Gott". In der Eucharistiefeier werden Brot und Wein wirklich in Leib und Blut Christi verwandelt. – Auf dem Konzil von Konstantinopel 381 ist er einer der führenden Antiarianer (gest. 386).

361 **Apollinaris**, seit diesem Jahr Bischof seiner Heimatstadt **Laodicea**, lehnt zwar die Anschauungen des Arius ab, entwickelt aber eine ebenso umstrittene Christologie: Christus ist weder ganz Gott noch ganz Mensch. In Christus hat der göttliche Logos die menschliche Vernunft *(nous)* ersetzt. Deshalb kann man nicht von zwei, sondern nur von einer Natur sprechen. Auf dem Konzil von Konstantinopel (381) wird diese Auffassung verurteilt.

328 Athanasius wird Bischof von Alexandrien. In den Auseinandersetzungen mit den Arianern wird er insgesamt fünfmal verbannt (gest. 373).

um 340 Wulfila (Ulfila), von Geburt Gote, 341 in Antiochien zum **Bischof der Goten** geweiht, missioniert unter seinen Landsleuten und übersetzt das Neue und weite Teile des Alten Testaments ins Gotische, wobei er eine eigene Schrift entwickelt (Verbindung von griechischen und lateinischen Zeichen mit Runen). Er stirbt, noch bevor er Kaiser Theodosius seine arianischen Überzeugungen darlegen kann (383).

343 Die **Synode von Serdika** (Sofia) legt „aus Achtung vor dem Andenken an den heiligen Apostel Petrus" fest, dass ein von der Synode seiner Provinz abgesetzter Bischof an den Bischof von Rom appellieren kann. Dessen Urteil bleibe es überlassen, ob die Sache neu verhandelt werde.

um 350 Erst Gefangener, dann Freund des Königs von Aksum, verkündet **Frumentius** in **Äthiopien** den christlichen Glauben. Seine Weihe zum Bischof durch Athanasius bewirkt eine dauernde Bindung der äthiopischen Kirche an das Patriarchat von Alexandrien.

um 357 Nach seiner Taufe geht der gebildete **Basilius** aus **Cäsarea** (Kappadozien) bei den Asketen des Ostens in die Lehre. Zusammen mit seinem engen Freund **Gregor von Nazianz** verfasst er zwei Regeln, die großen Einfluss auf die weitere Entwicklung des Mönchtums im Osten ausüben. – Sein umfangreiches Schrifttum trägt ihm den Beinamen „der Große“ ein. Von gleicher Bedeutung für die östliche Theologie wird sein Bruder **Gregor von Nyssa**, der sich als Theologe intensiv mit der Dreifaltigkeit Gottes auseinandersetzt. – Die Theologiegeschichte würdigt die Genannten als die „drei Kappadokier“.

359 Bischöfe des Ostens und des Westens tagen getrennt in Seleukia und Rimini. Eine Vermittlungsformel, die schließlich auch die westliche Synode unterschreibt, soll die Kluft zu den Arianern überbrücken: sie ersetzt den Ausdruck „wesensgleich“ durch „dem Vater ähnlich“ (statt *homoousios homoiousios*, dementsprechend „Homöusianer“).

371 Auf Wunsch des Volkes wird **Martin**, ein ehemaliger Offizier aus Sabaria (Ungarn), der in Amiens die Hälfte seines Soldatenmantels einem frierenden Bettler gegeben hatte, Bischof von **Tours**. Zehn Jahre vorher hat Martin in Ligugé Männer um sich gesammelt, die ein asketisches Leben führen wollten: durch sie entwickelt sich die erste Mönchsgemeinschaft des Westens. – Unermüdlich umherreisend, um den Glauben auch in der Landbevölkerung zu verwurzeln, gelangt er bald in den Ruf eines Wundertäters. Nach seinem Tod 395 verbreitet sich seine Verehrung in ganz Europa.

Eine tiefe Freundschaft verbindet Martin mit **Hilarius**, Bischof **von Poitiers** (gest. um 367), der ihn zum Priester geweiht hat. Auch Hilarius ist vom Volk zum Bischof ausgerufen worden (350), obwohl er verheiratet ist und eine Tochter hat. Seine Aktivitäten und theologischen Werke tragen wesentlich dazu bei, dass der Arianismus in Gallien nicht Fuß fassen kann.

380 Eine Synode in Zaragoza setzt sich mit der Bewegung der **Priszillianer** auseinander. Nach seiner Taufe ist der in Spanien gebürtige Priszillian Führer einer streng asketischen Bewegung geworden, die auch die Verweltlichung der Kirche kritisiert. Seine Weltverneinung bringt ihm die Anklage des Manichäismus ein. Wegen Häresie und Magie wird er 385 hingerichtet. – Seine Anhänger pflegen seine asketischen und antihierarchischen Anschauungen weiter, zwei Synoden in Braga (561 und 572) verurteilen sie erneut.

Besonders der **Manichäismus** ist in der 2. Hälfte des 4. Jahrhunderts Angriffsziel christlicher Theologen. So verfasst (der sonst unbekannte) **Hegemonius** (vor 350) eine detaillierte Widerlegung („Acta Archelai"), desgleichen bald nach 363 Bischof **Titus von Bostra** („Contra Manichaeos"). – Gegen Irrlehren verschiedenster Art schreiben u. a. **Diodor von Tarsus** (gest. vor 394), **Epiphanius von Salamis** (seit 366 Bischof der Stadt auf Zypern; in chronologischer Reihenfolge behandelt er 60 christliche Häresien), **Ephräm der Syrer** (der „Klassiker" unter den syrischen Kirchenvätern; seine Werke umfassen Themen der Exegese, Dogmatik und Poesie; gest. 373).

381 Das **1. Konzil von Konstantinopel** (2. Allgemeines Konzil) bekräftigt das Glaubensbekenntnis von Nizäa. Über den Heiligen Geist wird hinzugefügt: „der vom Vater ausgeht". Die Griechen interpretieren dies in der Folgezeit als „Ausgang vom Vater *durch* den Sohn", der Westen als „Ausgang vom Vater *und* dem Sohn" – *filioque*. (Diese Unterscheidung wird später eine der Hauptkontroversen zwischen katholischer und orthodoxer Kirche.) – Ebenso erklärt das Konzil den Vorrang des Bischofs von Rom vor den anderen Patriarchen.

385 bis etwa 406 Hieronymus (geb. zwischen 340 und 350 in Stridon, Dalmatien; dann zum Studium in Rom) übersetzt die Bibel ins Lateinische. Ab dem 8. Jahrhundert wird seine Übersetzung – die so genannte **„Vulgata"** – allgemein anerkannt.

397 Der neue Bischof von Konstantinopel **Johannes Chrysostomus** (geb. um 349 in Antiochien) entfaltet eine umfangreiche pastorale Tätigkeit: mehr als 700 erhaltene Predigten zeugen davon. Von seinen innerkirchlichen Gegnern (Theophilus von Alexandrien) angeklagt und auf der „Eichensynode" (nach dem Namen des Landgutes bei Chalkedon, wo das Treffen stattfindet) von 36 Bischöfen abgesetzt, endet sein Leben (407) in der Verbannung. Gegen die unberechtigte Absetzung protestiert Papst Innozenz (I.). Schließlich werden die Gebeine des Chrysostomus feierlich nach Konstantinopel überführt.

5. Jahrhundert
Die Auflösung des Weströmischen Reiches

A. Kirche und Gesellschaft/Staat

Der Mensch des 5. Jahrhunderts erlebt eine Zeit des Verfalls. Wann war es je geschehen, so fragt er sich, dass das ewige Rom innerhalb weniger Jahrzehnte mehrmals um seine Weiterexistenz bangen musste? Alle Versuche, die alte Disziplin und religiöse Gemeinsamkeit wiederherzustellen, waren gescheitert. Andererseits war der neue offizielle christliche Glaube, dem die vordringenden Germanen – in arianischer oder katholischer Ausprägung – teilweise schon anhängen, noch nicht Grundlage einer neuen politischen Ordnung geworden. Vergleichbar mutigen Kapitänen oder auch mit Wogen kämpfenden Ertrinkenden versuchen die einzelnen Kaiser, pragmatisch die Gefahren zu meistern oder träumen, wenn sie Erfolge sehen, von der Wiederherstellung des alten Römischen Reiches. Auch die Kirche muss sich neu orientieren: Weder vermögen die Kaiser die religiöse Einheit zu erzwingen noch bieten sie – vor allem in der westlichen Reichshälfte – den notwendigen Schutz für eine ungestörte Selbstentfaltung.

402 Die kaiserliche Residenz für den westlichen Teil des römischen Reiches wird von Honorius nach **Ravenna** verlegt. Mit der Abwesenheit des Kaisers steigt in Rom die Bedeutung des Papstes. Er entwickelt sich zum Sprecher und Vater („Papa“) der Stadt.

410 Die **Westgoten** (Alarich) erobern und plündern Rom. (Die Heiden geben die Schuld an der Katastrophe der „Gottlosigkeit“ der Christen. Augustinus schreibt als Verteidigung den „Gottesstaat“.) – Ihr Weiterzug führt sie nach Südfrankreich und Nordspanien (Tolosanisches Westgotenreich 418–507).

507 Die Niederlage gegen den Franken Chlodwig bewirkt die Abwanderung der Westgoten nach **Spanien**. Ihr Reich mit der Hauptstadt Toledo kann sich bis 711 behaupten (Niederlage gegen die Araber).
587 Übertritt des Westgotenkönigs Rekkared vom arianischen zum katholischen Glauben.

429 Unter Führung Geiserichs setzen die **Vandalen** von Spanien nach Nordafrika über (429–534 Vandalenreich in Afrika).

455 Mit einer Flotte erscheinen die Vandalen vor der Tibermündung. Ihr Führer Geiserich lässt sich von Papst Leo I. zur „Milde" bewegen: Rom wird nur14 Tage lang geplündert, ohne Mord oder Brandstiftung.
535 Justinians Feldherr **Belisar** vernichtet das Vandalenreich in Nordafrika.

439 Der „Codex Theodosianus", eine Zusammenstellung von mehr als 2500 geltenden Erlassen, wird durch Kaiser Theodosius II. in Kraft gesetzt.

451 Die **Hunnen** fallen in Gallien ein, erobern Metz, werden aber auf den Katalaunischen Feldern (bei Troyes) von römisch-westgotischen Truppen aufgehalten.

452 Einfall der Hunnen in Italien. Papst Leo I. reist Attila bis Mantua entgegen und erreicht, dass Attila auf einen Zug nach Rom verzichtet.
453 Mit dem Tod Attilas endet die Expansion der Hunnen nach Westeuropa.

445 Kaiser Valentinian III. bestätigt gegenüber Selbständigkeitsversuchen der gallischen Kirche (Hilarius von Arles) das **Weisungsrecht des römischen Bischofs.**

476 Der (letzte) weströmische Kaiser Romulus Augustulus wird von dem Germanen Odoaker abgesetzt **(Ende des weströmischen Reiches).**

493 Odoaker wird von Theoderich erschlagen, der als König der Ostgoten die Nachfolge antritt.

496 Nach seinem Sieg über die Alamannen lässt sich **Chlodwig**, König der Franken, mit seinen Heerführern in Reims durch

Bischof Remigius taufen. Bis Mitte des 6. Jahrhundert werden die Franken die führende Macht in Westeuropa. Ihr gutes Verhältnis zum Papst bildet die Vorgeschichte und Voraussetzung für den späteren Bund (Karl der Große) zwischen Kirche und Frankenreich.

B. Innerkirchliches Leben

Während im 4. Jahrhundert die theologische Diskussion um das Problem der Einheit Gottes kreist, wendet sie sich im 5. Jahrhundert der näheren Bestimmung von göttlicher und menschlicher Natur in Christus zu. Gegen die Extreme, göttliche und menschliche Natur so zu trennen, als handele es sich bei Christus um zwei Personen, oder sie so miteinander zu verbinden, dass das Menschliche im Göttlichen verschwindet (Monophysitismus), stellt das Konzil von Chalkedon sein „unvermischt" und „ungetrennt", d. h. zwei Naturen in einer Person, das von nun an gültige Fundament für jede weitere Christologie. – Die Diskussionen treiben das theologische Denken voran, führend sind dabei meistens Bischöfe, wobei die theologischen Kontroversen fast immer den Kampf um die Besetzung der Bischofsstühle, für die der Kaiser bemüht wird, ausarten. – Ungebrochen, ja verstärkt setzt sich die Missionierung an den Reichsgrenzen fort, ebenso die Entfaltung des Mönchtums.

411 Beginn des pelagianischen Streites. Der Mensch, so lehrt **Pelagius** (irischer Asket, zwischen 384 und 410 in Rom), besitzt die volle Freiheit zum Guten und zum Bösen, ist also nicht durch die Erbsünde geschwächt. Adam hat der Menschheit nur durch sein schlechtes Beispiel geschadet. – Als Pelagius mit einigen Anhängern auf der Flucht vor den Westgoten nach Numidien kommt, nimmt Augustinus gegen seine Anschauungen Stellung.

418 Das Konzil von Karthago verurteilt im Einklang mit Papst Zosimus den **Pelagianismus**. Die Auseinandersetzung geht jedoch weiter, bis das Konzil von Ephesus 431 eine erneue Verurteilung ausspricht.

seit 425 Einen Kompromiss zwischen der Gnadenlehre des Augustinus, wonach Gott das Wollen und das Vollbringen bewirkt, und der Überzeugung des Pelagius, dass der Mensch aus eigener Kraft wollen kann, versucht der **Semipelagianismus**: rechtfertigendes Handeln des Menschen bedarf der Gnade, aber wenigstens das *Verlangen* nach Rechtfertigung (*initium fidei*) ist Tat des Menschen. – Zu den wichtigen Vertretern zählen Cassian (gest. um 435), Vinzenz von Lérins (gest. um 450), Faustus von Riez (gest. um 495).

529 Das Konzil von Orange verurteilt den Semipelagianismus.

428 Nestorius, der neue Patriarch von Konstantinopel, lehnt als Anhänger der antiochenischen Christologie die Bezeichnung „Gottesgebärerin“ (*theotókos*) für Maria ab und empfiehlt statt dessen den Titel „Christusgebärerin“ (*christotókos*). Ihm widerspricht **Cyrill**, der Patriarch von Alexandrien.

430 In Hippo (Nordafrika) stirbt **Augustinus**, der Bischof der Stadt.

354 Geburt des Augustinus in Thagaste, Numidien; sein (heidnischer) Vater ist Mitglied des Stadtrats.

bis 374 Studium der Rhetorik in Karthago. Lebhaftes Interesse für philosophische Fragen und die Anschauungen des Manichäismus.

375–383 Lehrer der Rhetorik in Karthago, 383 Übersiedlung nach Rom.

386 Entscheidendes Erlebnis: Eine Stimme heißt ihn die Schrift aufschlagen: „Tolle – lege!“ (Nimm und lies; vgl. Confessiones VIII, 10, 25). Was er in Röm 13,13f. liest („Legt den Herrn Jesus Christus an ...“) erscheint ihm als wahrer Weg und als persönliche Aufforderung.

387 In Mailand Taufe aus der Hand des Ambrosius, zusammen mit seinem Sohn Adeodatus und dem Freund Alypius. (Von seiner jahrelangen Freundin hatte er sich vermutlich schon im Jahr vorher getrennt.). Noch im gleichen Jahr stirbt Augustinus’ Mutter Monnica. Ihre unermüdlichen Gebete um die Bekehrung des Sohnes machen sie (im Mittelalter) zum Vorbild der christlichen Mutter.

395 Bischof von Hippo. Mit seinem Klerus lebt er in einer Art klösterlicher Gemeinschaft zusammen. (Dabei ist umstritten, ob die als „Augustinerregel“ bekannten Anweisungen für Mönche und Nonnen auf Augustinus zurückgehen.)

Um 400 Augustinus schreibt die „Confessiones“, die Schilderung seiner inneren Entwicklung.

413–426 Mit seinem Werk „De civitate Dei“ (Der Gottesstaat) entwickelt Augustinus eine christliche Geschichtstheologie. – Zahlreiche Schriften gegen Donatisten, Arianer, Manichäer, Pelagianer; Kommentare zu biblischen Büchern; Anweisungen für christliche Lebensführung.

431 Das **Konzil von Ephesus** (3. Allgemeines Konzil) entscheidet sich in der Mehrheit gegen Nestorius und gewinnt für seine Haltung auch Kaiser Theodosius II., der Nestorius nach Oberägypten in die Verbannung schickt (gest. 451). Anhänger des Nestorius können sich in Edessa und Nisibis halten, gründen 498 in Seleukia-Ktesiphon ein eigenes Patriarchat (syrisch-nestorianische bzw. chaldäisch-nestorianische Kirche) und senden Missionare bis nach Indien („Thomaschristen“) und China.

seit 432 Missionierung **Irlands** durch das Wirken des **Patrick** (Patricius) (geb. um 385); als Jugendlicher von Piraten verschleppt und als Sklave verkauft, findet er zum Glauben; nach seiner Flucht empfängt er in einem mystischen Erlebnis den Auftrag zur Mission der Iren, zu deren Bischof er bestellt wird (gest. 461).

440–461 Papst **Leo I. der Große**. Seine Persönlichkeit, in der sich priesterliche Frömmigkeit, theologisches Wissen und politische Klugheit verbinden, sichert den **Primat** des römischen Bischofs im Westen. Ausdrücklich beruft er sich auf Mt 16,18f., um seine Verantwortung für die Gesamtkirche zu begründen.

449 In die monophysitischen Streitigkeiten des Ostens greift Leo mit einem Brief („Tomus Leonis“) ein, der zwei Jahre später auf dem Konzil von Chalkedon zur Grundlage der Zwei-Naturen-Lehre wird.

448 Die Verurteilung des **Eutyches**, Abt eines Klosters in Konstantinopel, durch eine Synode unter Leitung des Patriarchen der Stadt, Flavian, erneuert die Auseinandersetzung mit Alexandrien, dessen Patriarch Dioskur (seit 444 Nachfolger des Cyrill) sich hinter Eutyches stellt. Nach Eutyches kann man bei Christus nur von einer einzigen Natur sprechen (**Monophysitismus**): die göttliche Natur habe nach der Vereinigung die menschliche in sich aufgesogen.

449 Die von Kaiser Theodosius II. einberufene Synode unter Vorsitz Dioskurs rechtfertigt Eutyches und verurteilt mehrere Theologen der antiochenischen Schule (Theodoret von Cyrus, Ibas von Edessa, Domnus von Antiochien). Den Legaten Papst Leos wird der Vorsitz verweigert, sein Schreiben darf nicht verlesen werden. (Der Papst bezeichnet daraufhin die Versammlung als *latrocinium* – **Räubersynode**; er protestiert gegen die Absetzung Flavians und fordert ein neues Konzil).

451 Das **Konzil von Chalkedon** (4. Allgemeines Konzil) verfügt die Absetzung Dioskurs von Alexandrien, erneuert die Verurteilung des Eutyches. Es stellt fest, dass in Christus in einer Person zwei Naturen „unvermischt, unverwandelt, ungetrennt und ungesondert" bestehen. – Gegen den Kanon 28 des Konzils, der den Bischöfen von Rom und Konstantinopel die gleiche Würde zuspricht, erhebt Leo Protest (ohne seine Streichung zu erreichen).

459 In Syrien stirbt der Asket **Simeon Stylites der Ältere**, der 30 Jahre lang auf einer hohen Säule lebte.

592 Nach 45 Jahren auf einer Säule stirbt **Simeon Stylites der Jüngere**. Sein asketisches Leben lockt viele Pilger an, denen er auf vielfältige Weise (durch Beratung und Krankenheilungen) hilft.

482 Um die fortdauernde Auseinandersetzung zwischen Monophysiten und Anhängern des Chalcedonense zu beenden, entwirft der Patriarch von Konstantinopel **Acacius** eine Einigungsform, das so genannte **Henotikon**, die jede Erwähnung einer oder zwei Naturen in Christus vermeidet. Durch kaiserlichen Erlass (Zeno der Isaurier) wird die Formel im Reich als verbindlich erklärt.

484 Als Papst Felix III. mit seinem Protest gegen das Henotikon nicht durchdringt, exkommuniziert er Acacius und den byzantinischen Kaiser (**Acacianisches Schisma** 484–518).

494 In seinem Brief an Kaiser Anastasius I. spricht Papst Gelasius von **zwei Gewalten**, durch die die Welt regiert wird: die geheiligte Autorität der Priester *(auctoritas sacrata pontificum)* und die königliche Gewalt *(regalis potestas)*: wie die Seele vor dem Leib, so stehe die priesterliche Würde über der königlichen. – Diese Auffassung entwickelt sich später zur mittelalterlichen Zwei-Schwerter-Theorie.

Ende 5. Jahrhunderts entstehen die Schriften des **Pseudo-Dionysius Areopagita**. Der Verfasser beansprucht, der von Paulus bekehrte Areopagit zu sein (vgl. Apg 17,34). Er behandelt die Eigenschaften Gottes, die mystische Vereinigung der Seele mit Gott, das Reich der Engel, die hierarchische Ordnung im Wesen der Kirche. Er schöpft teilweise wörtlich aus dem Neuplatoniker Proclus (gest. 485).

499 Als erster erlässt Papst Symmachus ein **Papstwahldekret**, das dem Papst selbst die Designierung des Nachfolgers zuspricht; nur bei unvorhergesehenem Tod entscheidet der Klerus von Rom durch Mehrheitswahl.

6. Jahrhundert
Die Germanen werden katholisch

A. Kirche und Gesellschaft/Staat

Trotz der Erfolge Justinians, westliche Gebiete des Imperiums zurückzuerobern, vertieft sich in diesem Jahrhundert das Auseinanderleben von Ost und West. Nicht nur, weil die Siege fragmentarisch bleiben, auch nicht, weil germanische Stämme, die ihre Königreiche errichtet haben, nicht in altrömischen Traditionen wurzeln. Es ist Rom selbst, das sich immer mehr zum Gegenpol Konstantinopels entwickelt. Der Papst übernimmt – wenn auch nicht militärisch oder administrativ, so doch religiös und teilweise politisch – kaiserliche Ansprüche. Er bestimmt und setzt immer mehr durch, welche Beschlüsse östlicher Synoden glaubensgemäß sind, er verlangt die Ein- oder Absetzung von Bischöfen, die inzwischen zur inneren Stütze des Reiches gehören, er wird politisch aktiv, wenn er mit germanischen Führern verhandelt. Von großer Tragweite ist, dass sich die germanischen Stämme in ihrem Glaubensbekenntnis vom Arianismus abwenden und nach Rom hin orientieren: die spätere Glaubenseinheit des Heiligen Römischen Reiches wird dadurch vorbereitet.

▩ **493–553 Ostgotenreich** in Italien. Die Herrschaft **Theoderichs** (493–526) bringt für Italien eine Friedenszeit.

523 Wegen Verdachts geheimer Beziehungen zu Ostrom (Konstantinopel) wird gegen den Philosophen **Boethius** der Hochverratsprozess eröffnet, der 524 mit seiner Hinrichtung endet. (Im Gefängnis schreibt er sein berühmtes Werk „De consolatione philosophiae" – Vom Trost der Philosophie).

526 Theoderich stirbt in Ravenna. (In der deutschen Sage lebt er als Dietrich von Bern weiter.)

▩ **um 510** Die **Burgunder** wechseln vom arianischen zum katholischen Glauben.

534 Die Franken – die Söhne Chlodwigs – erobern das Burgunderreich.

527–565 Justinian I. Unter seiner Regierung, zusammen mit Theodora (gest. 548), kann Ostrom zahlreiche verloren gegangene Gebiete in Italien, Nordafrika und Spanien zurückgewinnen. Straffe innere Führung, auch gegenüber der Kirche („Cäsaropapismus"); Maßnahmen gegen Überreste des Heidentums.

529 Justinian verfügt die Schließung der Philosophenschule („platonische Akademie") in Athen. Im gleichen Jahr eröffnet Benedikt in Italien das Kloster Monte Cassino (s.u. S. 45f.). In der Verbindung beider Ereignisse sehen manche Historiker symbolisch das Ende der Antike und den Beginn des Mittelalters.
534 Durch seinen Minister Tribonian lässt Justinian das geltende Recht zusammenstellen und schafft damit die Voraussetzung für das Weiterwirken des römischen Rechts im Mittelalter. (Die Sammlung wird seit dem 12. Jahrhundert als **Corpus iuris civilis** bezeichnet.)
535 Justinians Feldherr Belisar beendet das **Vandalenreich** in Nordafrika.
551 Truppen Justinians erobern den Süden Spaniens, die Küste von Cádiz bis Cartagena, das Landesinnere bis Córdoba (das Gebiet geht in den nächsten 70 Jahren wieder an die Westgoten verloren).
553 Nach dem Sieg von Belisar und Narses über die **Ostgoten** wird Italien oströmische Provinz.

558 Aus dem Kaukasus Vorstoß der **Awaren** bis zur Donau. In der Folgezeit bedrohen sie immer stärker Konstantinopel. Reichsgründung im heutigen Ungarn und Niederösterreich.

626 Awaren belagern (erfolglos) Konstantinopel.
796 Karl der Große beendet das Awarenreich. Die Unterworfenen nehmen das Christentum an.

568–774 Langobardenreich in Italien (Gebiete um Ravenna und Rom, Sizilien und die Südspitze Italiens verbleiben bei Ostrom). Zwischen 600 und 700 treten die Langobarden allmählich vom arianischen zum katholischen Bekenntnis über. Hauptstadt des Langobardenreichs wird Pavia.

um 570 Geburt **Mohammeds** in Mekka.

591 Gregor, Bischof **von Tours**, schreibt die „Geschichte der Franken" in zehn Büchern nieder (Historiarum libri X).

B. Innerkirchliches Leben

Das innerkirchliche Leben gewinnt weiter an Dynamik. Die Bischöfe bleiben an der Spitze der Kirche. Sie verantworten nicht nur die pastorale Führung, sie sind zugleich auch die Theologen, welche die Glaubensaussagen vertiefen und in Einklang mit der (philosophischen) Vernunft bringen. Sie sind die Wahrer der Einheit, die auf den Synoden jene Glaubensentscheidungen treffen, die dann – mit Unterstützung des kaiserlichen Arms – in die Praxis umgesetzt werden. Im Bischof von Rom finden sie immer mehr eine Kraft, die über konkurrierenden Zentren wie Alexandrien, Antiochien, Konstantinopel steht und das letzte Wort beansprucht. – Zunächst noch kaum beachtet, wird neben den Bischöfen das Mönchtum immer wichtiger, das die innere Glut des Glaubens nährt, sich dabei allerdings gelegentlich radikalisieren kann. – Nach den Gefolgetaufen gewinnt nun die Missionierung, die auf Umdenken und Bekehrung abzielt, an Boden; dabei spielen die irischen Wandermönche eine wichtige Rolle.

502 Eine römische Synode *(Synodus palmaris)* formuliert, dass der Papst keinem Gericht untersteht. (Zu dieser Zeit entsteht der Rechtssatz: *Prima sedes a nemine iudicatur* – Der erste Bischofsstuhl kann von niemandem gerichtet werden.)

519 Nach 35 Jahren kirchlicher Trennung (Acacianisches Schisma) unterzeichnet Patriarch Johannes von Konstantinopel die von Papst Hormisdas vorgelegte Glaubensformel und stellt damit die kirchliche Einheit wieder her.

529 Benedikt von Nursia (geb. um 480, Einsiedlerleben in Subiaco, dann Vorsteher einer Eremitengemeinde) gründet das Kloster Monte Cassino. An seiner Mönchsregel orientieren sich die meisten weiteren Klostergründungen in Westeuropa: Einteilung des Tages in Gebet, geistliche Lesung und Handarbeit (*Ora et labora* – Bete und arbeite), Selbstversorgung der Klostergemeinschaft, Gleichstellung von Freigeborenen und (früheren) Sklaven, Pflege der Gastfreundschaft. Die lebenslange Bindung des Mönches an *ein* Kloster *(stabilitas loci)* trägt dazu bei, dass der **Benediktinerorden** zu einem wichtigen Erschließungsfaktor des europäischen Bodens wird. – Benedikt stirbt um 547 in Monte Cassino.

540 Tod Dionysius' Exiguus (aus Skythien; seit 500 Mönch in Rom). Er schlägt als erster eine **Zeitrechnung ab Christi Geburt** vor, die er auf das Jahr 753 seit der Gründung Roms ansetzt. Seine Zählung setzt sich im Abendland ab der Mitte des 8. Jahrhunderts durch.

544–553 Dreikapitelstreit. Um die Monophysiten zu gewinnen, die dem Konzil von Chalkedon vorwerfen, es habe mehrere zum Nestorianismus neigende Theologen freigesprochen, stimmt Justinian der Verurteilung von Lehrsätzen („Kapiteln") des Theodor von Mopsuestia, Theodoret von Cyrus und Ibas von Edessa zu. Als der Westen protestiert, wird Papst Vigilius nach Konstantinopel gebracht und gezwungen, die Verurteilung zu bestätigen (548). Nordafrika, Gallien und Oberitalien sagen sich daraufhin von Rom los. Als der Papst seine Unterschrift wieder zurücknimmt (551), beruft Justinian ein Konzil nach Konstantinopel ein.

553 2. Konzil von Konstantinopel (5. Allgemeines Konzil). Es verurteilt – mit Zustimmung des Papstes – die „Drei Kapitel". Auch die schon 542 von Justinian vorgenommene Verurteilung des Origenes wird bestätigt.

563 Columba(nus) der Ältere (gest. 597) gründet auf der Insel Iona (vor Nordwestengland) das Kloster Hy, das zum Ausgangspunkt der Christianisierung **Schottlands** wird.

um 580 Tod **Cassiodors.** Der zeitweilige (507–526) Minister Theoderichs, Konsul und Stadtpräfekt Roms, gründet um 540 in Kalabrien das Kloster „Vivarium". Für seine Mönche ist die Weiterbildung in theologischen und weltlichen Wissenschaften ausdrückliche Verpflichtung. Das Studium und Abschreiben von Büchern wird in der Folgezeit auch von anderen Klöstern übernommen: sie werden so zum hauptsächlichen Vermittler antiken Gedankengutes.

590–604 Gregor I. der Große, der erste Mönch als Papst (er gebraucht erstmalig die Selbstbezeichnung *servus servorum Dei* – Diener der Diener Gottes). Wie Leo I. von großer persönlicher Frömmigkeit – seine Anweisung für die Seelsorge *(regula pastoralis)* gewinnt im Abendland fast die gleiche Hochschätzung wie die Regel Benedikts –, organisiert er zugunsten der Armen eine straffe Verwaltung des kirchlichen Grundbesitzes. Sein Ansehen übertrifft bald die Stellung des byzantinischen Exarchen in Ravenna. Er erreicht den Abzug der Langobarden von Rom (593), vermittelt deren Frieden mit Konstantinopel (599). – Von ihm geht der entscheidende Anstoß zur **Missionierung der Angelsachen** aus: mit 40 Mönchen wird Augustinus, Abt des Andreasklosters in Rom, zur Verkündigung des Evangeliums nach England geschickt.

seit 592 Irische Mönche durchwandern und missionieren Westeuropa. Columban der Jüngere (gest. 615) gründet 592 in den Vogesen das Kloster Luxeuil, das große Ausstrahlung entfaltet, später (612) das Kloster Bobbio in Norditalien.

um 612 **Gallus** (um 550–640), irischer Mönch und Begleiter Columbans, zieht sich, nach zwölf Jahren Mission in den Gebieten um den Bodensee, mit einigen Gefährten in eine Einsiedelei zurück. Die Klause entwickelt sich später zum bedeutenden Kloster **St. Gallen**.

596 Gründung des **Erzbistums Canterbury** durch den Mönch Augustinus.

7. Jahrhundert
Die Ausbreitung des Islam

A. Kirche und Gesellschaft/Staat

Während der Westen eine vergleichsweise ruhige Zeit erlebt, steht Byzanz dem gewaltigen Druck von Awaren, Persern und Arabern gegenüber. Dass die Mauern Konstantinopels standhielten, ist eine Voraussetzung dafür, dass Europa – die Verschmelzung germanischer, römischer und griechischer Kultur – sich weiter entwickeln kann. Allerdings fallen Palästina, Ägypten und Nordafrika in arabische Hand. Die notwendige Konzentration der byzantinischen Politik auf die Bedrohung im Osten hat die zunehmende Verselbständigung des Westens zur Folge. Obwohl Untertan Ostroms, ist der Papst wesentlich mehr auf gute Beziehungen zu Franken und Langobarden angewiesen. Seine politischen Initiativen, von Byzanz mit Misstrauen verfolgt, ermöglichen der Kirche im Westen, ihr Eigenleben weiter zu entfalten und zu konsolidieren.

605 Die **Perser** dringen bis zum Bosporus vor.

614 Ein Vorstoß der Perser nach Süden führt zur Eroberung **Jerusalems** und (619) zum Einbruch in Ägypten (sie können sich dort 10 Jahre halten).

626 Gleichzeitiger, aber erfolgloser Angriff der Perser und Awaren auf **Konstantinopel**.

627 Die vernichtende Niederlage gegen byzantinische Truppen bei Ninive beendet die Machtstellung des Sassanidenreiches.

629 (oder 630) Das von den Persern 614 in Palästina geraubte **Kreuz Jesu** wird von Kaiser Herakleios feierlich von Ktesiphon nach Jerusalem zurückgebracht, fünf Jahre später nach Konstantinopel mitgenommen. (In der Schlacht bei Hattin in Galiläa, in der es mitgeführt wird, geht es 1187 endgültig verloren.)

610–641 In Konstantinopel regiert Kaiser **Heraclius I.** Straffe Verwaltung und Einteilung Kleinasiens – unter seinen Nachfolgern auch der übrigen Gebiete – in Heeresbezirke *(Themata)*: die militärischen Befehlshaber sind zugleich oberste zivile Instanz. – An Stelle des Lateinischen wird nun auch offiziell **Griechisch** als Verwaltungs- und Heeressprache eingeführt.

613 Nach der Teilung in Austrasien, Neustrien und Burgund (seit 561) wird das **Frankenreich** wieder in der Hand Chlothars II. von Neustrien (gest. 629) vereinigt. In den nächsten Jahrzehnten nimmt Bedeutung der „Hausmeier" *(majordomus)* zu: die Vorsteher des königlichen Hofes steigen zu Verwaltern des königlichen Grundbesitzes und zu Führern des Adels auf.

seit 687 Das Geschlecht der **Karolinger** übt das Majordomat über das ganze Frankenreich aus.

622 Mit der Auswanderung („Hidschra") **Mohammeds** und seiner Anhänger von Mekka nach Jathrib (Medina) beginnt die Zeit des **Islam** (Anfangsjahr der islamischen Zeitrechnung).

um 570 Mohammed in Mekka geboren.

seit 610 Nach einem Berufungserlebnis beginnt Mohammed zu predigen. Er verkündet die Einzigkeit Gottes und das kommende Gericht.

632 Nach mehreren Siegen über feindliche Gruppen stirbt Mohammed am 8. Juni 632 in Medina.

632–634 Die Offenbarungen Allahs an Mohammed werden im **Koran** festgehalten.

Seit 656 Spaltung der Muslime in **Sunniten** und **Schiiten**.

634 Omar, nach Abu Bakr zweiter Nachfolger Mohammeds, begründet das theokratische **Arabische Reich**, dessen Kalif als Nachfolger des Propheten der „Herrscher der Gläubigen" ist (als militärisches, ziviles und richterliches Oberhaupt).

635 Einnahme von Damaskus durch Sieg über die Perser.

637 Eroberung Jerusalems.

640–644 Eroberung Persiens.

bis 650 Weite Teile Nordafrikas werden dem Arabischen Reich eingegliedert.

674–678 Den viermaligen Versuch der arabischen Flotte, Konstantinopel zu stürmen, wehrt die Stadt ab. Die Ostflanke Europas bleibt dadurch den Arabern verschlossen.
698 Eroberung Karthagos.

649–672 Rekkesvind, König des **Westgotenreiches** in Spanien, veranlasst die Kodifizierung des gotischen Rechts *(Lex Visigothorum)*, das für Goten und Römer gilt. Die Verschmelzung beider Völker wird dadurch gefördert, spanisches Nationalgefühl beginnt sich zu entwickeln.

663 Vergeblich versucht Kaiser Konstans II., die **Langobarden** aus Italien abzudrängen. (Er ist der letzte byzantinische Kaiser, der Rom besucht; als Residenz wählt er Syrakus auf Sizilien, wird dort 668 ermordet.)

680 Förmlicher Friede zwischen Byzanz und den Langobarden. – Um diese Zeit muss Kaiser Konstantin IV. bereits ein unabhängiges **Bulgarenreich** anerkennen.

B. Innerkirchliches Leben

Immer noch kreist die theologische Auseinandersetzung um die Frage, wie göttliche und menschliche Natur in Christus gedacht werden müssen. Dabei spielen Rivalitäten zwischen Personen und Patriarchaten eine wichtige Rolle. Für den Kaiser ist die Einheit im Glauben ein zentraler Faktor ihrer Innenpolitik, sie wollen sie nun mit größerer Härte erzwingen als früher. – Während im Osten das Vordringen der Araber Kräfte und Aufmerksamkeit bindet, kann sich die Kirche im Westen unbehelligt dem Aufbau widmen: die Christianisierung Englands schreitet voran; die Klostergründungen irischer Wandermönche auf dem Festland erreichen ihre Blütezeit; zahlreiche Nationalsynoden, vor allem in Spanien, treffen Regelungen für die Lebensweise des Klerus, den Vollzug der Liturgie, die Ausübung der Seelsorge. Dabei fällt auf, dass immer mehr Lebensbereiche durch Vorschriften geordnet werden, vor allem die Sexualität. Den Verfehlungen wird ein System von Strafen gegenübergestellt, das in deutlichem Gegensatz zur verzeihenden, auf Bekehrung ausgerichteten Liebe Christi steht.

601 **Isidor** (geb. um 560) wird Erzbischof **von Sevilla.** In einer 20 Bücher umfassenden Enzyklopädie versucht er, das gesamte weltliche und geistliche Wissen seiner Zeit zusammenzustellen (*Etymologiae* oder *Origines* betitelt). – Neben zahlreichen theologischen Schriften verfasst er eine Geschichte der Goten, Sueben und Vandalen. Freundschaftlich mit König Sisebut verbunden, ist er der einflussreichste Bischof Spaniens (gest. 636).

627 Taufe des Königs **Edwin von Yorkshire**, zugleich Herrscher von Northumbrien. York wird – nach Canterbury – das zweite Erzbistum Englands.

633 **Monotheletischer** bzw. monenergistischer **Streit.** Um des religiösen Friedens willen kommt Patriarch Sergius von Konstantinopel, gedrängt vom Kaiser, den Monophysiten entgegen: in Christus habe es nur *eine* gottmenschliche Energie *(mía theandrikè enérgeia)* und nur *einen* gottmenschlichen Willen *(mónos théletos)* gegeben. Dem widerspricht Patriarch Sophronius von Jerusalem. Papst **Honorius I.** indessen stimmt der Kompromissformel zu.

638 Kaiser Heraclius schreibt den Monotheletismus durch ein Reichsgesetz *(Ekthesis)* vor.

641 Entgegen der Stellungnahme des Honorius (gest. 638) verurteilt Papst **Johannes IV.** den Monotheletismus.

648 Mit einem Erlass *(Typos)* verbietet Konstans II. (= Konstantin III.) die Fortsetzung der Diskussion.

649 Papst **Martin I.** vertritt auf der Lateransynode nachdrücklich zwei Willen und Wirkungsweisen in Christus. Er wird daraufhin (653) nach Konstantinopel deportiert. Der Prozess gegen ihn (655) endet mit seiner Verbannung auf die Krim, wo er im gleichen Jahr den Misshandlungen erliegt.

662 Ebenfalls in der Verbannung endet der entschiedenste theologische Gegner des Monotheletismus: **Maximus Confessor.** Als ehemaliger Sekretär des Kaisers Heraclius (610) hat er auf mehreren afrikanischen Synoden und auch in Rom die Verurteilung der Irrlehre erreicht.

um 678 Angesichts der Bedrohung durch Awaren und Araber lenkt

Konstantin III. ein: im Einverständnis mit Papst Agatho beruft er ein Reichskonzil nach Konstantinopel.

664 Die Frage nach dem Termin des Osterfestes – und damit nach dem Beginn der Fastenzeit – wird für die angelsächsische Kirche auf der **Synode von Whitby** entschieden. Der römische Standpunkt kann sich (unter Berufung auf Mt 16,18) gegen die Tradition der irischen Kirche durchsetzen.

680/681 3. Konzil von Konstantinopel (6. Allgemeines Konzil, das so genannte *Trullanum*, da es im Kuppelsaal – *trullus* – des kaiserlichen Palastes stattfand). Es verurteilt den Monotheletismus und Monenergismus und erklärt die Lehre von zwei natürlichen Wirkweisen in Christus als den früheren Konzilsentscheidungen entsprechend. Mit dem Anathem wird auch der verstorbene Papst Honorius belegt; weil er die gottlosen Lehren des Sergius bestätigt hat. Kaiser Konstantin III. nimmt den Konzilsentscheid an und unterdrückt von nun an den Monotheletismus.

um 680 Im Raum Würzburg wirkt der irische Wanderbischof **Kilian**. Auf Anstiftung der thüringischen Herzogin wird er 695 ermordet (er hatte ihr die unrechtmäßige Ehe vorgeworfen), seine Verehrung verbreitet sich rasch.

seit 690 Der Angelsachse **Willibrord** wirkt als Missionar unter den **Friesen** (695 Bischof von Utrecht, gest. 739). Sein Werk wird von Bonifatius (s.u. S. 58) fortgesetzt.

698 Als Missionsstützpunkt gründet Willibrord das Kloster **Echternach** (Luxemburg).

691 Da das Konzil von 680 nur Fragen der rechten Lehre behandelt hat, beruft Kaiser Leontius eine weitere Synode ein (**Trullanum II** oder *Quinisextum*). Weil lediglich östliche Kirchenrechtsquellen verwendet und mehrere lateinische Bräuche (u. a. das Samstagsfasten und der Zölibat der Priester) verworfen werden, lehnt Papst Sergius die Bestätigung der 102 Kanones ab. Seine geplante Deportation scheitert am Widerstand der Milizen von Rom, Ravenna und der Pentapolis. – (Die griechische Kirche anerkennt das Konzil als ökumenisch.)

8. Jahrhundert
Die Franken als Schutzherren der Kirche

A. Kirche und Gesellschaft/Staat

Nach den Wechselfällen der Völkerwanderung ist durch die Siege und Erweiterungen des Frankenreiches die Voraussetzung für ein neues, Jahrhunderte überdauerndes Ordnungsgefüge gegeben. Die Kirche, auf der Suche nach einem Beschützer vor den Langobarden, stärkt durch ihre Anerkennung und theologische Erhöhung das fränkische Königtum. In dieser Partnerschaft gewinnt einer durch den andern. Nicht zu übersehen ist das gesteigerte Selbstbewusstsein der Bischöfe von Rom, die nicht mehr nur beanspruchen, theologische Fragen zu entscheiden, sondern sich als Repräsentanten des „Stammimperiums" fühlen, das ihnen die „konstantinische Schenkung" zuspricht. Ostrom existiert für sie zwar noch, doch scheinen die Päpste jeder Erwartung, es könne wieder die Kontrolle über den westlichen Teil übernehmen, eine Absage zu erteilen. Zudem sehen sie in der engen Verbindung von Politik und Religion in Byzanz eine latente Gefahr für die Reinheit des Glaubens und die Einheit der Kirche.

▒ **711** Nach dem Sieg über die Westgoten bei Jerez de la Frontera dringen die Araber auf der Iberischen Halbinsel bis zu den Pyrenäen vor. Nur das Königreich Asturien im Bergland des Nordens vermag sich zu halten.

▒ **717/718** Erneute vergebliche Belagerung Konstantinopels durch die Araber.

▒ **seit 726 Bilderstreit.** Kaiser **Leo der Isaurier** stellt sich von Beginn an auf die Seite der Gegner der Bilderverehrung (die vor allem von den Mönchen gefördert wird und bedenkliche Formen angenommen hat) und verlangt in einem Edikt die Zerstörung der Ikonen (Ikonoklasmus). Der Theologe **Johannes von Damaskus**, Mönch im Sabaskloster in Jerusalem, veröffentlicht drei Streitschriften zugunsten der Bilderverehrung. Kirche und Bevölkerung zerfallen in zwei Lager, die sich heftig bekämpfen. In zwei Briefen an den Kaiser weist Papst **Gregor II.** (715–731) dessen Einmischung in theologische Fragen zurück.

731 Papst **Gregor III.** spricht über die Bilderzerstörer (Ikonoklasten) die Exkommunikation aus. Als Gegenmaßnahme unterstellt der Kaiser Sizilien und die byzantinischen Gebiete Süditaliens dem Patriarchat von Konstantinopel.

754 Eine von Kaiser **Konstantin V.** einberufene **Synode in Hiereia** (bei Konstantinopel), an der 338 Bischöfe teilnehmen – ohne Beteiligung von Rom, Alexandrien, Antiochien, Jerusalem –, spricht sich gegen die Bilderverehrung aus. Der Beschluss wird vom Kaiser rücksichtslos durchgeführt, der Widerstand der Mönche mit Gewalt gebrochen. Papst **Stephan III.** belegt 769 die Teilnehmer der Synode mit dem Bann.

787 Die ikonenfreundliche Kaiserinwitwe **Irene**, die den minderjährigen Konstantin VI. vertritt (den sie 797, um seine Thronfolge auszuschalten, blenden lässt), veranlasst die Einberufung eines (**2.**) **Konzils von Nizäa** (7. Allgemeines Konzil). Die Synode von 754 und ihre Beschlüsse werden für nichtig erklärt, die Verehrung der Bilder, zu unterscheiden von der nur Gott gebührenden *Anbetung*, wird gestattet.

789 **Karl der Große**, dem die Akten des Konzils in fehlerhafter Übersetzung vorliegen, spricht sich in einer Denkschrift *(Libri Carolini)* gegen beide Konzilien (Nizäa und Hiereia) aus.

794 Ein **fränkisches Generalkonzil** in Frankfurt verwirft – mit Zustimmung des päpstlichen Legaten – die Beschlüsse von Nizäa: Bilder seien weder zu zerstören noch zu verehren, sondern dienten lediglich der Erinnerung und Belehrung. (Nizäa wird von den folgenden Päpsten dennoch als ökumenisch anerkannt.) – Der Streit um die Ikonenverehrung geht noch bis 843 weiter (s.u. S. 64).

732 Karl Martell, Majordomus der Franken, besiegt die Araber bei Tours und Poitiers und veranlasst dadurch ihren Rückzug nach Spanien.

739 Das **Bündnis zwischen Rom und den Franken** bahnt sich an: vor den Langobarden suchen Gregor III. und der römische

Senat Hilfe bei Karl Martell, der jedoch vom Krieg gegen die Araber beansprucht ist.

751 **Pippin der Jüngere,** als Hausmeier des Frankenreichs faktisch im Besitz der Macht, fragt bei Papst Zacharias an, ob Geblütsrecht ohne Macht oder der faktische Machtbesitz zum Königtum mehr legitimiere. Als Zacharias zu seinen Gunsten antwortet, wird Pippin – nach Absetzung des Merovingers Childerich III. und nach Wahl durch die fränkische Reichsversammlung – von den Bischöfen zum König gesalbt.

754 Vor der erneuten Bedrohung durch die Langobarden reist **Stephan II.** zu Pippin nach Gallien. Zwischen Papst und König wird zu Quierzy (bei Laon) ein Schutzbündnis geschlossen. Der Papst salbt in St. Denis (bei Paris) Pippin und dessen Söhne Karl und Karlmann zum König und überträgt ihnen den Titel *Patricius Romanorum* (Schutzherr der Römer), den bisher der Exarch von Ravenna geführt hat. Dem Papst wird die Rückgabe (!) der von den Langobarden besetzten Gebiete zugesichert **(Pippinsche Schenkung)**. 756 erhält dann der Papst das Gebiet des Exarchats von Ravenna und der Pentapolis: es entsteht der **Kirchenstaat.**

Aus dieser Zeit stammt auch die so genannte **Konstantinische Schenkung**, eine Fälschung, die um die Mitte des 9. Jahrhunderts verwendet wird (s.u. S. 62). Sie will dem Anspruch des Papstes auf das Gebiet des Exarchats eine rechtliche Grundlage geben: Kaiser Konstantin (gest. 337) habe, durch Papst Silvester vom Aussatz geheilt, diesem die Herrschaft über Rom und die westliche Reichshälfte (!) überlassen.

772–795 Die Urkunden Papst **Hadrians I.** werden nicht mehr nach den Regierungsjahren des oströmischen Kaisers datiert; auch prägt er eigene Münzen.

751 Die Eroberung Ravennas durch den Langobarden Aistulf beendet die byzantinische Herrschaft in Mittelitalien (Süditalien und Venedig verbleiben bei Byzanz).

768 Karl der Große (geb. um 742) wird König der Franken, zusammen mit seinem Bruder Karlmann, der den Süden des Reiches regiert. Nach dessen Tod (771) ist er Alleinherrscher.

772–785 Kriege Karls gegen die **Sachsen**. Deren Zwangstaufe von 777 folgt ein Aufstand Widukinds, den Karl bei Verden an der Aller mit der Hinrichtung von etwa 4500 ausgelieferten

Sachsen ahndet (782). Durch seine Taufe beendet **Widukind** 785 den aussichtslosen Widerstand. Die Kapitulation (*Capitulatio de partibus Saxoniae* – vielleicht erst 799 beschlossen) setzt auf Unterlassung der Taufe, Beraubung von Kirchen, Totenverbrennung und anderes die Todesstrafe. – Die rücksichtslose Eintreibung des Kirchenzehnten verursacht bis 804 weitere Aufstände.

773/774 Karl eilt Papst **Hadrian I.** gegen die Langobarden zu Hilfe. Nach der Eroberung Pavias wird das Langobardenreich mit dem fränkischen vereinigt. Dem Papst wird (781) das Besitzrecht über die Gebiete des Exarchats Ravenna bestätigt (s.o. zum Jahr 754).

seit 793 Die Eroberungszüge der **Normannen** werden zum Schrecken der Küstenländer (unter anderem: Überfall auf das Kloster Lindisfarne vor Ostengland).

795 Eroberungen Karls in Nordspanien führen zur Gründung der **Spanischen Mark** (von Barcelona bis Pamplona und dem oberen Ebro). Die Uneinigkeit der arabischen Stämme trägt dazu bei, dass Karl auf diplomatischem Weg die Schutzherrschaft über die heiligen Stätten in Jerusalem erreicht (800).

797 Unterwerfung und Christianisierung der **Awaren** durch die Franken.

B. Innerkirchliches Leben

Im Osten wird mit dem Bilderstreit das Feld theologischer Fehden neu beackert. Im Westen steht die Missionsarbeit unter den weder vom Glauben noch von der kirchlichen Organisation erfassten germanischen Stämmen im Vordergrund. Den Wandermönchen des Benediktinerordens verdanken zahlreiche später berühmte Klöster ihren Ursprung. Die enge Bindung an Rom, wie sie vor allem Bonifatius pflegt, stärkt und garantiert die Papsttreue der westlichen Christenheit. – Mit Beda Venerabilis erreicht die schon bei Hieronymus grundgelegte und dann bei Cassiodor sich anbahnende Öffnung des Mönch-

tums für Bildung einen ersten Höhepunkt: der Gelehrte glänzt nicht nur durch Theologie und Kenntnis der Bibel, sondern ebenso sehr durch die Pflege der Naturwissenschaften.

711 In Byzanz verhandelt Papst Konstantin I. mit dem Kaiser über die 692 von der Synode aufgestellten Kanones – es ist die letzte Reise eines Papstes nach Byzanz.

719 Gregor II. beauftragt den Mönch **Winfried** mit der Mission unter den Germanen östlich des Rheins und verleiht ihm den Namen **„Bonifatius"** (altchristlicher Märtyrer aus Tarsus).

673 Winfried wird in Wessex, Südwestengland, geboren (aus einer angelsächsischen Adelsfamilie). Eintritt in den Benediktinerorden.
719 Mission unter den Friesen, zusammen mit Willibrord.
721 Missionstätigkeit in Hessen und Thüringen. Tausende von Germanen lassen sich taufen.
722 Bonifatius wird von Papst Gregor zum **Missionsbischof** (ohne festen Sitz) geweiht. Er verpflichtet sich, in allem nach den Weisungen Roms vorzugehen. (Es ist seine feste Überzeugung, dass die enge Verbindung mit Rom für die geordnete Entfaltung der Kirche wesentlich ist.)
723 In Geismar (Hessen) fällt Bonifatius die **Eiche des Donar**, um die Ohnmacht der germanischen Götter zu demonstrieren.
725–735 Wirken in Thüringen.
732 Durch die Ernennung zum **Erzbischof** und als „germanischer Legat des Apostolischen Stuhles" (737/738) wird die kirchliche Organisation zum neuen Schwerpunkt seiner Tätigkeit. Neufestlegung der Diözesangrenzen der süddeutschen Bistümer.
742–747 Auf mehreren Synoden unter Leitung des Bonifatius wird die fränkische Kirchenordnung gestaltet und anschließend als Reichsgesetz verkündet (unter anderem: Kleriker dürfen keine Waffen und keine Laienkleidung tragen, auch nicht an Jagden teilnehmen; Verbot des Konkubinats).
744 Neben zahlreichen anderen Klöstern gründet Bonifatius **Fulda**, das zu seiner letzten Ruhestätte wird.
754 Der über 80-jährige Bonifatius, der sich seit einem Jahr wieder der Mission zuwendet, wird zusammen mit 52 Gefährten bei Dokkum (nördlichste Niederlande) von heidnischen Friesen, die bei ihnen

Schätze vermuten, überfallen und erschlagen. – Seit dem 16. Jahrhundert trägt Bonifatius den Titel „Apostel Deutschlands“.

724 Gründung des Klosters **Reichenau** auf der gleichnamigen Bodenseeinsel durch den Benediktinermönch **Pirmin** (Herkunftsland unbekannt, vermutlich Aquitanien).

735 Tod des **Beda Venerabilis,** Benediktiner im Kloster Jarrow (Nordengland). Wie bei Isidor von Sevilla (s.o. S. 51) umfassen seine Schriften fast alle damaligen Wissensgebiete: Traktate über Astronomie und Mathematik, Physik, Meteorologie, Kommentare zur Heiligen Schrift, Homilien und vor allem eine Geschichte der angelsächsischen Kirche.

769 Nach dem Tod Papst Pauls I. (767) lässt der Herzog von Nepi seinen Bruder, der noch Laie ist, mit Gewalt zum Papst erheben, doch vermag sich Konstantin II. nicht zu behaupten. – Um solche Vorfälle in Zukunft zu vermeiden, beschließt die Lateransynode ein Wahlgesetz: **Laien dürfen nicht zum Papst erhoben werden**; das Wahlrecht der Christen von Rom wird auf die Akklamation des vom Klerus Gewählten beschränkt.

seit 787 Nach der **Unterwerfung der Sachsen** entstehen in den nächsten Jahrzehnten die Bistümer Bremen, Verden, Minden, Münster, Paderborn, Osnabrück.

790 **Alkuin** (Angelsachse, um 730–804, enger Berater Karls des Großen) wird Leiter der Hofschule Karls. Durch seine Initiative sammeln sich zahlreiche Gelehrte am Hof des Königs. (Alkuin wird später Abt von St. Martin in Tours – die dortige Klosterschule wird unter seiner Leitung berühmt.)

798 Eine römische Synode unter Leo III. verurteilt den seit 780 in Spanien (Erzbischof Elipandus von Toledo) aufkommenden **Adoptianismus**: zwar sei der *Logos* in Christus Gottes Sohn, aber der *Mensch* Jesus von Gott adoptiert.

9. Jahrhundert
Imperium und Sacerdotium

A. Kirche und Gesellschaft/Staat

Die Einheit der lateinisch-griechischen Christenheit wird immer brüchiger. Die oströmischen Kaiser lehnen es ab, Gestalt und Leitung der Kirche ihres Herrschaftsbereichs von römischer Zustimmung abhängig zu machen. Zugleich beanspruchen die Päpste immer nachdrücklicher, letzte Entscheidungsinstanz nicht nur in Lehr-, sondern auch in Personalstreitigkeiten zu sein. – Auch die dem Bündnis zwischen römischer Kirche und Frankenreich innewohnenden Spannungen treten bald zutage. Kaiser, die aus der Hand des Papstes ihren Titel und Auftrag empfangen, erstreben Einfluss auf die Papstwahl (und später auch auf die Einsetzung der Reichsbischöfe). Unerfreuliche Auswirkungen hat die geographische Entfernung zwischen Deutschland und Rom: ohne rechtzeitiges Eingreifen des Kaisers wird die Besetzung des Stuhles Petri zum Intrigenspiel römischer Adelsfamilien.

800 Vor den Anklagen römischer Gegner (Vorwurf des Meineids und der Unzucht) flieht **Leo III.**, seit 795 Papst, zu Karl nach Paderborn. Vom König zurückgeleitet, krönt er, nachdem er seine Unschuld eidlich versichert hat, **Karl** während des Weihnachtsgottesdienstes, unter Akklamation des Volkes, zum **römischen Kaiser** *(Augustus et Imperator Romanorum)*. Obwohl von der Initiative des Papstes überrascht, versteht sich Karl seitdem als „von Gott gekrönter Herrscher des Römischen Reiches". – Ostrom, an dem Vorgang nicht beteiligt, protestiert heftig. Erst Michael I. (811–813) gesteht Karl, nachdem er auf Venedig und die dalmatinische Küste verzichtet hat, den Kaisertitel zu – und erweitert gleichzeitig den eigenen Titel „Kaiser" *(Basileus)* durch den Zusatz „der Römer".

813 Ohne Mitwirkung des Papstes lässt Karl seinen Sohn Ludwig zum Mitkaiser und Nachfolger krönen.
814 Karl stirbt in Aachen und wird in der dortigen Pfalzkapelle beigesetzt.
816 **Ludwig der Fromme** lässt sich in Reims durch Papst Stephan IV. nochmals zum Kaiser krönen. Ebenso wird sein Sohn Lothar (geb. 795) zunächst vom Vater (817), dann vom Papst (823) zum Mitkaiser gekrönt.

824 Die Schutzherrschaft des Kaisers wird unter Lothar I. (840–855) durch die **Constitutio Romana** näher festgelegt: Der Kaiser übt in Italien die oberste Gerichtsbarkeit aus und kontrolliert die Verwaltung; dem Papst untersteht die Exekutive; Mitwirkung des Kaisers bei der nach kanonischen Regeln erfolgenden Papstwahl (Bestätigungsrecht, Treueid des Papstes vor seiner Einsetzung); Recht des Papstes, die Kaiserkrönung vorzunehmen.
826 **Harald** Klak, Thronanwärter der Dänen, lässt sich mit 400 Adligen in Mainz taufen (s.u. S. 64).
827 Sizilien gerät unter arabische Herrschaft.
843 Im **Vertrag von Verdun** wird das Frankenreich aufgeteilt: Lothar I. erhält Italien, Burgund, Gebiete entlang des Rheins; Ludwig der Deutsche Ostfranken, Karl der Kahle Westfranken.
846 Sarazenen (Araber) plündern auf ihren Raubzügen Rom. **Leo IV.** lässt daraufhin den Vatikan mit Mauern umgeben (Gründer der so genannten Leostadt, des römischen Viertels jenseits des Tibers).

849 Im Bund mit süditalienischen Küstenstädten gelingt Leo ein Seesieg über die Araber.

zwischen 847 und 852 entstehen die **Pseudoisidorischen Dekretal(i)en**. Ihr angeblicher, sonst unbekannter Verfasser Isidorius Mercator wird von vielen Zeitgenossen mit Bischof Isidor von Sevilla (gest. 636) in Verbindung gebracht. Er gibt vor, das geltende Kirchenrecht zusammenzustellen, und verwendet dazu echte Quellen wie Fälschungen (darunter auch die „Konstantinische Schenkung“, s.o. S. 56). Sein Ziel ist es, die **Vorrangstellung des Papstes** gegenüber Königen und Bischöfen zu erweisen: der Papst als *caput totius orbis* – Haupt des ganzen Erdkreises – hat allein das Recht, Synoden einzuberufen und zu bestätigen; Staatsgesetze, die seinen Dekreten entgegenstehen, sind nichtig. – Die Fälschung wurde bis zum 15. Jahrhundert für echt gehalten und trug nicht unwesentlich zur Stärkung des päpstlichen Primats bei.

858–867 Von persönlicher Integrität und im Bewusstsein der umfassenden Autorität des Papstamts versagt **Nikolaus I.** Synoden, die seinen Standpunkt nicht teilten, seine Anerkennung und zwingt unbotmäßige Erzbischöfe (etwa von Ravenna und Reims) zur Abdankung. Auch vom Staat verlangt er die Anerkennung kirchlicher Normen. So untersagt er Lothar II. die Trennung von seiner (kinderlosen) Gemahlin Theutberga und setzt die Erzbischöfe von Köln und Trier, die die Verstoßung gebilligt haben, ab. – In den Streit um die Anerkennung des Photius zum Patriarchen von Konstantinopel greift er ein und entscheidet sich gegen ihn (s.u. S. 65f.). Eine byzantinische Synode – die sich auch gegen die lateinischen Bräuche sowie das *Filioque* äußert – setzt daraufhin den Papst ab (867). Nikolaus stirbt, bevor er oder der angeschriebene Ludwig II. darauf reagieren können.

864 oder 865 lässt sich Boris, Fürst der **Bulgaren**, taufen. Er strebt für die bulgarische Kirche ein von Rom und Konstantinopel unabhängiges Patriarchat an. Beide Seiten versuchen die neuen Christen an sich zu binden, was den Streit zwischen Photius und Nikolaus I. verschärft. 870 entscheidet sich Boris endgültig für Byzanz. – Ein bulgarisches Patriarchat wird zeitweise (927–1018, 1235–1393) von Ostrom anerkannt.

seit 860 Die Brüder Konstantin Kyrillus **(Cyrill)** und Michael **Methodius** missionieren unter den **Slawen**. Für die Entfaltung des slawischen Christentums wird die Übersetzung der Heiligen Schrift ins Slawische – sie entwickeln dafür das glagolitische Alphabet – und die Einführung einer slawischen Liturgie von entscheidender Bedeutung.

872 Kaiser Basilius I. beendet die militärische Bedrohung durch die **Paulikianer.** Die armenische Sekte (719 zum ersten Mal erwähnt), welche die Bilder- und Kreuzesverehrung, Taufe und Eucharistie sowie eine kirchliche Hierarchie ablehnte, war durch ein Bündnis mit dem islamischen Emir von Melitene zur Gefahr für ganz Anatolien geworden.

882 Die Ermordung Papst Johannes' VIII. bildet den Auftakt für das ***saeculum obscurum*** – das dunkle Jahrhundert –, in dem der päpstliche Stuhl zum Spielball römischer Adelsfamilien wird.

898 Eine **Synode in Ravenna** bestimmt – im Sinn der *Constitutio Romana* von 824 –, dass die Einsetzung des von Klerus und römischem Volk gewählten Papstes in Gegenwart kaiserlicher Gesandter zu erfolgen habe.

B. Innerkirchliches Leben

Die Pflege der Wissenschaft in Klöstern und an den Hofschulen der Könige fördert erste theologisch-philosophische Gesamtentwürfe, verschäft aber auch die Auseinandersetzungen zwischen den Gelehrten. Dabei lässt sich ein zunehmend härteres Vorgehen der Kirche gegen Abweichler beobachten. – Als grundsätzliches Hindernis für innerkirchliche Zucht erweist sich das Eigenkirchenwesen. Klöster und Pfarreien unterstehen in der Leitung häufig den Stifterfamilien, die am materiellen Ertrag interessiert sind und auf die Abtswahl unter dieser Rücksicht Einfluss nehmen. – Große Fortschritte macht die Christianisierung des europäischen Nordens: Dänen, Schweden – und die mit Gewalt bekehrten Sachsen.

809 Als fränkische Mönche in Jerusalem das seit dem 6. Jahrhundert in Spanien übliche und von der fränkischen Kirche übernommene *Filioque* (der Heilige Geist geht vom Vater und vom Sohne aus; s.o. S. 34) gebrauchen und deswegen von den Griechen der Häresie bezichtigt werden, lässt Karl der Große durch die **Synode von Aachen** das *Filioque* gutheißen. Papst Leo III. stimmt in der Sache zu, ist aber gegen die Aufnahme des Zusatzes in das Glaubensbekenntnis (dazu kommt es erst 1014).

816 und 817 Unter Leitung **Benedikts von Aniane**, von Ludwig dem Frommen mit der Oberaufsicht über die Klöster des Reichs beauftragt, treffen sich zahlreiche Äbte in Aachen, um eine Klosterreform zu beschließen. Ausnahmslos wird allen Klöstern die Beobachtung der Benediktregel zur Pflicht gemacht – in der Folge bleibt im gesamten Westen bis ins Hochmittelalter Mönchtum nur in benediktinischer Ausprägung möglich.

826 Ansgar (geb. um 801 bei Corbie an der Somme, seit 823 Mönch in Corvey an der Weser) begleitet König Harald nach dessen Taufe in Mainz (826) nach **Dänemark** und widmet sich dort und in **Schweden** der Glaubensverkündigung.

831 Errichtung des **Erzbistums Hamburg** als Ausgangspunkt für die Missionierung des Nordens.

832 Ansgar wird in Rom von Gregor IV. zum Legaten für die Dänen, Schweden und Nordslawen erhoben. Seit 845 Bischof von Bremen (gest. 865).

843 Nach erneuten Verboten der Ikonenverehrung durch die Kaiser Leo V., Michael II. und Theophilus lässt die Kaiserinwitwe Theodora durch den neuen Patriarchen Methodius auf einer Synode die **Bilderverehrung** wieder gestatten.

844 Der Abt des Klosters von Corbie **Paschasius Radbertus** veröffentlicht die (831 verfasste, dann überarbeitete) Schrift „De corpore et sanguine Domini" – Über den Leib und das Blut des Herrn: in der Hostie sei „dasselbe Fleisch" gegenwärtig, das von Maria geboren wurde. Dagegen erhebt sich im so genannten **Abendmahlsstreit** mehrfacher Widerspruch. Hrabanus Maurus, seit 847 Erzbischof von Mainz, verdeutlicht, dass Christus „dem

Wesen nicht der Erscheinung nach" in der Eucharistie gegenwärtig sei. Rathramnus von Corbie spricht von der Kraft *(virtus)* des Leibes Christi, die im Sakrament enthalten sei. Johannes Scotus betont das Gedächtnis *(memoria)* an den wirklichen Leib Christi. – Der Abendmahlsstreit findet im 11. Jahrhundert (Berengar von Tours) seine Fortsetzung (s.u. S. 79).

848 Die bei Augustinus nicht voll geklärte Frage einer **Prädestination** lebt durch den Mönch **Gottschalk** (Kloster Fulda) wieder auf. Er vertritt die doppelte Vorherbestimmung: Heil oder Verdammnis stehen für jeden schon zur Zeit der Geburt fest; man kann demnach nicht von einem allgemeinen Heilswillen Gottes sprechen. Auf zwei Synoden – 848 Mainz, 849 Quierzy – wird seine Lehre verurteilt und ihm selbst die Ausübung seiner priesterlichen Funktionen verboten; nach einer Prügelstrafe wird er lebenslanger Klosterhaft übergeben (gest. 868).

860 Da der Streit um die Prädestination weitergeht, entscheidet die Synode Toucy bei Toul, dass man von einem **allgemeinen Heilswillen** Gottes und einer alle Menschen betreffenden Erlösung sprechen müsse. – Die Frage, ob es eine Vorherbestimmung zur Verdammnis geben könne, wird nicht berührt.

855 Tod Leos IV. Wie mehrere Chroniken des 13. Jahrhunderts berichten, soll nach seinem Tod zwei Jahre und sieben Monate lang eine als Mann verkleidete Frau, die **Päpstin Johanna**, die Kirche geleitet haben; sie sei entdeckt worden, als sie während einer Prozession ein Kind zur Welt brachte. – Lange Zeit für echt gehalten, wurde die Ungeschichtlichkeit der Überlieferung seit dem 17. Jahrhundert nachgewiesen.

869/870 Eine Synode unter Leitung päpstlicher Legaten (**4. Konzil von Konstantinopel**, 8. Allgemeines Konzil) stellt fest, dass Photius zu Unrecht den Patriarchatssitz beanspruche. Er und seine Anhänger werden exkommuniziert. – Als Rangfolge der Patriarchate legt das Konzil fest: Rom, Konstantinopel, Alexandrien, Antiochien, Jerusalem. – Die Bilderverehrung wird nochmals erlaubt.

877 oder 878 Durch die Gunst des Kaisers wird Photius erneut Patriarch von Konstantinopel.
879/880 Eine neue Synode unter Teilnahme päpstlicher Legaten anerkennt nun Photius.
886 Der neue Kaiser Leo VI. setzt Photius, seinen früheren Lehrer, ab, um die Patriarchenwürde seinem 16-jährigen Bruder Stephan zu verleihen. Photius stirbt in Klosterhaft (um 892).

873 In einem Brief an die Fürsten Sardiniens wendet sich Papst Johannes VIII. gegen den **Sklavenhandel**: die von den Griechen verkauften Gefangenen sollen freigelassen werden; sie unter dem Joch der Knechtschaft zu halten, ist schwere Sünde.

um 877 Tod des **Johannes Scotus** Eriugena. Der Ire, Vorsteher der Hofschule Karls des Kahlen, entwickelt in fünf Büchern *De divisione naturae* – Über die Einteilung der Natur – das erste philosophisch-theologische System des Mittelalters. Er orientiert sich dabei vor allem an Augustinus und am Neuplatonismus (Plotin). Die Wirklichkeit entfaltet sich stufenweise aus einer Ureinheit und kehrt zu dieser zurück. – Seine Gedanken beeinflussen die Deutsche Mystik, setzen sich allerdings auch dem Vorwurf des Pantheismus aus.

896 Die Päpste, die seit Johannes VIII. (872–882) vom römischen Adel erhoben werden, sind Spielball der Politik und verfallen häufig auch selbst der Korruption. Stephan VI. lässt seinen früheren Gegner, Papst **Formosus** (891–896), neun Monate nach dessen Tod aus dem Grab herausholen und nach der Verurteilung auf der so genannten „Leichensynode" den Leichnam schänden (Wegnehmen der Gewänder, Abschneiden der Schwurfinger). – Stephan wird kurz darauf umgebracht.

897 Papst Theodosius II. lässt die aufgefundene Leiche des Formosus in der Petersbasilika ehrenvoll bestatten. Die Beschlüsse der „Leichensynode" werden aufgehoben.

10. Jahrhundert Saeculum obscurum – Das dunkle Jahrhundert

A. Kirche und Gesellschaft/Staat

Bedrohliche Verfallserscheinungen im obersten Hirtenamt der Kirche: Päpste werden Opfer und Täter in einem Netzwerk von Intrigen, Korruption und Sittenlosigkeit. Dabei werden nicht nur die Schwächen des Einzelnen, sondern auch der Strukturen bloßgelegt. Die Kirche, die sich unter den schützenden Arm des fränkischen Königs gestellt hat, wird, wenn die Macht des Kaisers fern ist, zum Spielball römischer Adelsfamilien. Noch sieht sie im Kaiser den Retter und Helfer, aber es reift die Erkenntnis, dass der Einfluss von Laien auf die Besetzung kirchlicher Ämter die Kirche jederzeit ihren wesentlichen Aufgaben entfremden kann.

▪ **903–935** Die Päpste geraten in völlige Abhängigkeit von der führenden römischen Adelsfamilie des **Theophylakt** und seiner skrupellosen Gattin Theodora (der Älteren) sowie deren Tochter Marozia. Politischer, familiärer und ökonomischer Ehrgeiz bestimmt die Besetzung des Heiligen Stuhls.

903 **Leo V.** wird nach drei Monaten (wegen angeblicher Unfähigkeit) zum Amtsverzicht gedrängt und im Gefängnis ermordet. Der Mörder besteigt als **Christophorus** den päpstlichen Thron, wird aber im gleichen Jahr (904) durch den Bischof von Caere, der als **Sergius III.** (904–911) das Papstamt übernimmt, in Klosterhaft gesetzt bzw. (nach anderen Quellen) ermordet. Sergius lebt im offenen Konkubinat mit Marozia.

911 **Anastasius III.** verstirbt nach zweijähriger Amtszeit – angeblich von Theodora vergiftet, die ihren Günstling auf dem Papstthron sehen will. Wie **Lando** (913/914) verdankt auch sein Nachfolger **Johannes X.** (914–928) die Würde den Intrigen Theodoras (gest. um 916). Die nun allein herrschende Marozia lässt ihn umbringen und beendet in

gleicher Weise auch die Amtszeit der beiden Nachfolger **Leo VI.** (928) und **Stephan VII.** (928–931), für deren Erhebung sie zunächst gesorgt hatte.

935 **Johannes XI.**, vielleicht Sohn der Marozia, Papst seit 931, wird von seinem (Halb-?)Bruder Alberich II. von Tuszien aus politischen Gründen ins Gefängnis geworfen und umgebracht. Auch die Mutter wird eingekerkert (gest. um 937).

955 Vor seinem Tod (954) hatte Alberich II. den römischen Adel schwören lassen, seinen Sohn als nächsten Papst zu wählen. Der 18-Jährige erlangt 955 als **Johannes XII.** die Papstwürde. Kaiser Otto I. lässt ihn wegen Treuebruchs und anderer Verbrechen durch eine Synode 963 absetzen (und einen neuen Papst wählen, **Leo VIII.**, der, weil er noch Laie ist, sämtliche Weihen an einem Tag empfängt), doch kehrt Johannes nach Abzug des Kaisers auf seinen Thron zurück und wird wenig später erschlagen.

974 **Benedikt VI.**, gewählt mit Zustimmung des deutschen Kaisers, erliegt den Intrigen des Theophylakt-Clans: er wird in der Engelsburg unter Mitwirkung seines späteren Nachfolgers **Bonifatius VII.** erdrosselt. Letzterer flieht vor dem deutschen Kaiser – unter Mitnahme des Kirchenschatzes – nach Byzanz, kehrt 984 nach Rom zurück und ermordet seinen rechtmäßigen Nachfolger **Johannes XIV.** Er selbst wird ein Jahr später ermordet.

906 Die seit Ende des 9. Jahrhunderts nach Westen vordringenden **Ungarn** erreichen Ostfranken.

918 Raubzug der Ungarn in Sachsen, Plünderung Bremens.

924 König Heinrich I. erreicht von den Ungarn – gegen Zahlungen – einen neunjährigen Waffenstillstand.

933 Der Angriff der Ungarn auf Sachsen wird an der Unstrut zurückgeschlagen.

955 Der Sieg Ottos I. auf dem **Lechfeld** bei Augsburg setzt den Einfällen der Ungarn ein Ende. Ihre Niederlage fördert zugleich die Sesshaftwerdung.

911 Dänische **Normannen** erobern Gebiete an der Nordwestküste Frankreichs (die „Normandie“). Der französische König Karl III. lässt die Besiedlung zu und nimmt ihren Anführer Rollo in ein Lehensverhältnis. Von der Normandie aus beginnen die späteren Eroberungszüge nach Unteritalien (ab 1016) und England (1066).

915 An der Spitze römischer Truppen erreicht Papst Johannes X. bei Gaeta (etwa 150 km südlich von Rom) einen Sieg über arabische Eindringlinge (die von Sizilien und Afrika her Italien plündern). Ein fester Stützpunkt der **Sarazenen** auf italienischem Boden wird dadurch verhindert.

936–973 Otto I. der Große. Um ein Lehen nach dem Tod eines Fürsten neu vergeben zu können, erhebt Otto vermehrt **Bischöfe zu Reichsfürsten.** – Die Verbindung von geistlichem Amt und politischem Auftrag wird bis 1803 währen.

951 Durch Heirat mit der verwitweten Adelheid – bis 950 Gattin Lothars II. – erlangt Otto die lombardische Königskrone.

962 **Kaiserkrönung** in der Peterskirche durch Johannes XII. Otto hatte vorher eidlich versichert, den Papst und sein Land – das *Patrimonium Petri* – zu schützen, in Rom kein Gericht zu halten und ohne Zustimmung des Papstes in Rom keine Verordnungen zu erlassen. Der Papst seinerseits hatte das Versprechen wiederholt, jeder künftige Papst werde vor seiner Inthronisation den Treueid ablegen.

um 940–990 Das Christentum breitet sich immer mehr nach Dänemark, Schweden und Norwegen aus. Es entstehen die Bistümer Schleswig, Aarhus, Ribe; sie werden – obwohl außerhalb des Reiches gelegen – dem **Erzbistum Bremen** unterstellt.

zwischen 963 und 969 Syrien und Zypern werden durch Kaiser Nikephorus für Byzanz aus arabischer Hand zurückerobert.

zwischen 969 und 976 Unter Kaiser Johannes gewinnt Byzanz das Gebiet bis zum Euphrat zurück.

968 Nach der Annahme des Christentums durch Fürst Mieczysław (966) entsteht in Posen das **erste polnische Bistum.**

972 Ostbulgarien wird byzantinische Provinz, während Westbulgarien (noch) selbständig bleibt. Um die Spannungen mit dem Westen beizulegen, wird am gleichen Tag die Ehe Ottos II. mit der byzantinischen Prinzessin Theophanu arrangiert.

1018 erfolgt die endgültige Einverleibung Bulgariens in den byzantinischen Staat.

seit etwa 975 Blütezeit der arabischen Wissenschaft in Spanien. Die Philosophen **Avicenna** (gest. 1037) und **Averroes** (gest. 1198) vermitteln dem Abendland das aristotelische Denken, das durch Thomas von Aquin (1224–1274) fester Bestandteil der Scholastik wird.

Zu den berühmten Schülern arabischer Gelehrter, bei denen er in Sevilla und Córdoba studierte, gehört Papst **Silvester II.** (999–1003). Seine Kenntnisse in den Naturwissenschaften, in Mathematik und Astronomie verschaffen ihm den Ruf eines „Hexenmeisters".

984 Der Norweger Erik der Rote dringt nach **Grönland** vor. Sein Sohn Leif Erikson erreicht um das Jahr 1000 Labrador – die „erste" Entdeckung Amerikas.

988 Die **russische Kirche** unterstellt sich nach der Taufe des Großfürsten Wladimir von Kiev und seiner Heirat mit der byzantinischen Prinzessin Anna dem Patriarchat von Konstantinopel.

995–1002 Das politische Ziel Kaiser **Ottos III.** ist ein christliches Imperium, das Italien, Deutschland und slawische Gebiete umfasst, mit Rom als kaiserlicher Residenz. – Die Bischöfe belehnt er nun auch mit Grafschaften (nicht mehr nur mit Vogteien), damit verbunden sind die Gerichtsbarkeit auch für schwere Verbrechen, Zölle, Markt- und Bannrechte: der Grundstein für die spätere Territorialmacht der geistlichen Landesfürsten ist gelegt.

995 Gewaltsam christianisiert Olav Trygvason, König von **Norwegen** (gest. 1000), seine Untertanen.

B. Innerkirchliches Leben

Erstaunlicherweise erfasst die Schwäche des Hauptes nicht auch die Glieder. In den verschiedensten Gegenden der westlichen Christenheit erwachen Reformbemühungen, wird Gott in Armut, Gebet und Schweigen neu gesucht. Es sind die Mönche, die Antwort geben, wie sich die Kirche aus allzu großer Verstrickung mit der Welt wieder lösen kann. Unter dieser Rücksicht sind gerade im *Saeculum obscurum* zahlreiche Lichtquellen zu entdecken.

909 Die Synode von Trosly bei Laon klagt über weit verbreitete **Missstände**: „Die Welt ist voller Unzucht und Ehebruch, Kirchenraub, Mord und Unterdrückung der Armen." In den Klöstern hausen Laienäbte mit Weib und Kind, Vasallen und Jagdhunde, während die Mönche verwahrlosen. – Im gleichen Jahr erfolgt die Gründung des Klosters **Cluny** (nordwestlich von Mâcon, Burgund) durch Herzog Wilhelm von Aquitanien – es wird zum Ausgangspunkt einer tief greifenden **Kirchenreform.** Letzteres wird dadurch ermöglicht, dass sein Stifter es direkt dem Papst unterstellt und so von weltlicher und bischöflicher Einmischung freihält (Exemtion). Cluny sieht den Hauptgrund für den Sittenverfall im Einfluss der Laien auf die Besetzung kirchliche Ämter. Von seinen Mönchen verlangt es die Einhaltung des Stillschweigens, der (verlängerten) Gebetszeiten, die Gestaltung einer feierlichen Liturgie. – Bald werden andere Klöster – zuerst in Burgund und Lothringen, dann in Deutschland und Italien – Cluny unterstellt oder von dort aus gegründet: bis Anfang des 12. Jahrhunderts werden es etwa 1200 Abteien sein.

Ein günstiges Geschick beschert dem Kloster eine Reihe ungewöhnlich langlebiger und fähiger Äbte: Odo (927–942), Aymard (942–954), Majolus (954–994), Odilo (994–1048), Hugo (1049–1109).

932 Neben dem Gottesdienst in der Gemeinde kommen (seit dem 6. Jahrhundert) die **Privatmessen** immer mehr auf.

Die Synode von Dingolfing (ebenso Mainz 950/954) schreibt Priestern an bestimmten Tagen die dreimalige Zelebration vor.

1022 Die Synode von Seligenstadt verbietet den Priestern, mehr als drei Messen an einem Tag zu lesen.

933 Bischof Adalbero von Metz gründet in **Gorze** (15 km südwestlich von Metz) ein Kloster strenger Askese, das sich, ähnlich wie Cluny, zu einem Reformzentrum entwickelt. Klöster im Bereich Metz, Toul, Verdun, Lüttich und Trier fordern zur eigenen Erneuerung Mönche aus Gorze an – in Deutschland gehören bis zu 160 Klöster dem Gorzer Reformkreis an.

950 In der Nähe seiner Geburtsstadt Rossano (am Golf von Tarent) gründet **Nilus** eine klösterliche Niederlassung. Seine strenge Askese, Weisheit und Wunderkraft finden schon zu Lebzeiten viel Beachtung. Otto III. veranlasst ihn, in Rom das Kloster Tre Fontane zu übernehmen und später die noch heute bestehende Abtei Grottaferrata (15 km vor Rom) zu gründen.

966 Das Frauenkloster **Quedlinburg** wird von Otto I. gestiftet (seine Tochter Mathilde wird erste Äbtissin). Es entwickelt sich zu einer bedeutenden Bildungsstätte.

968 Im Zuge der **Wendenmission** (zwischen Elbe, Saale und Oder) veranlasst Otto II. die Gründung des Erzbistums Magdeburg.

982 Ein großangelegter Aufstand wirft die Missionierung zurück; sie wird erst im 12. Jahrhundert wieder vorangetrieben.

973 Gründung des Bistums **Prag** (1344 Erzbistum).

993 Zum ersten Mal erfolgt mit der Kanonisierung des Bischofs Ulrich von Augsburg (gest. 973) eine durch den Papst bzw. durch eine römische Synode vorgenommene **Heiligsprechung.** Im Allgemeinen entschieden bisher Bischöfe oder Provinzialsynoden über die Kanonisierung für ihrem Bereich.

997 Adalbert, Bischof von Prag und Freund Ottos III., der sich der Ostmission widmet, wird von heidnischen Preußen ermordet. Otto III. besucht im Jahr 1000 sein Grab in Gnesen (seit 1039 ruhen die Gebeine im Prager Veitsdom) und bestimmt die Stadt zur Metropole der noch auszubauenden **polnischen** Kirche.

998 Bewunderer und Anhänger findet unter seinen Zeitgenossen **Romuald von Ravenna** (gest. 1024), der lange Zeit als Eremit in Venedig und dann beim Kloster Cuxá in den Pyrenäen lebte, bis ihn Otto III. zum Abt von Sant' Apollinare in Classe (Ravenna) macht. Dort bleibt er nur kurze Zeit, wandert dann durch Italien und gründet oder reformiert mehrere eremitische Niederlassungen, darunter Camaldoli nördlich von Arezzo, der Ursprung des **Camaldulenserordens.**

999 Gerbert von Aurillac, der berühmteste Gelehrte seiner Zeit (Leiter der Domschule von Reims, 982 Abt von Bobbio, 998 Erzbischof von Ravenna), wird von seinem Freund Otto III. zum neuen Papst – **Silvester II.** – erhoben (gest. 1003).

11. Jahrhundert
Der Kampf um den Bischof

A. Kirche und Gesellschaft/Staat

Der Investiturstreit macht deutlich: geistliche und weltliche Gewalt sind grundsätzlich grenzüberschreitend. Die religiöse Aufgabe der Kirche verlangt – im Rahmen der jeweiligen geschichtlichen Situation – eine entsprechende politische Ordnung; der Staat andererseits kann nicht dulden, dass eine Institution nach ihren Maßstäben seine Ziele kontrolliert und eventuell sabotiert. Dieser Logik entspricht es, wenn Könige Päpste absetzen und Päpste Untertanen vom Treueid entbinden. Ebenso klar tritt hervor, dass Kirche und Staat einander brauchen, nicht als besiegten, sondern als eigenständigen Partner und dass beide Gefahr laufen, sich ihren Aufgaben zu entfremden: die Kirche, wenn sie um eigener Vorteile willen politisch taktiert, der Staat, wenn er aus gleichem Grund die Religion benützt.

▒ **1000** Gegen den Asenkult kann der norwegische König Olav Tryggvason auf **Island** das Christentum als alleinige Religion durchsetzen.

▒ **1001** Krönung **Stephans I.** (des Heiligen) zum König der **Ungarn** nach Übersendung der Krone durch Papst Silvester. Damit verbunden ist die Eingliederung Ungarns in die westliche Christenheit. Durch die Gründung der Erzbistümer Gnesen (Polen) und Gran (Ungarn) werden beide Völker dem Reich verbunden.

▒ **1007** Als Zentrum der **Slawenmission** lässt Kaiser Heinrich II. das Bistum Bamberg errichten.

▒ **1015–1028** König **Olav** (der Heilige) setzt das Christentum in **Norwegen** teils mit Gewaltmaßnahmen durch (Zwangstaufen). –

Um die gleiche Zeit werden weite Teile **Schwedens** christlich (um 1014 erstes schwedisches Bistum Skara).

seit 1016 Die **Normannen** setzen sich in Unteritalien fest. Unter Führung von Robert Guiscard (1015/17–1085) verdrängen sie allmählich die Byzantiner und Langobarden.

1059 Papst Nikolaus II. belehnt Robert Guiscard mit Apulien, Kalabrien und (dem noch von Arabern besetzten) Sizilien.

1071 Mit der Kapitulation Baris verliert Byzanz seinen letzten Stützpunkt auf italienischem Boden.

1077 Ganz Unteritalien steht unter normannischer Herrschaft.

1088 Mit der Eroberung von Syrakus durch **Roger I.** (1040–1101), dem Bruder Robert Guiscards, endet die Herrschaft der Sarazenen auf Sizilien.

1016 Die **Simonie** (d.i. der Kauf oder Verkauf von geistlichen Ämtern) treibt groteske Blüten: Um das Erzbistum Narbonne für seinen zehnjährigen Sohn zu erhalten, zahlt der Graf von Cerdana 100.000 Goldschillinge.

1040 Einführung des **Gottesfriedens** *(Treuga Dei)* in Südfrankreich: Adelsfehden dürfen nur an bestimmten Tagen ausgetragen werden (Waffenruhe von Mittwochabend bis Montag früh, an manchen Orten noch ausgedehnter).

1046 Die Konkurrenz dreier Päpste – sie residieren zeitweise gleichzeitig in Rom (der eine in St. Peter, der andere in S. Maria Maggiore, der dritte im Lateran) – beendet der deutsche König Heinrich III. durch die **Synoden von Sutri und Rom**: Gregor VI., Silvester III., Benedikt IX., die ihr Amt dem Einfluss römischer Adelsfamilien und kräftigen Zahlungen verdanken, werden abgesetzt; neuer Papst wird auf Betreiben des Königs Bischof Suidger von Bamberg als **Clemens II.**; am Tag nach seiner Wahl krönt er Heinrich zum Kaiser. Mit ihm – er kündigt sofort harte Strafen für Simonisten an – gewinnt die Reformbewegung von Cluny Einfluss in Rom. Heinrich erhält als „Schutzherr der Römer“ *(Patricius Romanorum)* das Recht, den Kandidaten für die Papstwahl zu benennen.

1059 Die in der Kirche immer lauter werdende Forderung nach Freiheit führt zur **Neuregelung der Papstwahl** durch Nikolaus II. (1058–1061): Zuerst beraten die Kardinalbischöfe, dann werden die Kardinalkleriker (die Kleriker der Hauptkirchen Roms) hinzugezogen; ihre Wahl wird durch die Zustimmung von Klerus und Volk von Rom endgültig. – Die Rechte Heinrichs III. werden respektiert, sind aber für jeden königlichen Nachfolger neu zu bestätigen.

1060 Geistliche und weltliche Ratgeber Heinrichs IV. erklären die Dekrete Nikolaus' II. für ungültig.

1061 Nach dem Tod Nikolaus' II. wird – noch vor einer möglichen Intervention des Königs – Bischof Anselm von Lucca als **Alexander II.** zum Papst erhoben. König **Heinrich IV.** (seit 1056) proklamiert dagegen Bischof Cadalus von Parma (Honorius II.). Doch kann sich Alexander durchsetzen, zumal die deutschen Reichsbischöfe ihn mehr und mehr anerkennen.

1066 Der Normanne **Wilhelm I. der Eroberer** besiegt König Harald von England in der Schlacht von Hastings. Bis 1071 unterwirft Wilhelm die ganze Insel.

1072 Alexander II. exkommuniziert die Räte Heinrichs IV. wegen ihres „schlechten Einflusses" auf den (22-jährigen) König.

1073 Nach dem Tod Alexanders II. wird der Archidiakon Hildebrand, Mönch aus Cluny, vom Volk tumultartig zum Papst erhoben (später wird ihm das als unrechtmäßige Wahl vorgeworfen). Als **Gregor VII.** lässt er auf der Ostersynode des gleichen Jahres über die Räte Heinrichs die Exkommunikation wegen Simonie verhängen.

1074 Um die Christen Kleinasiens vor den Seldschuken zu schützen – Vernichtung eines byzantinischen Heeres 1071 bei Manzikert –, plant Gregor die Entsendung eines Heeres. Das Vorhaben scheitert aufgrund der Spannungen zu Frankreich und Deutschland.

1075 Gregor VII. verbietet (auf der Fastensynode zu Rom) jede Übertragung eines Kirchenamtes durch Laienhand, besonders die **Investitur** der Bischöfe durch den deutschen König. – Heinrich IV. besetzt weiterhin Bischofsstühle, darunter Mailand, Fermo und Spoleto.

1076 Heinrich IV. und 26 Bischöfe erklären im Januar auf der Reichssynode zu Worms „Hildebrand, nicht Papst, sondern falscher Mönch“ für abgesetzt.

Gregor verkündet am 22. Februar den **Bann über Heinrich IV.** und entbindet die Untertanen vom Treueid. – Die deutschen Fürsten fordern Heinrich – unter Androhung einer Neuwahl – auf, sich innerhalb eines Jahres vom Bann lösen zu lassen.

1077 28. Januar: König Heinrich erscheint im Gewand des Büßers vor dem Papst, der sich in der Burg **Canossa** (südlich von Parma und Modena) aufhält. Gregor kann nicht umhin, ihn vom Bann zu lösen. Trotzdem wählen die deutschen Fürsten Rudolf von Schwaben zum neuen König.

1080 Erneuter Bann und Absetzung Heinrichs IV., der angeblich mit einem Gegenpapst gedroht hat, falls Gregor den Gegenkönig **Rudolf von Schwaben** nicht exkommuniziere. Darauf erhebt Heinrich Erzbischof Wibert von Ravenna als **Clemens III. zum Gegenpapst**. – Im Kampf um den Thron fällt Rudolf von Schwaben im gleichen Jahr in der Schlacht. Dass er dabei seinen rechten Arm (die Schwurhand) verliert, wird als Gottesurteil empfunden.

1084 Nach der Einnahme Roms im Sommer 1083 wird **Heinrich IV.** von Clemens zum **Kaiser** gekrönt. Gregor VII., in der Engelsburg belagert, wird von den Normannen (Robert Guiscard) entsetzt, muss aber vor der Bevölkerung, die unter den Plünderungen der Normannen gelitten hat, aus Rom fliehen. Er stirbt im Jahr darauf in Salerno. – Die gregorianische Partei erhebt als Nachfolger Victor III. (gest. 1087), dann Urban II. (als Odo vorher Abt von Cluny).

1089 Auf der Suche nach Verbündeten gegen den Kaiser arrangiert **Urban II.** die Ehe zwischen Gräfin Mathilde von Tuszien (43 Jahre) und Welf V. (17 Jahre), Sohn des abgesetzten Herzogs Welf IV. von Bayern. (Als sich Heinrich V. und Welf V. versöhnen, erfolgt 1096 die Trennung der Ehe.)

1095 November: Auf der **Synode von Clermont** ruft Urban II. zum Kreuzzug auf, um die Christen im Osten und die heiligen Stätten von der Herrschaft der Muslime zu befreien.

1096–1099 1. Kreuzzug. Dem Aufruf Urbans folgen französische, normannische und flandrische Ritter und mehrere Fürsten, darunter Gottfried von Bouillon und Raimund von Toulouse. Vorausziehende ungeordnete Scharen von Bauern und Kleinbürgern (50.000–70.000), die der Wanderprediger **Peter von Amiens** begeistert hat, werden in Ungarn (wegen Plünderungen) und dann in Kleinasien von den Türken aufgerieben.

1098 Eroberung Antiochiens, nach siebenmonatiger Belagerung. Auffindung der heiligen Lanze.

1099 15. Juli: **Erstürmung Jerusalems** (nach fünfwöchiger Belagerung). Errichtung des „Königreiches Jerusalem" (bis 1187) unter Gottfried von Bouillon.

B. Innerkirchliches Leben

Was in Cluny begann, hat nun die Leitung der Kirche erreicht: der ernste Wille zur Reform, gereift in mönchischer Zurückgezogenheit und vielen Stunden des Gebets. Vielleicht sind die Reformpäpste deshalb so uneigennützig, so kompromisslos und so überzeugt von der Richtigkeit ihrer Forderungen. Dies wirkt sich nicht nur auf das Verhältnis zu König und Kaiser aus, es ist auch Mitursache der Entfremdung und schließlichen Trennung der westlichen Christenheit von den Christen des Ostens. – Im Schatten der Kathedralen spekulieren inzwischen die Gelehrten. Mit großem Ehrgeiz wird, wie etwa im Abendmahlsstreit, versucht, Glaubensaussagen mit den Kategorien überkommenen philosophischen Denkens in Einklang zu bringen und zu erhellen.

1028 Tod **Fulberts von Chartres**; der Schüler Gerberts von Aurillac (s.o. S. 73), seit 1006 Bischof von Chartres, macht die dortige Domschule zur berühmten Bildungsstätte (bis ihr seit Mitte des 12. Jahrhunderts Paris den Rang abläuft). Unterrichtet wird in den sieben freien Künsten (Grammatik, Rhetorik, Dialektik, Arithmetik, Geographie, Musik, Astronomie) anhand antiker Autoren; philosophische Orientierung an Platon. Gleichzeitig bewirkt die Überzeugung von der Begrenztheit der menschlichen Vernunft die Hinwendung zur Bibel, sobald Glaubenswahrheiten begründet werden sollen.

1054 16. Juli: Gesandte Leos IX. legen die Bannbulle gegen Michael Kerullarios, den Patriarchen von Konstantinopel, auf dem Altar der Hagia Sophia nieder; daraufhin exkommuniziert der Patriarch seinerseits den Papst. Seitdem besteht die Trennung der orthodoxen von der römischen Kirche **(Morgenländisches Schisma)**. (Rücknahme des Bannes von beiden Seiten 1965.)

1057 Erhebung der **Pataria** („Lumpengesindel"; eine Volksbewegung zur Reform der Kirche, besonders des Klerus, mitbegründet von Anselmo Baggio, dem späteren Alexander II.) in Mailand: Priester, die ihre Stellung durch Simonie erhalten haben oder mit einer Frau zusammenleben (Nikolaitismus: Vorwurf der Unzucht in Anlehnung an Offb 2,14f.) werden verjagt bzw. zur Einhaltung des Zölibats gezwungen.

1059 Papstwahldekret Nikolaus' II. (s.o. S. 76). – Beschlüsse der Lateransynode zur Kirchenreform: Androhung der Exkommunikation für Kleriker im Konkubinat; Verbot, eine Kirchenstelle aus der Hand eines Laien – ob mit oder ohne Bezahlung – entgegenzunehmen (erstes **Verbot der Laieninvestitur**).

Berengar von Tours (um 1000–1088), in Chartres Schüler Fulberts und seit 1030 Leiter der Domschule in Tours, versteht die Konsekration von Brot und Wein in der Eucharistiefeier mehr symbolisch als real. Die Lateransynode verlangt von ihm eine Erklärung über die körperliche Realität Christi nach der Wandlung.

1079 Eine erneute Vorladung nach Rom zwingt Berengar zur erneuten Zustimmung der Formel von 1059, dass nämlich Brot und Wein in sinnlicher Weise *(sensualiter)* und substantiell nicht nur sakramental (d. h. als heiliges Zeichen) in Leib und Blut Christi verwandelt werden (so genannter **Abendmahlsstreit**).

1072 Tod **Petrus' Damiani** (geb. 1107 in Ravenna), seit 1043 Prior des Benediktinerklosters Fonte Avellana bei Gubbio (nördlich von Perugia), rastlos tätig für die gregorianische und cluniazensische Reform, sowohl was das Buß- und Gebetsleben in den Klöstern betrifft, wie auch gegen Simonie, Laieninvestitur und sexuelle Laszivität des Klerus.

1074 Gregor VII. erneuert auf den römischen Fastensynoden 1074 und 1075 die Sanktionen gegen **Simonie und Klerikerehe.** Widerstände gibt es in Frankreich und Deutschland (Pariser Synode 1074: das Zölibatsgesetz ist unerträglich und unvernünftig).

1078 Bischöfen, die ihren Klerikern gegen eine Geldzahlung das Konkubinat nachsehen, wird Amtsenthebung angedroht.
1089 Synode zu Melfi (Urban II.): verheiratete Subdiakone verlieren ihr Amt; bei Unverbesserlichkeit wird ihre Frau dem Landesherrn als Sklavin zugesprochen.
1095 Erneute Dekrete gegen das Klerikerkonkubinat auf der Synode von Clermont (Urban II.).
Erst allmählich – bis zum Ende des 12. Jahrhunderts – gelingt es, die Zölibatsforderungen durchzusetzen.

1075 Fastensynode in Rom: erneutes (nach 1059) Verbot der Laieninvestitur. Im ***Dictatus Papae*** – einer (unveröffentlichten) Aufstellung der Rechte des römischen Bischofs – stellt Gregor VII. die päpstliche Würde über die kaiserliche: der Papst kann Kaiser, aber auch Bischöfe absetzen, Untertanen vom königlichen Treueid entbinden; er selbst untersteht keinem Gericht.

1076 Unter Abt Wilhelm wird **Hirsau** (im Schwarzwald) ein Hauptstützpunkt der gregorianischen Partei.

1084 Bruno von Köln (um 1033–1101), Priester und Theologieprofessor in Reims, zieht sich, nachdem er seinen Bischof wegen Simonie angezeigt und deshalb seine Stelle verloren hat, mit sechs Gefährten ins Gebirgstal Cartusia bei Grenoble zurück. La Chartreuse wird das Mutterkloster der **Kartäuser** (Leben nach der Benediktregel, verschärft zugunsten der Kontemplation: Verpflichtung zu fast beständigem Stillschweigen, Enthaltung von Fleischspeisen, Handarbeit, getrenntes Wohnen in Einzelhütten mit Garten).

1093 Anselm (geb. 1033 in Aosta), 1079 Abt von Bec (Normandie), wird Erzbischof **von Canterbury** (gest. 1109). Er gilt als „Vater der Scholastik". Der Glaube sucht – so seine Überzeugung – die Übereinstimmung mit und Erhellung durch die Vernunft *(fides quaerens intellectum)*. Lebhafte Diskussionen (auch in den folgenden Jahrhunderten bis hin zu Kant) weckt sein **„ontologischer Gottesbeweis"**: der Begriff Gottes als höchstes Wesen schließt notwendig seine Existenz mit ein. – Seine Schrift „Cur Deus homo?" – Warum ist Gott Mensch geworden? – löst die frühmittelalterliche (und patristische) Redemptionstheorie (durch Christus Loskauf der gefallenen Menschheit aus der Hand des Teufels) ab durch die Satisfaktionstheorie: Christus ist Mensch geworden, um der durch die Sünde Adams verletzten Ehre Gottes genugzutun.

1098 Um die ursprüngliche benediktinische Strenge wiederherzustellen, gründet **Robert von Molesme** (geb. um 1027 in der Champagne) ein Reformkloster in der Einöde von Cîteaux (Burgund): Verpflichtung zu äußerster Armut, auch in der Ausstattung der Klosterkirche. Cîteaux wird zum Stammkloster der **Zisterzienser**, die bald durch **Bernhard von Clairvaux** (s.u. S. 86) Ansehen und Verbreitung finden.

12. Jahrhundert
Die Zeit der Kreuzzüge

A. Kirche und Gesellschaft/Staat

Ein Jahrhundert des Aufbruchs. Im Kreuzzug finden Staat und Kirche eine gemeinsame, erfüllende Aufgabe. Ein neuer Elan erwacht in den Päpsten und Fürsten bis hin zum einfachen Volk: *Deus lo vult* – Gott will es, dass sie die heiligen Stätten befreien, die Ungläubigen zurückdrängen, den Christen des Ostens zu Hilfe eilen. Dass die Heerzüge von Pogromen gegen Juden begleitet werden, dass die Bewohner und Verteidiger Jerusalems in einem erschreckenden Gemetzel hingemordet werden, dass die christlichen Brüder in Byzanz ausgeplündert werden – das sind die Kehrseiten dieser vielgestaltigen Bewegung.

▒ **1103** Heinrich IV. verkündet einen vierjährigen **Reichslandfrieden**, der den Adelsfehden enge Grenzen setzt und bestimmte Personen und Einrichtungen (z. B. Geistliche und Kirchen) unter königlichen Schutz stellt. Er bedeutet auch eine Atempause für die Juden, welche den Pogromen der ersten Kreuzfahrer ausgesetzt waren.

1235 „Mainzer Landfriedensgesetz" durch Friedrich II. Über die Adligen wird ein königlicher Hofrichter gestellt.
1435 Mit der Verkündung eines **„ewigen Landfriedens"** durch Kaiser Sigismund endet die Zeit der Adelsfehden.

▒ **1107 Heinrich I. von England** (1100–1135) verzichtet auf die Investitur mit Ring und Stab; der Papst stimmt zu, dass der kanonisch gewählte Bischof in England noch vor der Weihe den Lehenseid ablegt.

▒ **1111** Im **Vertrag von Sutri** erklärt sich Heinrich V. bereit, auf die Investitur zu verzichten, falls die Kirche alle Regalien (weltliche Herrschaftsrechte und Reichslehen) zurückgibt. Paschalis II. (ehemals Mönch in Cluny) ist einverstanden, doch die Regelung scheitert am heftigen Protest geistlicher wie weltlicher Fürsten.

1116 Tod des Theologen **Ivo von Chartres**; seine Unterscheidung zwischen geistlicher Investitur (durch Ring und Stab) und weltlicher (Überreichung des Zepters) trägt wesentlich zum Ende des Investiturstreites bei.

1122 Beilegung des Investiturstreits durch das **Wormser Konkordat** zwischen Heinrich V. und Calixt II.: der König verzichtet auf die Investitur mit Ring und Stab; die Wahl des Bischofs geschieht in Deutschland in Anwesenheit, aber ohne Mitwirkung des Königs; die Belehnung erfolgt vor der Weihe (ein unerwünschter Kandidat kann somit ausgeschlossen werden), in Italien und Burgund innerhalb von sechs Monaten nach der Weihe (kein Widerspruchsrecht des Kaisers).

1130 Nach dem Tod von Honorius II. wählen 16 zumeist französische Kardinäle **Innozenz II.** zum neuen Papst. Wenige Stunden später stimmen 20 Kardinäle für den aus jüdischer Familie stammenden Petrus Pierleoni **(Anaklet II.)**, der „Papst aus dem Ghetto". Erst durch die Unterstützung Lothars III. und Bernhards von Clairvaux kann sich Innozenz durchsetzen.

1139 Die Grafschaft Porto, seit 1095 selbständig, erklärt sich zum Königreich (Alfons I.).

1179 Päpstliche Anerkennung **Portugals.**

1147–1149 Nach der Eroberung Edessas durch die Seldschuken (1144) gewinnt Bernhard von Clairvaux im Auftrag des Papstes König Ludwig VII. von Frankreich und Konrad III. zum **(2.) Kreuzzug.** Das Unternehmen bleibt wegen der Spannungen zwischen beiden (Ludwig verbündet sich mit den Normannen, Konrad mit den Byzantinern) erfolglos. Die Ritterheere erleiden mehrere Niederlagen. – Zur gleichen Zeit ruft Bernhard zum Kreuzzug gegen die **Wenden** (im Gebiet von

Pommern) auf: sie sollen „entweder vernichtet oder bekehrt werden".

um 1150 Paris erhält eine **Universität.**

1156 Die Mark **Österreich** wird selbständiges Herzogtum.

1157 Ein Übersetzungsfehler führt zu Spannungen zwischen Kaiser und Papst. Das Schreiben Hadrians IV. an den Reichstag zu Besançon spricht von *beneficia* (Wohltaten, auch: Lehen), die der Kaiser vom Papst empfangen habe. Kanzler Rainald von Dassel übersetzt mit „Lehen" (Absicht?). Die päpstlichen Legaten, darunter der spätere Papst Alexander III., werden von den empörten Fürsten zur Abreise gezwungen. In einem Brief korrigiert Hadrian: er habe von Wohltaten, nicht von Lehen gesprochen.

1159 Bei der Papstwahl entscheidet sich der größere Teil der Kardinäle für **Alexander III.** (Verbündeter der Normannen), der andere für Victor IV. (Freund des Kaisers). Alexander findet die Unterstützung von Sizilien, England und Frankreich, hinter Victor stehen Deutschland, Burgund, Oberitalien.

1164 Nach dem Tod Victors wählt seine Partei **Paschalis III.**, gestützt von Friedrich I.; er wird von Alexander III. gebannt.
1168 Das Schisma wird durch Paschalis' Nachfolger **Calixt III.** fortgesetzt.
1177 Nachdem sich die lombardischen Städte gegen den Kaiser verbündet haben und er bei Legnano eine Niederlage hinnehmen muss, wendet sich Friedrich I. von Calixt ab und sucht die Verständigung mit Alexander III. Calixt verzichtet daraufhin auf alle päpstlichen Ansprüche (1178).

1170 Thomas Becket, 1155–1162 Kanzler Heinrichs II. von England, wird in der Kathedrale von Canterbury von Rittern des Königs erschlagen. Er hatte sich der Einschränkung der geistlichen Gerichtsbarkeit sowie des Rechts auf Berufung nach Rom widersetzt (Heiligsprechung 1173). Der König leistet 1074 an seinem Grab Buße.

1189 Auf die Eroberung Jerusalems durch Sultan Saladin antwortet der Westen mit einem **(3.) Kreuzzug** unter Führung von Friedrich I. Barbarossa, König Richard Löwenherz von

England und König Philipp II. Augustus von Frankreich. Doch Barbarossa ertrinkt, nach einem ersten Sieg bei Ikonion, beim Baden im Fluss Saleph (10. Juni 1190), sein Sohn, Herzog Friedrich V. von Schwaben, der das deutsche Heer weiterführt, fällt bei der Belagerung von Akkon 1191. Der französische König kehrt nach der Einnahme Akkons zurück, Richard Löwenherz belagert vergeblich Jerusalem.

1191 Einnahme von Akkon.

1192 Ein Waffenstillstand mit Saladin beendet den erfolglosen Angriff auf Jerusalem. Christlichen Pilgern wird gestattet, die heiligen Stätten in Jerusalem zu besuchen.

1197 Ein von Heinrich VI. vorbereiteter Kreuzzug scheitert wegen seines plötzlichen Tods in Messina.

1191 Heinrich VI., in Rom von Cölestin III. zum Kaiser gekrönt, nimmt **Sizilien** ein (bereits 1186 Heirat mit der erbberechtigten Normannin Konstanze).

1196 Es gelingt Heinrich nicht, den Plan für ein Erbkaisertum seines Hauses über Deutschland und Sizilien durchzusetzen.

B. Innerkirchliches Leben

Die Erneuerung, die im 11. Jahrhundert einsetzte und ihren Weg bis zu den Häuptern der Kirche fand, weitet sich nach innen und erfasst viele Kreise. Zahlreich sind die neuen Ordensgründungen, zahlreich sind Asketen, Prediger und charismatische Gestalten wie Bernhard von Clairvaux oder Hildegard von Bingen. Gemeinsam ist ihnen allen die Hinwendung zur Armut, zu einer Einfachheit, wie sie – nach dem Zeugnis der Bibel – Christus und die Apostel gelebt haben. Breite, wenn auch verstreute Armutsbewegungen entstehen: für die mächtige Kirche eine Ermunterung, Mahnung, ja Gefährdung.

1113 Paschalis II. bestätigt den **Johanniterorden**. Entstanden in Jerusalem als Bruderschaft des heiligen Johannes, zunächst zur Krankenpflege, bald auch zum bewaffneten Kampf gegen die

„Ungläubigen“. Hauptsitz des Ordens wird später (1540–1798) Malta, daher auch **Malteserorden** genannt.

1115 Bernhard (geb. 1091 aus adliger Familie bei Dijon, 1113 ins Kloster von Cîteaux [s.o. S. 81] eingetreten), wird erster Abt der Tochtergründung **Clairvaux**. Seine Ausstrahlung als Theologe, Mystiker und Prediger *(doctor mellifluus)* führt zur raschen Verbreitung des Zisterzienserordens. Als Bernhard 1153 stirbt, zählt der Orden bereits 350 Klöster (Heiligsprechung 1174).

1120 Norbert von Xanten (wahrscheinlich um 1082 dort geboren), seit 1115 Priester und Wanderprediger, gründet im Tal Prémontré bei Laon ein kontemplativ-asketisches Kloster, das sich zu einer Ordensgemeinschaft weiterentwickelt.

1126 Die **Prämonstratenser** werden von Honorius II. als Orden bestätigt. Seine Hauptaufgabe wird die Pfarreiseelsorge. – Norbert setzt als Erzbischof von Magdeburg sein Wirken fort (gest. 1134).

um 1120 Acht Ritter aus Frankreich schließen sich in Jerusalem zum Schutz der Pilger zusammen. Aus ihnen erwächst – nach ihrem Sitz auf dem (vermeintlichen) Tempelplatz – der **Templerorden**, dem das Konzil von Troyes 1129 eine Regel gibt: Gelübde der Armut, der Keuschheit und des Gehorsams, dazu die Verpflichtung zum Kampf gegen die Ungläubigen. (200 Jahre später wird der Orden aufgehoben, s.u. S. 103.)

1123 Das Wormser Konkordat (s.o. S. 83) wird vom **1. Laterankonzil** (9. Allgemeines Konzil) bestätigt. Die versammelten Bischöfe fordern die Einhaltung des Gottesfriedens und betonen das Verbot der Simonie. Priestern, Diakonen und Subdiakonen wird untersagt, mit Frauen (außer Mutter, Schwester, Tante und anderen, „die über jeden Verdacht erhaben sind“) unter demselben Dach zusammenzuleben.

1139 Nach dem Tod seines Rivalen Anaklet beruft Innozenz II. eine „Plenarsynode“ nach Rom (**2. Laterankonzil**, 10. Allgemeines Konzil). Sie erklärt alle Weihen und Ernennungen des Gegenpapstes Anaklet (gest. 1138) für ungültig. Zugleich führt sie die Kirchenreform weiter: Verbot der Zinsnahme, der Turniere, des Medizinstudiums von Mönchen; Ehen von Klerikern (ab dem Subdiakonat) und Mönchen sind ungültig, nicht nur, wie bisher, unerlaubt.

Dem Chorherrn **Arnold von Brescia** (geb. 1100), der in seinen Predigten die Kirche zur Armut auffordert („kein Geistlicher, der Güter besitzt, kann selig werden") erteilt das Konzil ein Schweigegebot und verbannt ihn aus Italien.

1155 Die Agitation Arnolds, hinter dem die römische Stadtbevölkerung steht, zwingt Papst Eugen III. zeitweise, die Stadt zu verlassen. Nach dem Eingreifen Barbarossas wird er an den päpstlichen Stadtpräfekten ausgeliefert und als Ketzer hingerichtet.

seit 1140 Auftreten der **Katharer**, vor allem in Südfrankreich, gekennzeichnet durch manichäistische Auffassungen, die über Bulgarien (Sekte der Bogomilen) nach Westen gelangen: Der wahre Zugang zu Gott ist nicht in der (sittlich verkommenen) Kirche zu finden, sondern in Gebet, Buße und apostelgleicher Armut. – Ablehnung der kirchlichen Hierarchie, der Sakramente, der römischen Kirche als einer Institution Satans.

1177 Das 3. Laterankonzil verurteilt die Auffassungen der Katharer.

1141 Tod **Hugos von St. Victor** (geb. 1097 wahrscheinlich in Sachsen, später Regularkanoniker in Paris); seine mystische Theologie – im Anschluss an Dionysius Areopagita – entwickelt sich zur theologischen Schule („Viktoriner") und beeinflusst nachhaltig die Mystik des 12. bis 14. Jahrhunderts.

1142 Tod **Abälards** (geb. 1079 in der Bretagne). Zusammen mit Anselm von Canterbury (s.o. S. 81) gilt er als Begründer der Scholastik, vor allem ihrer wissenschaftlichen Methode; er geht dabei nicht vom Glauben aus wie Anselm, sondern verwendet den methodischen Zweifel (*nihil credendum nisi prius intellectum* – man darf nichts glauben, was nicht zuvor verstanden wurde). – Zunächst Lehrer in Paris, wo er sich in seine Schülerin Heloise verliebt; ihr Onkel, der Kanoniker Fulbert, lässt ihn daraufhin überfallen und entmannen; Eintritt ins Kloster Saint Denis (1119), später erneute Lehrtätigkeit in Paris; auf Betreiben seines Gegners Bernhard von Clairvaux werden mehrere Sätze aus seinen Werken verurteilt, ihm selbst wird durch Innozenz II. Klosterhaft verordnet.

um 1145 Bischof **Otto von Freising**, Teilnehmer am 2. Kreuzzug, schreibt seine „Weltchronik“. Die Geschichte versteht er – im Anschluss an Augustinus – als Widerstreit zweier Reiche, des himmlischen und des irdischen.

um 1150 Hildegard von Bingen (1098–1179), Benediktinerin, gründet das Kloster Rupertsberg bei Bingen. Ihr Einsatz für kirchliche Reformen, ihre mystischen Erfahrungen, ihre theologischen und naturwissenschaftlichen Schriften machen sie – unterstützt durch Bernhard von Clairvaux – zu einer der geachtetsten Frauen der Zeit.

1156 Auf dem Berg Karmel in Palästina entsteht eine Gemeinschaft von Eremiten. Ihre zu strenger Beschaulichkeit verpflichtende Regel wird 1226 von Honorius III. bestätigt. 1238 übersiedeln die **Karmeliter** vor der Bedrohung durch den Islam nach Europa.

1158 Tod Gratians, Mönch und Lehrer in Bologna. Seine Sammlung des geltenden kirchlichen Rechts **(„Decretum Gratiani“)** begründet das Kirchenrecht.

1160 Tod des **Petrus Lombardus** (geb. Anfang des 12. Jahrhunderts in Novara), Lehrer an der Domschule von Paris und 1159/1160 Bischof der Stadt. Seine „Vier Bücher der Sentenzen“, beeinflusst von Abaelard und Hugo von St. Victor, bleiben bis zum 16. Jahrhundert das unangefochtene Lehrbuch für das theologische Studium.

1176 Der reiche Kaufmann Valdès (geb. um 1140) aus Lyon gibt seinen Besitz auf und predigt Armut und Nachfolge Christi. In Anlehnung an die Bergpredigt verurteilt er Krieg, Todesstrafe und Gewaltanwendung. Seine rasch wachsende Reformbewegung – die **Waldenser** – erbitten von Papst Alexander III.

die Erlaubnis zur „Sittenpredigt", die ihnen gewährt wird (nicht jedoch die „Glaubenspredigt").

1215 Als die Waldenser auch eine eigene Theologie verkünden, verurteilt sie das 4. Laterankonzil. Eine Zeit permanenter Verfolgung setzt ein. Die Distanz zur kirchlichen Lehre und Praxis wird immer größer: Ablehnung der Messe, der Sakramentsfrömmigkeit, des Ablasses, des Zehnten.

1532 Eine Synode der Waldenser in Chanforan (Piemont) entscheidet sich für den Anschluss an die Reformation.

seit 1848 Ende der Verfolgungen. (Die heutigen 45.000–50.000 Waldenser sind Mitglied des ÖRK und auf mannigfache Weise mit der evangelischen Kirche verbunden.)

1179 3. Laterankonzil (11. Allgemeines Konzil), das den Friedensschluss zwischen Barbarossa und Alexander III. besiegeln soll. Um strittige Papstwahlen in Zukunft zu vermeiden, muss der Papst mit einer Zweidrittelmehrheit der Stimmen gewählt werden. Weitere Regelungen (u. a.): Verbot, mehrere kirchlichen Stellen zu besitzen (Pfründenhäufung); Exkommunikation der Katharer und aller, die sie begünstigen; Festlegung eines Mindestalters (30 Jahre) für Bischöfe; Juden und Sarazenen dürfen keine christlichen Sklaven besitzen; an jeder Kathedrale soll ein Lehrer zum Unterricht armer Schüler angestellt werden.

1184 Gegen die zunehmende „Ketzerei" beschließen Papst Lucius III. und Friedrich Barbarossa, über Häretiker Kirchenbann und Reichsacht zu verhängen. (Im Lauf des 13. Jahrhunderts wird es üblich, sie zu verbrennen.) Außerdem sollen sie nicht nur auf Anzeige hin gefasst, sondern aufgespürt werden.

1190 Aus einer Brüderschaft für Krankenpflege während der Belagerung von Akkon (3. Kreuzzug) entsteht der **Deutsche Orden**, 1198 in einen Ritterorden umgewandelt.

1226 Herzog Konrad von Masowien ruft den Orden gegen die Einfälle heidnischer Pruzzen zu Hilfe. Friedrich II. ermächtigt den Orden zur selbständigen Herrschaft im unterworfenen Land.

1402 Der Orden gebietet über Neumark, Pommerellen, Kulmer Land,

Kurland, Livland, Estland, Gotland. Sitz des Hochmeisters ist seit 1309 die Marienburg.
1410 Bei Tannenberg muss der Deutsche Orden eine empfindliche Niederlage gegen vereinigte polnisch-litauische Kräfte hinnehmen. Im 1. Thorner Frieden (1411) tritt er Gebiete an Litauen ab, an Polen hat er eine große Summe Kriegsentschädigung zu bezahlen.
1466 Nach der Niederlage gegen die im Preußischen Bund (1440) zusammengeschlossenen und von Polen unterstützten Städte muss der Orden im 2. Thorner Frieden die meisten Gebiete an Polen abtreten und dessen Oberhoheit anerkennen. Seitdem schwindende Bedeutung.
1809 Aufhebung des Deutschen Ordens durch Napoleon (Weiterbestehen in Österreich).
1938 Nach dem „Anschluss" Österreichs erzwingen die Nationalsozialisten die Auflösung des Deutschen Ordens.
nach 1945 Wiederherstellung, auch in der Bundesrepublik Deutschland. Sitz des Hochmeisters ist Wien. Insgesamt zählt er heute etwa 70 Priester und 300 Schwestern, die sich der Seelsorge und Sozialhilfe widmen.

um 1195 Zum Loskauf oder Austausch Gefangener, vor allem christlicher Sklaven aus den Händen von Sarazenen, rufen Johannes von Matha und Felix von Valois den Orden der **Trinitarier** ins Leben. 1198 bestätigt Innozenz III. die Ordensregel. Etwa 900.000 Gefangene verdanken dem Orden die Freiheit. Später – bis Anfang des 19. Jahrhunderts – setzt sich der Orden auch für das Ende der Sklaverei ein.

13. Jahrhundert
Der Papst als oberster Herr

A. Kirche und Gesellschaft/Staat

Ein Jahrhundert seltener Dynamik. An seinem Beginn steht ein Papst, bei dem sich Amtsauffassung, Fähigkeit und Charakter zu einer glaubwürdigen Persönlichkeit verbinden; beide Schwerter beansprucht der „Stellvertreter Christi" – das geistliche und das weltliche –, wenn er auch das letztere an den von ihm gesalbten Kaiser weitergibt, damit dieser es im Sinn und Auftrag der Kirche führe. Ihm gegenüber ein brillanter Kaiser: Friedrich II., offen für orientalische Kultur und Wissenschaft, fern von Fanatismus; er betont die Eigenständigkeit seiner Vollmacht und spricht dem Papst das Recht ab, einen Kaiser abzusetzen. Schließlich die Kirche – in seltener Einmütigkeit, wie das Konzil von 1215 zeigt – um ihr Oberhaupt geschart. – Die große Aufgabe, die das vergangene Jahrhundert beflügelt hat – die Befreiung der Heiligen Stätten –, besteht weiter. Hinzugekommen sind die Bedrohung durch die Mongolen und die kirchensprengenden Armutsbewegungen.

▒ **seit 1198 Innozenz III.** (s.u. S. 95) erreicht durch geschickte Politik die Lehensabhängigkeit wichtiger europäischer Fürsten (England, Dänemark, Polen, Böhmen, Ungarn, Sizilien, Aragon, Portugal). Im Papsttum sieht er eine aller weltlichen Macht überlegene Würde. Als *Vicarius Christi*, wie er sich wiederholt bezeichnet (nicht mehr nur als „Nachfolger des Petrus"), steht ihm die Weisungsgewalt über alle Christen zu.

▒ **1202** Der Papst ruft zu einem neuen **(4.) Kreuzzug** auf, der allerdings – unter dem Einfluss Venedigs – mit der Besetzung und Plünderung von Byzanz (1204) endet. Den Byzantinern wird Balduin I. von Flandern als Herrscher eines **Lateinischen Kaiserreichs von Konstantinopel** aufgezwungen (1204). Gegen die Fremdherrschaft beanspruchen mehrere Städte (Nizäa, Trapezunt, das Despotat von Epiros) die Fortsetzung des griechischen Kaisertums.

1261 Mit der Eroberung Konstantinopels durch Michael VIII. endet das Lateinische Kaiserreich. Die letzte byzantinische Herrscherdynastie, die der Palaiologen, herrscht bis zum Untergang von Byzanz (1453).

1209 Beginn der **Albigenserkriege.** Nach der Ermordung des päpstlichen Legaten Peter von Castelnau durch einen Pagen des Grafen Raimund VI. von Toulouse ruft Innozenz III. zum Kreuzzug gegen die Katharer (bzw. Albigenser – so benannt nach der Stadt Albi, dem Zentrum der Bewegung) auf. Bis 1229 werden die meisten Anhänger getötet.

1212 Tausende von Kindern und Jugendlichen aus Frankreich und Deutschland brechen zum Kreuzzug ins Heilige Land auf **(„Kinderkreuzzug“)**. Schiffsherren, die von Marseille aus den Transport übernehmen, verkaufen die Kinder auf dem Sklavenmarkt von Alexandrien.

1212–1250 Friedrich II., König von Deutschland und von Sizilien (Kaiser 1220). Nach der dem Papst gegebenen Zusage, beide Reiche nicht zu vereinigen, widmet sich Friedrich vor allem seinem sizilianischen Erbe. Der Glanz seines Hofes, wo sich Dichter und Gelehrte sammeln, seine Distanz gegenüber Religion, das Interesse für Naturwissenschaft, Philosophie und Astronomie machen ihn zum Vorläufer einer selbständigen, sich in den Mittelpunkt stellenden und von Religion lösenden Staatsgewalt.

1220 Um die geistlichen Fürsten für die Wahl seines Sohnes (Heinrich VII.) zu gewinnen, überlässt der Kaiser ihnen in der „Confoederatio cum principibus ecclesiasticis“ wichtige königliche Rechte (Regalien): Markt-, Münz- und Zollrecht, Befestigungshoheit und Gerichtsbarkeit. Selbständigkeit und Unabhängigkeit der Fürsten gegenüber dem König werden dadurch gestärkt (Ausbildung von Landesherrschaften).

1231 Die weltlichen Fürsten erhalten von Heinrich VII. die gleichen Rechte („Statutum in favorem prinicipum").

1228 Friedrich II., nach einem abgebrochenen Kreuzzug von Gregor IX. gebannt (1227), bricht erneut nach Palästina auf **(5. Kreuzzug)**. Durch Vertrag mit Sultan El-Kamil von Ägypten wird ihm Jerusalem, Bethlehem und Nazaret und ein Küstenstreifen von Jaffa bis Akkon zugesprochen. – 1230 Aussöhnung mit Gregor IX. und Lösung vom Bann.

1244 Erneute Eroberung Jerusalems durch Choresmier, auf Initiative Ägyptens. (Die Stadt entgleitet endgültig den Händen der Christen).

1248 Ludwig IX. von Frankreich will durch einen Angriff auf Ägypten das verlorene Terrain wiedergewinnen **(6. Kreuzzug)**. Sein Heer wird vor Kairo geschlagen, er selbst gerät in Gefangenschaft, aus der ihn erst ein hohes Lösegelds befreit.

1270 Ein erneuter **(7.) Kreuzzug** wird nach dem Tod Ludwigs IX. vor Tunis abgebrochen.

1291 Nach der Eroberung Akkons, der letzten bedeutenden Festung der Christen, durch die Mamluken, räumen die Ritter kampflos Palästina. Die Zeit der Kreuzzüge hat ihr Ende gefunden.

1239 Nach Friedrichs Siegen über lombardische Städte, die vom Papst unterstützt werden, verhängt Gregor IX. erneut den Bann über den Kaiser: er habe in seiner Kirchenpolitik vertragliche Abmachungen nicht eingehalten.

1241 Die Auseinandersetzung zwischen Papst und Kaiser soll nach Willen Gregors durch ein Konzil entschieden werden. Doch Friedrich inhaftiert die auf genuesischen Schiffen anreisenden Prälaten.

1244 Der Nachfolger Gregors (gest. 1241), Papst Innozenz IV. begibt sich, um das Konzil einberufen zu können, nach Lyon. Dem Kaiser wird mitgeteilt, er habe als Angeklagter vor dem Konzil zu erscheinen.

1245 Das **1. Konzil von Lyon** (s.u. S. 99) bestätigt den Bann über Friedrich. Er wird in Abwesenheit des Meineids, Friedensbruchs, Sakrilegs (Gefangennahme der Prälaten) sowie des Verdachts der Häresie beschuldigt. – Der Kampf, die Anerkennung des Konzils zu erreichen bzw. zu verhindern, zieht sich bis zum Tod Friedrichs (1250) hin und entflammt die theologische Diskussion, ob der Papst das Recht habe, den Kaiser abzusetzen.

1241 Nach der Eroberung Kievs (1240) besiegen die **Mongolen** bei Liegnitz ein deutsch-polnisches Ritterheer und ein ungarisches im Tal der Theiß. Der Rückzug der Mongolen nach dem plötzlichen Tod des Großkhans Ügedeis entscheidet über den „westlichen" Charakter Europas.

um 1250 Die Rückeroberung **(Reconquista)** Spaniens ist – bis auf das arabische Königreich Granada, das 1492 fällt – abgeschlossen.

1253 Der Beichtvater Ludwigs IX., Robert de Sorbon, gründet in Paris eine Schule für arme Theologiestudenten, aus der sich die Universität **Sorbonne** entwickelt, im Mittelalter die nahezu unangefochtene Autorität in theologischen und kirchenrechtlichen Fragen.

1268 Konradin, der 16-jährige Enkel Friedrichs II., wird beim Versuch, das von Papst Clemens IV. an Karl von Anjou (den Bruder des französischen Königs Ludwig IX.) verliehene Königreich Sizilien als sein Erbe zu gewinnen, von Karl besiegt und hingerichtet. Damit endet das Königtum der Staufer und zugleich die kaiserliche Herrschaft in Italien.

1271–1295 Reisen des Venezianers **Marco Polo** bis nach China, wo er das Vertrauen des Kaisers gewinnt. Seine Reisebeschreibungen vermitteln Europa Kenntnisse über den Fernen Osten. Gründung von Missionsgemeinden in China (sie bestehen bis 1370).

B. Innerkirchliches Leben

Nicht nur die Kathedralen wachsen in diesem Jahrhundert in den Himmel. Die innere und äußere Erneuerung scheint der Kirche gleichermaßen eine neue Zukunft zu eröffnen: Reformen durch die Konzilien, gelebte Armut durch die drei Bettelorden der Franziskaner,

Dominikaner und Augustiner-Eremiten, samt ihren weiblichen Zweigen. Klosterfrauen, die ihre mystischen Erfahrungen mitteilen, ebnen den Weg zur „deutschen Mystik". – An den Universitäten weht ein neuer Wind: die Scholastik, die das griechische Denken mit dem Glaubensgut verbindet und so die Ehe zwischen Vernunft und Glaube anbahnt.

1198–1216 Innozenz III. (Lothar von Segni, geb. 1160 oder 1161), schon im ersten Wahlgang mit Mehrheit, beim zweiten mit den Stimmen aller gewählt, verbindet eine gründliche theologische Bildung (Studium in Paris), hervorragende Kenntnis des Kirchenrechts (Studium in Bologna), politisches Gespür (als Kardinal seit 1189 Tätigkeit an der Kurie) mit persönlicher Integrität und intensiver Arbeitskraft.

1202 Tod **Joachims von Fiore**. Der Gründerabt des Klosters San Giovanni in Fiore (Kalabrien) findet in den nächsten Jahrzehnten durch seine Geschichtstheologie (im Anschluss an die Offenbarung des Johannes) große Beachtung. Er teilt die Geschichte in drei Abschnitte ein: der Zeit des Vaters (Altes Testament) mit der Vorherrschaft des fleischlich-ehelichen Menschen folgt die Zeit des Sohnes (Neues Testament) mit der Vorherrschaft der Priester. Höhepunkt wird die Zeit des Heiligen Geistes sein, mit den Mönchen als Hauptträgern: eine Geistkirche in Armut und Frieden, ohne Hierarchie, Sakramente und äußeren Kultus; ihr Anbruch wird auf das Jahr 1260 berechnet.

1260 Die Erwartung vom Anbruch des „Dritten Reiches" führt in Italien zu großen Geißlerwallfahrten.

um 1206 Stephan Langton (geb. um 1150), Theologe aus England, jetzt Lehrer an der römischen Kathedralschule, ab 1207 Erzbischof von Canterbury, teilt die **Bibel** in (bis heute gültige) Kapitel ein.

1551 Stephan Estienne besorgt die Verseinteilung der Bibel und veröffentlicht als königlicher Buchdrucker in Paris das erste auf diese Weise gegliederte Neue Testament.

1207 Dominikus (geb. 1170 in Caleruega, Kastilien) beginnt, von Innozenz III. mit anderen dazu beauftragt, in Südfrankreich zu predigen – vor allem gegen die Irrlehren der Katharer und Waldenser.

1215 In Toulouse sammeln sich erste Gefährten um Dominikus. Sie wollen als Priestergemeinschaft durch Predigt und Lehrtätigkeit und in evangelischer Armut lebend für die Bekehrung der Katharer bzw. Albigenser wirken.
1216 **Honorius III.** bestätigt die von den „Predigerbrüdern" *(Ordo Praedicatorum)* angenommene Augustinerregel. 1220 wählt eine erste Vollversammlung der Brüder die Lebensform eines „Bettelordens", d. h. den Verzicht auf Besitz und feste Einkünfte.
1221 6. August: Dominikus stirbt in Bologna (Heiligsprechung 1234). Die **Dominikaner** bilden bereits acht Ordensprovinzen mit 60 Klöstern.

1208 Franz von Assisi (geb. 1181/1182 in Assisi bei Perugia), Sohn eines reichen Tuchhändlers, wählt ein Leben in größter Armut und als Wanderprediger gemäß dem Evangelium (Mt 10). Bald schließen sich Gefährten an.

1210 Innozenz III. bestätigt Franz und seinen Freunden die gewählte Lebensweise und gestattet die Predigt.
1212 Chiara (Klara) Sciffi aus Assisi entschließt sich zum gleichen Leben in Armut (seit 1253 Orden der **Klarissen**).
1219 Franz, der die Muslime bekehren statt besiegen will, begleitet kämpfende Pilger, die von Kardinal Pelagius geführt werden und für kurze Zeit Damiette (Ägypten) erobern. Es gelingt ihm, Sultan El-Kamil persönlich zu sprechen. Dieser gewährt ihm die Erlaubnis, in seinem Land zu predigen (vermutlich Herbst 1220 Rückkehr nach Italien).
1221 Nach dem weiblichen Zweig gründet Franz den „Dritten Orden", für Laien – auch Eheleute –, welche dieselben Ideale außerhalb der klösterlichen Gemeinschaft verwirklichen wollen.
1223 Die Regel der „Minderbrüder" (*Ordo Fratrum Minorum*) bzw. der **Franziskaner** wird von Honorius III. feierlich approbiert.
1226 3. Oktober: Mit der Vollendung seines „Sonnengesanges" stirbt Franziskus, der seit 1224 die Wundmale Jesu (Stigmata) trägt, in Portiunkula bei Assisi (Heiligsprechung 1228).

um 1210 Frauen, die in überfüllten Klöstern keine Aufnahme finden, entschließen sich (im Gebiet des heutigen Belgien), Gemeinschaften zu bilden (ohne Ordensgelübde). Rasche Verbreitung der **„Beginen“** (Name vermutlich nach ihrer grauen Tracht: *bigio*, beige) in West- und Mitteleuropa.

1312 Das Konzil von Vienne bezeichnet die Beginen als Sekte und verurteilt ihre Auffassung von christlicher Vollkommenheit. – Das Gleiche gilt für die „Begarden“, den männlichen Zweig der Bewegung.

1215 4. Laterankonzil (12. Allgemeines Konzil), mit 400 Bischöfen, 800 Äbten, Gesandten der Könige von Deutschland, Frankreich, England, Aragón, Ungarn. Erklärungen gegen Katharer und Waldenser, Betonung der Wesensverwandlung (Transsubstantiation) von Brot und Wein in der Eucharistie, innerkirchliche Reformbestimmungen (u. a. die Mahnung, wenigstens einmal im Jahr zu beichten und zu kommunizieren), Vorschriften für Juden (Ausgehverbot in der Karwoche, Tragen besonderer Kleidung, keine Zulassung zu öffentlichen Ämtern, Verbot des Wuchers), Werbung für den Kreuzzug.

seit 1230 Die Universität von Paris entwickelt sich zum Zentrum der **Scholastik**, in der aristotelische Begrifflichkeit (nachdem die Werke des Aristoteles über die Araber in Spanien im Westen bekannt geworden sind) zum Durchdenken und Systematisieren der Glaubenslehre herangezogen wird. Die herausragenden Gelehrten stellen der Dominikaner- und der Franziskanerorden.

1245 Tod **Alexanders von Hales** (geb. um 1185), gefeierter Theologe in Paris. Er verwendet zum ersten Mal aristotelische Systematik für das theologische Denken.

um 1248 Der Dominikaner **Albertus Magnus** (geb. um 1200 in Lauingen an der Donau) lehrt in Paris und Köln. Zu seinen Hörern zählt Thomas von Aquin. Schriften über philosophische, theologische, naturwissenschaftliche und medizinische Fragen *(doctor universalis)* (gest. 1280).

seit 1256 **Thomas von Aquin** (geb. 1226/1227 in Aquino bei Neapel) lehrt in Paris (1256–1261 und 1269–1272); mit 17 Jahren Eintritt in den

Dominikanerorden, Theologiestudium in Köln (Schüler von Albertus Magnus), später Lehrtätigkeit in Paris, Rom und Neapel. Seine „Summa theologiae“ und seine „Summa contra gentiles“ sind ein Höhepunkt spekulativer Kraft und systembildender Theologie (*doctor angelicus;* gest. 1274, Heiligsprechung 1323).

1278 Der Dominikanerorden verpflichtet seine Mitglieder auf die Lehre des Thomas.

zwischen 1281 und 1284 Tod **Sigers von Brabant** (geb. um 1240), eines der gründlichsten Kenner der aristotelischen Werke, deren Gedanken er immer wieder mit den christlichen Glaubensaussagen konfrontiert.

um 1292 Nach dem Theologiestudium in Oxford tritt **Roger Bacon** (geb. zwischen 1214 und 1220) in den Franziskanerorden ein, lehrt später in Paris. In seinen breit angelegten Studien (Naturwissenschaften, Mathematik, Theologie) bedauert er die Trennung von spekulativem Denken und Erfahrung: nur durch sie ist der Mensch in der Lage, Wissen zu erwerben. Richtungweisend wird seine Aufforderung, durch das „Experiment“ zu neuen Erkenntnissen zu gelangen.

um 1295 In Paris lehrt der Franziskaner **Johannes Duns Scotus** (geb. um 1265 in Südschottland, später Lehrtätigkeit in Oxford, Paris und Köln). Gegen Thomas von Aquin fasst er Gott mehr als Willen denn als Sein (Voluntarismus). Der scharfsinnige Denker erringt im Franziskanerorden eine ähnlich beherrschende Stellung wie Thomas bei den Dominikanern: die Scholastik zerfällt in Thomismus und Skotismus; beide Schulen bekämpfen sich in den folgenden Jahrhunderten heftig.

1231 Gregor IX. organisiert die **Inquisition** (Untersuchungsverfahren zur Feststellung der Ketzerei). Ketzer sind innerhalb von acht Tagen durch den weltlichen Arm hinzurichten (Scheiterhaufen); Reuige erhalten lebenslangen Kerker. Während des Prozesses erhalten die Angeklagten keinen gerichtlichen Beistand, die Berufung an weitere Instanzen ist untersagt. Öffentliche und private Glaubensdiskussionen unter Laien werden verboten (Konstitution *Excommunicamus*). – Im darauf folgenden Jahr wird die Inquisition dem Dominikanerorden anvertraut.

1252 Zur Wahrheitsfindung bei Häresieverdacht gestattet Innozenz IV. die Anwendung der Folter (Konstitution *Ad exstirpanda*). (Sie führt bald in fast allen Fällen zu einem „Geständnis“.)

1231 Tod des **Antonius von Padua**; der Franziskaner (geb. 1195 in Lissabon), rastlos als Prediger tätig, wird schon ein Jahr später heilig gesprochen. Von Franziskus war er mit der theologischen Unterweisung der Gefährten beauftragt worden. Die asketisch-mystische Theologie verdankt ihm wichtige Impulse.

1231 Tod **Elisabeths von Thüringen**; die Landgräfin (geb. 1207 als Tochter des ungarischen Königs Andreas II.) muss nach dem frühen Tod ihres Gatten (1227) auf Betreiben der Verwandten die Wartburg verlassen. Mit drei Kindern selbst in großer Armut lebend, verbraucht sie sich im Dienst von Kranken, Bettlern und Aussätzigen.

1240 Tod des **Cäsarius von Heisterbach** (geb. um 1180 wohl in Köln); den Zisterzienser kennzeichnet eine vielseitige schriftstellerische Tätigkeit: Homilien, Erklärungen zum Alten Testament, Sammlung der Wunder der heiligen Elisabeth und ihre Biographie, Lebensgeschichte des Bischofs Engelbert von Köln.

um 1240 Der „größte Volksprediger des Mittelalters", der Franziskaner **Berthold von Regensburg** (um 1210–1272), beginnt seine geistlichen Feldzüge in Süddeutschland, der Schweiz, Schlesien, Österreich, Böhmen, Mähren und Ungarn gegen Katharer, Flagellanten und Judenverfolgung; ihm sollen bis zu 40.000 Menschen zugehört haben.

1244 Einsiedlergruppen in der Toskana, die nach der Regel des Augustinus leben, schließen sich zu einer Gemeinschaft zusammen, weitere stoßen hinzu. 1256 bestätigt Alexander IV. den Orden der **Augustiner-Eremiten**.

1245 1. Konzil von Lyon (13. Allgemeines Konzil). Außer der Absetzung des Kaisers (s.o. S. 93) werden finanzielle Maßnahmen zur Unterstützung des Lateinischen Kaiserreichs in Konstantinopel und zur Abwehr der Mongolen beschlossen. – Dogmatische Entscheidungen werden nicht getroffen.

um 1250 Mechtild von Magdeburg (geb. um 1207) beginnt mit der Niederschrift ihrer mystischen Erfahrungen (und eröffnet damit die „deutsche Mystik"). Nach 30 Jahren Leben als Begine tritt sie um 1270 in das Zisterzienserinnenkloster **Helfta** bei Eisleben ein, wo sie den ebenfalls charismatisch begabten Mystikerinnen Mechthild von

Hackeborn (um 1241–1299) und Gertrud von Helfta (1256–1302) begegnet (gest. um 1282).

1263–1267 Der Dominikaner Jakobus von Voragine (ab 1286 Erzbischof von Genua, gest. 1298) verfasst seine **„Legenda aurea"** – kurze Viten zu etwa 150 Heiligen, dem Kirchenjahr folgend. Das Werk gehört im Mittelalter zu den bekanntesten Büchern (mehr als 1000 erhaltene Handschriften).

1264 Das seit 1246 in der Diözese Lüttich bestehende **Fronleichnamsfest** wird von Urban IV. für die ganze Kirche vorgeschrieben (Bulle *Transiturus*).

1274 2. Konzil von Lyon (14. Allgemeines Konzil); Hauptthemen sind Papstwahl, Kreuzzug, Union mit der griechischen Kirche. – Um die Erfahrung von 1268 bis 1271, als sich die Kardinäle drei Jahre lang nicht auf einen Nachfolger Petri hatten einigen können, nicht zu wiederholen, beschließt das Konzil, dass die Kardinäle künftig in den Wahlräumen so lange eingeschlossen bleiben **(Konklave)**, bis ein neuer Papst bestimmt ist. Sie müssen sich innerhalb von zehn Tagen nach dem Tod eines Papstes zur Wahl zusammenfinden. – Für die Finanzierung des Kreuzzuges (der dann wegen des Falls von Akkon 1291 nicht mehr zustande kommt), soll auf sechs Jahre eine zehnprozentige Steuer erhoben werden. – Gesandte des griechischen Kaisers Michael VIII. beschwören auf dem Konzil die **Union mit der Lateinischen Kirche** (29. Juni).

1281 Papst Martin IV., der die Pläne Karls von Anjou zu einer Wiedereroberung Konstantinopels unterstützt, bannt Michael VIII., nachdem dieser neue Forderungen des Papstes, die über die Konzilsbeschlüsse hinausgehen (u. a. die ausdrückliche Einfügung des *Filioque* in das Glaubensbekenntnis der Griechen), zurückgewiesen hat. Damit bricht die Einheit der beiden Kirchen erneut auseinander.

1294 Die Verweltlichung des Papsttums führt zu einer Gegenreaktion: die Kardinäle wählen einen durch seine Frömmigkeit bekannten Einsiedler (Pietro del Murrone). Der neue Papst **Cölestin V.** stellt jedoch bald fest, dass er den Anforderungen des Amtes nicht gewachsen ist; er dankt im gleichen Jahr freiwillig ab. Der neue Papst **Bonifatius VIII.** (1294–1303) ist demgegenüber von seinem politischen Auftrag überzeugt. (Seinen päpstlichen Vorgänger lässt er bis zu dessen Tod 1296 in Haft halten.)

14. Jahrhundert
Die „Babylonische Gefangenschaft" der Kirche

A. Kirche und Gesellschaft/Staat

Im vergangenen Jahrhundert präsentierte sich der Papst als Lehensherr Europas. Dieser Anspruch wird zwar aufrechterhalten, aber in der Realität wird der Papst zum Opfer französischer und deutscher Interessensgegensätze. Jahrzehntelang steht die Kurie in Avignon unter der Schutzdiktatur Frankreichs. Nationale Ambitionen wirken in das Kardinalskollegium hinein, führen zu Gegenkandidaturen und münden schließlich ins Große Abendländische Schisma. Zugleich weisen die Staaten immer heftiger den päpstliche Amtsanspruch zurück – Anzeichen einer wachsenden Distanz zwischen Staat und Kirche. – Fast unbemerkt tritt in Renaissance und Humanismus die Vernunft auf die Bühne der Geschichte. Sie führt zu einer neuen Hochschätzung der Republik und in der Kirche zur Forderung des Allgemeinen Konzils als höchster Autorität, der auch die Päpste unterworfen sind. – Die neue Diesseitigkeit, flankiert vom wachsenden Gewicht der Naturwissenschaften, wird das Verhältnis von Kirche zu Wissenschaft und Welt grundlegend verändern.

1302 In einer Zeit immer wieder erwachender Spannungen zum französischen König Philipp IV., der den Klerus besteuern und weitere kirchliche Einnahmequellen für die Krone erschließen will, veröffentlicht **Bonifatius VIII.** die Bulle *Unam Sanctam,* die schärfste Formulierung päpstlicher Ansprüche: „Beide Schwerter gehören zur Vollmacht der Kirche, das geistliche und das weltliche. Doch ist das eine für die Kirche, das andere von der Kirche zu führen … Die geistliche Gewalt hat die irdische einzusetzen und zu richten … Kein Mensch kann das (ewige) Heil erlangen, wenn er sich nicht unter den Gehorsam des römischen Hohenpriesters stellt …"

1303 Philipp, über den päpstlichen Anspruch empört, lässt Bonifatius auf Schloss Anagni (bei Rom) gefangen nehmen, um ihn vor ein allgemeines Konzil zu zwingen. Bonifatius, obwohl nach wenigen Tagen von den Bürgern des Ortes befreit, stirbt einige Wochen später in Rom.

1309 Clemens V. (s.u. S. 106), Günstling Philipps IV., dessen Einsatz er seine Papstwahl (1305) verdankt, verlegt auf Verlangen des Königs seine Residenz von Rom nach Avignon. Er gerät dort, ebenso wie seine Nachfolger, völlig unter den Einfluss des französischen Königs (**„Babylonische Gefangenschaft"** der Kirche 1309–1377).

1310 Auf Drängen Philipps muss Clemens V. einen Prozess gegen (den toten) Bonifatius VIII. eröffnen.

1311 In der Bulle *Rex gloriae* wird das Vorgehen des Königs und seiner Räte gegen Bonifatius gutgeheißen und alle seit 1300 verhängten kirchlichen Strafen aufgehoben.

1312 Reichtum und Einfluss des **Templerordens** veranlassen Philipp IV., vom Papst die **Aufhebung** des Ordens zu verlangen, wegen angeblicher „Ketzerei und Sittenlosigkeit". Ohne dass die päpstliche Untersuchungskommission und das Konzil von Vienne (s.u. S. 106) die Vorwürfe gegenüber dem Orden bestätigen können, verfügt Clemens V. seine Aufhebung. Der Großmeister Jakob von Molay endet auf dem Scheiterhaufen (1314).

1321 In Ravenna stirbt **Dante Alighieri**, Italiens größter Dichter (geb. 1265 in Florenz, philosophische und theologische Bildung bei Franziskanern und Dominikanern); er gerät in die Auseinandersetzungen zwischen Florenz und Bonifatius VIII., wird 1302 aus Florenz verbannt und dann in Abwesenheit zum Tode verurteilt. – Seit 1311 arbeitet er an seinem Hauptwerk, der „Divina Commedia": Geführt von Vergil durchwandert Dante die neun Kreise der Hölle bis zum Berg der Läuterung und anschließend, an der Hand Beatrices – der Frau, die er liebend verehrte, aber nie besaß – durch die neun Himmel bis zur Anschauung Gottes.

1324 Nach einer Doppelwahl der deutschen Fürsten (1314:

Friedrich der Schöne aus dem Hause Habsburg bzw. **Ludwig IV. der Bayer** aus dem Hause Wittelsbach) beansprucht der Papst das Approbationsrecht. Als sich die Waagschale zugunsten Ludwigs neigt, bannt ihn, französischen Interessen folgend, **Johannes XXII.** Ludwig appelliert an ein allgemeines Konzil (Appellation von Sachsenhausen), lässt sich in Rom (in Abwesenheit des Papstes) vom Volk zum Kaiser ausrufen, bezichtigt Johannes der Häresie und erwirkt die Wahl eines Gegenpapstes, Nikolaus V. (der jedoch nach zwei Jahren zurücktritt).

1338 Gegen den päpstlichen Anspruch verkünden die Kurfürsten als Reichsrecht: „der von den Kurfürsten oder ihrer Mehrheit gewählte König bedarf nicht der päpstlichen Bestätigung" **(„Kurverein von Rhense")**. Im gleichen Jahr erklärt Ludwig IV. auf einem Reichstag in Frankfurt, die Königswahl verleihe auch Rechte und Titel des Kaisers.

1356 Die **Goldene Bulle**, die die Königswahl den sieben Kurfürsten reserviert (den Erzbischöfen von Mainz, Trier und Köln; dem König von Böhmen, dem Pfalzgrafen bei Rhein, dem Herzog von Sachsen-Wittenberg sowie dem Markgrafen von Brandenburg), erwähnt keinerlei Bestätigungsrecht des Papstes.

1339 Da neben Philipp VI. auch Eduard VI. Anspruch auf den französischen Thron erhebt, entbrennt zwischen Frankreich und England ein mehr als **Hundertjähriger Krieg** (bis 1453).

1347 **Cola di Rienzo**, Notar Clemens VI., ruft in Rom die Republik aus. Seine Absicht ist, Italien nach altrömischem Vorbild neu zu gestalten. 1350 lässt ihn Karl IV. in Prag verhaften und der Kurie in Avignon ausliefern. Diese kann keine Häresie feststellen und hebt die Haft auf. Einem vom römischen Adel angestachelten Volksaufstand fällt er 1354 zum Opfer.

1348 Gründung der **Universität Prag**, der ersten im Reich, nach dem Vorbild der Universität von Paris.

1347–1352 In Europa wütet die **Große Pest**; ihr fällt etwa ein Drittel der Bevölkerung zum Opfer. Im Elsass und in Österreich werden Tausende von Juden wegen des Vorwurfs ermordet, sie hätten die Brunnen vergiftet.

um 1350 Die Beschäftigung mit antiker Literatur leitet in Italien die Epoche des **Humanismus** ein – die wissenschaftlich-geistige Seite der sich mehr auf die Kunst beziehenden **Renaissance.** Zu seinen herausragenden Vertretern zählen der Dichter Petrarca (1304–1374), der Entdecker zahlreicher Handschriften der klassisch-römischen Literatur Poggio (1380–1459) sowie der kritische Historiker Valla (1405 oder 1407–1457; er bestritt u. a. die Echtheit der „Konstantinischen Schenkung“, s.o. S. 56).

1377 Mit **Gregor XI.** wird die **päpstliche Residenz** wieder von Avignon **nach Rom** verlegt. Maßgeblich dafür eingesetzt hatte sich die hochgeachteten Mystikerinnen Katharina von Siena und Birgitta von Schweden (s.u. S. 108f.).

1378 Die Uneinigkeit der Kardinäle führt zu einer doppelten Papstwahl: Urban VI., anerkannt von Deutschland, Mittel- und Norditalien, Flandern und England, und Clemens VII., hinter dem Frankreich, Süditalien und Sizilien stehen. Das **„Große Abendländische Schisma“** währt 37 Jahre.

1389 Die „türkische Gefahr“ wächst: Sieg der Türken (Sultan Murat I.) über die Serben auf dem Amselfeld.

1393 Die Türken erobern Bulgarien.
1396 Sieg der Türken bei Nikopolis über Sigismund von Ungarn.
1422 Die Türken belagern zum ersten Mal Konstantinopel.

1393 Auf Geheiß König Wenzels (1361–1419) wird der Generalvikar **Johannes Welflin von Pomuk** (Nepomuk) von der Prager Karlsbrücke in die Moldau geworfen, weil er sich dem königlichen Wunsch nach einem neuen, westböhmischen Bistum widersetzt. (Um 1450 wird erzählt, der König habe Nepomuk zum Bruch des Beichtgeheimnisses zwingen wollen.)

B. Innerkirchliches Leben

Die alten Übel existieren weiter: Die Kirche bedarf wegen ihrer Einbindung in politische Aufgaben materieller Mittel und erliegt zugleich den Gefahren des Reichtums. Doch nicht länger sind es nur häretische Be-

wegungen, die die Übel anprangern, sondern innerhalb der Kirche entstehen Gruppen, die in Armut und nach Art der Urkirche eine Alternative vorleben wollen. Auch die in Deutschland sich verstärkende mystische Frömmigkeit kann als Reaktion auf eine Kirche gedeutet werden, die beim Ordnen irdischer Verhältnisse eine ganze Dimension des Glaubens vernachlässigt. – Die Jahre der Großen Pest haben das Selbstverständnis tief erschüttert: Wofür hatte Gott gestraft? Das Verlangen, durch Werke der Buße (auch Gewinn von Ablässen) den mahnenden Zeichen zu entsprechen, nimmt zu.

1300 Zum ersten Mal wird durch Bonifatius VIII. ein **„Heiliges Jahr"** ausgerufen. Wer in diesem Jahr nach Rom pilgert, kann – nach Beichte und mehrmaligem Besuch (Stadtrömer 30mal, Auswärtige 15mal) der Basiliken des Petrus und des Paulus – einen (zum ersten Mal gewährten) vollkommenen Nachlass zeitlicher Sündenstrafen gewinnen. Gewaltige Scharen von Pilgern bemühen sich darum.

1305–1314 Clemens V. (geb. um 1240 in Villandraud, Gironde, 1299 Erzbischof von Bordeaux); wie schon Bonifatius VIII. erschließt er neue Einnahmequellen für die Kurie. Er erhebt Anspruch auf das Einkommen vakanter kirchlicher Stellen *(fructus medii temporis)*. Neu besetzte Ämter müssen das erste Jahreseinkommen (Annate) an die Kurie abführen. – Ein ausgeklügeltes Abgabensystem, dazu die Ausdehnung des päpstlichen Anspruchs auf Stellenbesetzung, machen die Kurie in den folgenden Jahrzehnten zur größten Finanzmacht Europas.

1311/1312 Konzil von Vienne (15. Allgemeines Konzil), in Anwesenheit Clemens' V. Themen sind: die Anschuldigungen gegen den Templerorden (s.o. S. 103), Einmischung der weltlichen Gewalt in kirchliche Angelegenheiten (in den besonderen Gerichtsstand des Klerus; die Verletzung seiner Steuerfreiheit), das Problem der Exemtionen (die Bischöfe klagen über eine wachsende Zahl von Klöstern, die nicht mehr ihnen, sondern dem Papst direkt unterstehen). Das Konzil endet ohne die Verabschiedung durchgreifender Reformdekrete.

1316 Tod des **Raimundus Lullus** (Ramón Lull bzw. Llull) (geb. 1235 in Palma, Mallorca): der katalanische Mystiker studiert (ohne je Kleriker zu werden) Philosophie, Theologie und Arabisch, missioniert mehrere Jahre in Nordafrika und setzt sich sein ganzes Leben dafür ein, Muslime, Juden, Christen und Atheisten durch Argumente der Vernunft von den wesentlichen Inhalten des christlichen Glaubens zu überzeugen.

1323 Seit Mitte des 13. Jahrhunderts schwelt im Franziskanerorden der **Armutsstreit**. Die strengere Richtung, die so genannten „Spiritualen" (Petrus Johannes Olivi, gest. 1298; Ubertino da Casale, gest. nach 1325), fordern die faktische, nicht nur die rechtliche Armut des Ordens. Von ihrer Verwirklichung erwarten sie, gemäß den Prophezeiungen des Joachim von Fiore (s.o. S. 95), den Anbruch der Zeit des Heiligen Geistes. Sie sind der Auffassung, Christus und die Apostel hätten weder einzeln noch gemeinsam etwas besessen, was Johannes XXII. daraufhin zur Häresie erklärt (Bulle *Cum inter nonnullos*). – Der Ordensgeneral Michael von Cesena wird 1328 abgesetzt und im folgenden Jahr exkommuniziert.

1324 In seiner Streitschrift „Defensor pacis" wendet **Marsilius von Padua** (Rektor der Universität Paris) „demokratische" Vorstellungen auf die innerkirchliche Ordnung an: kirchliches Recht ist, was von der Mehrheit der Bischöfe (auch gegen den Papst) bzw. von der Mehrheit der Gläubigen (auch gegen die Bischöfe) gebilligt wird. Oberstes Organ der Kirche ist ein „Universalkonzil", auf dem nicht nur die Hierarchie, sondern auch die Laien vertreten sein müssen. – Die Verurteilung als Ketzer nicht abwartend, flieht Marsilius 1326 an den Hof Ludwigs des Bayern nach Nürnberg (gest. 1342/1343).

1328 Tod **Meister Eckharts** (geb. um 1260 in Hochheim bei Gotha, Eintritt in den Dominikanerorden, ab 1311 Dozent der Theologie in Paris, Straßburg, Köln); seine mystische Frömmigkeit, seine Lehre von der „Gottesgeburt" in der Seele des Gläubigen, von der „Berührung" mit Gott im „Seelenfünklein" haben großen Einfluss auf die weitere Entfaltung der deutschen Mystik. Missverständliche Aussagen vor allem über die Vergöttlichung des Menschen, führten dazu, dass Johannes XXII. 28 Sätze aus Werken Eckharts als häresieverdächtig verurteilt (Bulle *In agro dominico* 1329; DH 950–980).

Weitere bedeutende Persönlichkeiten der Deutschen Mystik:

Johannes Tauler (um 1300–1361), Dominikaner, vor allem als Prediger und Seelsorger tätig.

Heinrich Seuse (Suso) (1293/1303–1366), Dominikaner, Schüler Meister Eckharts in Paris, Seelsorger und Prior des Konvents in Dießenhofen.

Johannes van Ruysbroek (1293–1381), Weltpriester, seit 1350 Prior einer in der Einsamkeit lebenden Priestergemeinschaft.

1349 Tod **Wilhelms von Ockham** (geb. um 1300 bei London); der franziskanische Gelehrte trennt das Denken der Vernunft (Philosophie) scharf von der Theologie, die sich auf die Autorität der Bibel und der Kirche stützt. Eine Begründung des Glaubens durch die Vernunft ist unmöglich. – Seine Lehre, dass Allgemeinbegriffen keine Realität außerhalb des Verstandes zukomme, dass sie also nur „Namen" *(nomina)* seien, beeinflusst als **„Nominalismus"** die weitere Entwicklung des philosophischen Denkens.

1349 Tod des **Nikolaus von Lyra** (geb. um 1270 in der Normandie); der Franziskaner, der in Paris Theologie doziert und das Hebräischen beherrscht, widmet sich vor allem dem Alten Testament und versucht den Nachweis– mit Blick auf die Juden –, dass bestimmte Stellen schon im Literalsinn auf Christus und die Kirche hinweisen. Seine „Postilla litteralis super totam Bibliam" findet weite Verbreitung.

1373 Tod **Birgittas von Schweden** (geb. 1303 in Finstad bei Uppsala); nach dem Tod ihres adligen Gatten gründet sie 1346 zu Vadstena den „Birgittenorden" (auch „Erlöserorden"), der in Skandinavien weite Verbreitung erlangt. Seit 1350 in Rom, gewinnt sie durch ihr asketisches Leben, durch ihre Visionen und Offenbarungen, durch ihre Anprangerung kirchlicher Missstände (nachdrücklich fordert sie die Rückkehr des Papstes aus Avignon) die Hochachtung ihrer Zeitgenossen (1391 Heiligsprechung).

1380 Tod **Katharinas von Siena** (geb. 1347 als Tochter eines

Färbers in Siena); sie schließt sich als 16-Jährige dem Laienorden der Dominikaner an; ihre glühende Religiosität äußert sich nicht nur in mystischen Erlebnissen oder in der Pflege von Pestkranken, sondern sie weiß sich ebenso berufen, an der Reform der Kirche mitzuwirken (sie reist nach Avignon, um Gregor XI. zur Rückkehr nach Rom zu bewegen, die er im selben Jahr noch durchführt). Verfasserin gehaltvoller spiritueller Werke und zahlreicher (etwa 380 erhaltener) Briefe (1461 Heiligsprechung).

1384 Tod des **John Wyclif** (geb. um 1328 in England), Professor der Philosophie und Theologie in Oxford, übersetzt die Bibel ins Englische. – Seine Überzeugung, nur das dürfe gelten, was in der Bibel steht, führt zur Ablehnung von Papsttum, Hierarchie und mehreren Sakramente sowie zur vehementen Kritik an Reichtum und Habgier des Klerus. – Da ihn Adel und Bürger unterstützen, bleiben kirchliche Maßnahmen (Verurteilung 1382) unwirksam, doch werden seine Anhänger, die „Loll(h)arden", nach 1400 verfolgt.

1428 Papst Martin V. lässt den im Konstanzer Konzil gefassten Beschluss durchführen: die Gebeine Wyclifs werden exhumiert, verbrannt und die Asche in den nächsten Fluss gestreut.

1384 Tod **Gerhard** (Geert) **Grootes** (geb. 1340 in Deventer); der niederländische Patriziersohn, der, zum Diakon geweiht, als Wanderprediger zur Nachfolge Christi aufruft und Simonie, Zölibatsverletzungen sowie den Privatbesitz von Mönchen anprangert, wird zum (wichtigsten) Begründer der **Devotio moderna**, einer Reformbewegung (um 1375–1550), die sich am Vorbild der Urkirche orientiert und Gemeineigentum, Demut und persönliche Frömmigkeit fordert. – In diesem Zusammenhang entstehen auch ab 1380 in Deventer die Kommunitäten der **Brüder** bzw. **Schwestern vom gemeinsamen Leben**, die durch ihr persönliches Beispiel zur Erneuerung des religiösen Lebens vor allem der Laien beitragen wollen.

15. Jahrhundert
Das Ende Ostroms

A. Kirche und Gesellschaft/Staat

In Europa erwachen die Nationen. Folgten bei den Kreuzzügen die christlichen Könige dem Ruf des Papstes, geeint durch gemeinsame Ideale, so sind nun die Staaten selbstbewusster geworden, erstreben nach außen Erweiterung der Macht, nach innen Geschlossenheit. Der Papst ist ein wichtiger Verbündeter in den wechselnden Koalitionen, ja mehr noch, er tritt von sich aus entschlossen in den Kreis der taktierenden Fürsten. Deren Konkurrenzkampf, der sich bei Papstwahlen selbst im Kardinalskollegium widerspiegelt, fällt letztlich Ostrom zum Opfer: seine Hilferufe um Unterstützung gegen die Türken finden keinen Widerhall; die vielleicht einmalige Chance, eine geeinte, um Rom gescharte und von ihm geprägte Christenheit bis in den kleinasiatischen Raum auszudehnen, wird nicht wahrgenommen.

▪ **1413** Durch Verhandlungen mit den (seit 1409) drei Päpsten gelingt es König **Sigismund** (1410–1437, Kaiser 1433), für das nächste Jahr ein allgemeines Konzil nach Konstanz einberufen zu lassen, das die Einheit der Kirche wiederherstellen soll.

▪ **1414–1418 Konzil von Konstanz** (s.u. S. 114f.).

▪ **1429 Jeanne d'Arc**, die „Jungfrau von Orléans", (geb. 1412 in Domrémy, Lothringen), führt nach mehreren Siegen über die Engländer Karl VII. zur Krönung nach Reims.

1431 Im weiteren Verlauf des Krieges fällt Jeanne in die Hand der Engländer und wird in Rouen als Ketzerin verurteilt und verbrannt.
1456 Nach Abzug der Engländer fordert Papst Calixt III. eine Revision des Prozesses. (Die Verurteilung wird für ungültig erklärt.)

▪ **1438** Karl VIII. von Frankreich veröffentlicht die auf einer

Erklärung einer Versammlung des französischen Klerus basierende **„Pragmatische Sanktion von Bourges“**, Aud der Grundlage der Basler Dekrete schränkt sie die rechte des Papstes ein und wird zum ersten Manifest des Gallikanismus (des französischen Nationalkirchentums): weitgehender Einfluss des Königs auf die Besetzung der Bistümer, Einschränkung der geistlichen Gerichtsbarkeit, Besteuerung der Kirche durch den Staat u. a. Von Bedeutung wird das Recht, bei kirchlichen Prozessen an das königliche Gericht zu appellieren.

1448 Im **Wiener Konkordat** (in Kraft bis 1803) gelangen Kaiser Friedrich III. und Papst Nikolaus V. zu einer Einigung über das päpstliche Stellenbesetzungsrecht in Deutschland und regeln unter anderem: Der Papst kann jene geistlichen Stellen besetzen, deren Inhaber während eines Aufenthalts in Rom gestorben sind; Einsetzungen (nach kanonischer Wahl) von Bischöfen und Äbten bedürfen der päpstlichen Bestätigung; Ämter an Kathedralen und Kollegiatskirchen, die in ungeraden Monaten (Januar, März, Mai usw.) frei werden, sind durch den Papst zu vergeben.

um 1450 Johannes Gutenberg (geb. um 1400 in Mainz) entwickelt den Buchdruck mit gegossenen Metalllettern; 1455 druckt er seine 42-zeilige Bibel (gest. 1468).

1451 Mainzer Libell, erste offizielle „Beschwerung“ von Reich und Reichskirche durch Papst und Kurie; bis ins 16. Jahrhundert folgen zahlreiche weitere ***Gravamina nationis germanicae***; die Beschwerden richten sich besonders gegen die römische Verwaltungs- und Fiskalpraxis sowie gegen das kirchliche Prozesswesen.

1453 Konstantinopel, dem das Reich keine wirksame Hilfe leistet, wird **von den Türken erobert**. Moskau übernimmt als „drittes Rom“ das orthodoxe Erbe.

1462–1505 Durch Iwan III. entsteht in **Russland** aus Teilfürstentümern ein nationaler Einheitsstaat.

1469 Die Vereinigung von **Kastilien und Aragón** durch die Heirat von Isabella von Kastilien (1451–1504) und Ferdinand von Aragón (1452–1516), die „katholischen Könige", reiht Spanien unter die europäischen Großmächte ein.

1478 Papst Sixtus IV. gibt seine Zustimmung zu einem von Isabella und Ferdinand gewünschten Neuaufbau der **Inquisition in Spanien** „zum Schutz von Krone und Kirche". Sie dient vor allem dazu, (zwangs)konvertierte Juden *(Conversos)* und Muslime (so genannte *Moriscos*) zu kontrollieren. Durch die Ausweitung ihrer Zuständigkeit wird sie im 16. Jahrhundert in der Hand des Königs (der den Generalinquisitor ernennt, den der Papst dann bestätigt) ein wirksames Überwachungsinstrument der Gesellschaft. (Ihre Härte wird durch zahlreiche Todesurteile dokumentiert: etwa 9000 zwischen 1483 und 1498, angeblich mehr als 100.000 bis zu ihrer endgültigen Abschaffung 1834.)

1485 Pedro Arbués (geb. 1441), der Inquisitor von Aragón, wird nach mehreren von ihm verfügten Auto de fe (lateinisch *actus fidei*, feierliche Verkündigung eines oder mehrerer Prozessurteile auf einem öffentlichen Platz) von hoch gestellten Conversos ermordet. Die Tat bestätigt für die Regierung die Notwendigkeit der Inquisition.

1492 **Vertreibung der Juden aus Spanien** (sie wandern nach Nordafrika, Italien, später auch in die Türkei ab). Zu dieser Verfügung wesentlich beigetragen hat der Dominikaner Tomás de Torquemada (1420–1498), seit 1486 Generalinquisitor und Beichtvater von Isabella und Ferdinand.

1497 Vertreibung der Juden aus Portugal.

1502 In Kastilien und León stellt Isabella die Mauren vor die Wahl, sich entweder zur Taufe zu entschließen oder das Land zu verlassen.

1484 Die Kölner Inquisitoren Jakob Sprenger und Heinrich Institoris organisieren, gedeckt durch die Bulle Innozenz' VIII. *Summis desiderantes affectibus*, die **Hexenprozesse** in Deutschland. Der „Hexenhammer" (Malleus maleficarum 1486) des Heinrich Institoris, der eine Beschreibung des Hexenwesens und seiner Bekämpfung gibt, löst eine regelrechte Hexenjagd aus. (Nach vorsichtigen Schätzungen fallen dem Hexenwahn bis Ende des 18. Jahrhunderts 50.000–80.000 Menschen, meist Frauen, zum Opfer.)

1492 Mit der Eroberung Granadas ist die **Reconquista** abgeschlossen. – Auf der Suche nach einem westlichen Seeweg nach Indien entdeckt der Genuese **Christoph Columbus** im Dienst der spanischen Krone **Amerika**. Nach neun Wochen Fahrt landet er am 12. Oktober auf der Karibikinsel Guanahani (heute San Salvador).

1494 Da Spanien und Portugal Ansprüche auf die neu entdeckten westlichen Gebiete erheben, fällt Papst Alexander VI. einen Schiedsspruch, der im **Vertrag von Tordesillas** von beiden Parteien anerkannt wird: Gebiete und Inseln, die jenseits der Nord-Süd-Linie 370 Seemeilen (etwa 1770 km) westlich der Kapverdischen Inseln liegen, sollen Spanien zufallen, die diesseitigen Portugal.

B. Innerkirchliches Leben

Die Alarmglocken schrillen: An den miteinander konkurrierenden Päpsten – erst zwei, dann drei, bei unklarer Rechtslage – droht die Kirche zu zerbrechen. Diesmal sind es die Kardinäle selbst, die über ihre Parteigrenzen hinaus nach einer Lösung suchen. In der Hoffnung, ein allgemeines Konzil – auch ohne oder sogar gegen den Willen der jeweiligen Observanz – könne, müsse der Kirche ein bindend anerkanntes Haupt geben, werden konziliaristische Ideen formuliert (das allgemeine Konzil als oberste Autorität nicht nur mit, sondern auch gegen den Papst). Sie helfen tatsächlich, das Schisma zu beenden, können aber auf Dauer weder dogmatisch noch praktisch aufrecht erhalten werden; schließlich wird die Appellation an ein allgemeines Konzil 1460 ausdrücklich verboten.

1408 Um die Einheit der Kirche wiederherzustellen, treffen sich die Kardinäle Gregors XII. und Benedikts XIII. – gegen deren Willen – in Livorno und beschließen, im nächsten Jahr ein allgemeines Konzil nach Pisa einzuberufen.

1409 Sowohl über Gregor wie über Benedikt spricht das **Konzil von Pisa**, das sich als „ökumenisch" erklärt, die Absetzung aus und wählt den Franziskaner Peter Filarghi (aus Kreta) als **Alexander V.** zum Papst. Da die beiden Exkommunizierten auf ihrer Rechtmäßigkeit bestehen, gelangt die Kirche nun von der „verruchten Zweiheit" zur „verfluchten Dreiheit". Die Legitimation des Konzils bleibt umstritten, da seine Einberufung ohne päpstliche Zustimmung erfolgte.

1413 Die konkurrierenden Päpste – inzwischen ist auf Alexander V. Johannes XXIII. gefolgt – stimmen dem Drängen Kaiser Sigismunds zu, ein Konzil nach Konstanz einzuberufen.

1414–1418 Konzil von Konstanz (zusammen mit Pisa 1409 das 16. Allgemeine Konzil). Als die Päpste zum Rücktritt aufgefordert werden, versucht Johannes XXIII. durch heimliche Abreise (20. März 1415) das Konzil zu sprengen, wird jedoch auf dem Weg nach Tirol eingeholt, als Gefangener zurückgebracht und am 29. Mai abgesetzt. Während seiner Abwesenheit schreibt die Versammlung, vor allem auf Betreiben des Kanzlers der Pariser Universität Jean Gerson, im Dekret *Haec (sacro)sancta synodus* (6. April 1415) die Superiorität des Konzils über den Papst fest, trotz des Protestes einiger Kardinäle. – Nach dem Rücktritt Gregors XII. (4. Juli 1415) und der Absetzung Benedikts XIII. (26. Juli 1417) ist der Weg für eine gemeinsame Papstwahl frei. Aus ihr geht der Italiener **Martin V.** (11. November 1417) hervor. Vor der Wahl wird das Konzilsdekret *Frequens* (9. Oktober 1417) veröffentlicht, das die Einberufung allgemeiner Konzilien zunächst in fünf, dann nach sieben und schließlich nach jeweils zehn Jahren vorsieht (was einer Kontrolle des Papsttums gleichkommt).

1415 In seiner 15. Sitzung (6. Juli) verurteilt das Konzil den tschechischen Reformator **Jan Hus** als Häretiker und lässt ihn am selben Tag verbrennen. Geboren um 1370 in Südböhmen, hat der Theologieprofessor in Prag (1410 Rektor der Universität) und Prediger in der Bethlehemskapelle Reformen der Kirche und des Klerus gefordert und sich dabei sehr stark an das Kirchenbild von John Wyclif angelehnt (s.o. S. 109). – Das gleiche Schicksal ereilt später (30. Mai 1416) seinen Freund und Gesinnungsgenossen **Hieronymus von Prag**.

1420 Die Empörung über die Hinrichtung von Jan Hus führt in Böhmen zu kriegerischen Auseinandersetzungen. Dabei fordern die „Utraquisten", dass in der Messe Brot *und* Wein den Gläubigen gereicht werden (Laienkelch); weiter Armut des Klerus und die Bestrafung von Todsünden (Folgen für Amtsinhaber!) sowie die freie Predigt. Die radikalere Gruppe der „Taboriten" lehnt Sakramente und apostolische Sukzession ab, auch den Glauben an eine Transsubstantiation von Brot und Wein in der Messe. – Nach zum Teil überraschenden militärischen Erfolgen enden die **Hussitenkriege** im Wesentlichen mit den „Prager Kompaktakten" (1436), welche die freie Predigt und den Laienkelch zugestehen.

1423 Wie vom Konstanzer Konzil festgelegt, beruft Martin V. nach fünf Jahren fristgerecht ein **Konzil nach Pavia**, verlegt es dann, als eine Seuche ausbricht, nach Siena und löst es schließlich wieder auf, da im Verlauf die Radikalisierung der konziliaren Ideen sichtbar wird. Alle Reformen werden auf das nächste Konzil, das in sieben Jahren stattfinden soll, vertagt. Tatsächlich beruft er, wenn auch widerwillig und unter Druck, ein allgemeines Konzil nach Basel, stirbt jedoch, bevor er es eröffnen kann (1431).

1431 Der neu gewählte Papst Eugen IV. lässt am 23. Juli das **Konzil von Basel** (17. Allgemeines Konzil) eröffnen, ohne dass ein einziger Bischof anwesend ist. Als der Papst am 18. Dezember wegen geringer Teilnahme die Auflösung verfügt (ein neues Konzil soll in 18 Monaten in Bologna stattfinden), lehnen die versammelten Väter diese Bevormundung ab und erzwingen nach heftigem Streit die Zurücknahme der Auflösungsbulle (Dezember 1433). Gegen die vom Konzil in den beiden nächsten Jahren formulierten Reformdekrete, die das Konzil als höchstes Regierungsorgan ausweisen, legt der Papst Protest ein.

1437 Als die Byzantiner, um Hilfe gegen die Bedrohung durch die Osmanen zu erhalten, ihre Bereitschaft zur Kircheneinheit mit Rom signalisieren, zerstreiten sich Konzil und Papst über einen geeigneten Versammlungsort. Eugen IV., nur von einer Minderheit unterstützt, verlegt das Konzil (nach Absprache mit den Griechen) eigenmächtig nach **Ferrara.** Die Mehrheit in Basel verweigert die Gefolgschaft und setzt die Beratungen fort.

1438 Die Griechen treffen unter Führung ihres Kaisers Johannes VIII. Palaiologus, des Patriarchen von Konstantinopel Joseph II., der Metropoliten von Nizäa und Kiev Anfang März in Ferrara ein. Im Januar des folgenden Jahres verlegt der Papst das Konzil nach **Florenz**, das sich anbietet, die Aufenthaltskosten der etwa 700 Griechen zu übernehmen (die vorher zu Lasten der Kurie gingen).

1439 6. Juli: Nach Anerkennung des *Filioque* (s.o. S. 34) wird das Unionsdekret *Laetentur coeli* auf Lateinisch und Griechisch verlesen; die **Kircheneinheit** mit den Orthodoxen ist dadurch **wiederhergestellt.**

1438 Das Restkonzil in Basel verkündet seine Oberhoheit über den Papst als Glaubenssatz und verfügt die Absetzung Eugens IV. Zum neuen Papst wird der Herzog von Savoyen gewählt, Felix V. An seinen Residenzort Lausanne verlegt sich das Konzil 1443.

1443 Das Konzil in Ferrara wird vom Papst nach Rom verlegt. Es endet 1449 ohne formellen Abschluss.

1449 Als immer mehr Nationen dem Basler Konzil die Gefolgschaft entziehen, tritt Felix V. zurück. Die Basler Seite wählt nun auch den vom Ferrara-Teil schon 1447 bestimmten **Nikolaus V.** zum Papst und löst sich auf.

1453 Mit dem Fall von Konstantinopel endet auch die Union mit der griechischen Kirche. Große Teile ihres Klerus hatten schon vorher die Abmachungen abgelehnt.

um 1441 Thomas von Kempen (um 1380–1471), Mönch und Priester und Prior im Augustinerkloster Agnetenberg (bei Zwolle, Holland) verfasst die vier Bücher „Von der Nachfolge Christi“ (De imitatione Christi). In Form von Gesprächen der

Seele mit Christus und anschließenden Erwägungen wird der Weg zu einer persönlichen, christusgemäßen Frömmigkeit aufgezeigt, ganz im Sinn der Devotio moderna (s.o. S. 109). Sein Werk wird – nach der Bibel – zum meistgedruckten Buch des Mittelalters.

1447 Mit **Nikolaus V.** (1447–1455) beginnt die Zeit der **Renaissancepäpste** (bis Leo X.): Pflege der Kunst, Literatur, Architektur, verbunden mit dem Lebensstil der Renaissancefürsten in einem Klima zunehmender religiöser Skepsis. – Durch seine Sammlung alter Handschriften legt Nikolaus den Grundstein zur Vatikanischen Bibliothek.

1458–1464 **Pius II.** (Enea Silvio de' Piccolomini, geb. 1405 bei Siena, 1440 Sekretär Felix' V.). Seine poetische Begabung veranlasst König Friedrich III. dazu, ihn 1442 auf dem Reichstag zu Frankfurt zum *Poeta laureatus* zu krönen. – Der von der Nachwelt als bedeutender Humanist gewürdigte Papst versucht vergeblich, einen europäischen Kreuzzug gegen die Türken zustande zu bringen. Da er die Fürsten zu keinem gemeinsamen Vorgehen bewegen kann, will er selbst die Führung übernehmen. Er stirbt in Ancona, wo sich seine bescheidene Flotte zu sammeln beginnt.

1460 Mit der Bulle *Execrabilis* verbietet **Pius II.** unter Androhung des Bannes jeglichen Appell an ein allgemeines Konzil. In Basel hat er als Sekretär Felix' V. das Gegenteil vertreten, was er nun offen seiner „unreifen Jugend" zuschreibt. Sein Positionswechsel markiert das Ende des Konziliarismus, der zwar im Gallikanismus und später in Jansenismus und Episkopalismus wieder auflebt, aber keine vergleichbare Stärke erreicht.

1464 Tod des **Nikolaus von Kues** (geb. 1401 als Sohn eines Schiffers in Kues an der Mosel), 1448 von Nikolaus V. zum Kardinal ernannt, 1450 Bischof von Brixen, seitdem ständig in Rom. Umfassend gebildet als Philosoph, Theologe, Mathematiker und Naturwissenschaftler gilt er als einer der bedeutendsten deutschen Humanisten. – Gott bezeichnet er in seinem Hauptwerk „De docta ignorantia“ (Von der Weisheit des Nichtwissens) als „Einheit aller Gegensätze“; der Weg zu Gott führt über „Schauen und Lieben“ (Abgrenzung von der Scholastik).

1483 Martin Luther wird geboren (s.u. S. 128).

1484–1492 Innozenz VIII. (geb. 1432 in Genua), Günstling des Kardinals Giuliano della Rovere, wird durch Simonie und Intrigen als Kompromisskandidat Papst. Freund des Lorenzo de' Medici, dessen 13-jährigen Sohn Giovanni er 1489 zum Kardinal erhebt (später Papst Leo X.). Auf der ständigen Suche nach Geldquellen verkauft er zahlreiche (zum Teil neu geschaffene) Ämter, so vermehrt er die Zahl der vatikanischen Sekretäre von sechs auf 30. Durch die Bulle *Summis desiderantes affectibus* (1484) autorisiert er das inquisitorische Vorgehen gegen die Hexerei.

1487 Tod des **Nikolaus von Flüe** (geb. um 1417), der seit 1467 in Ranft (Kanton Obwalden) als Einsiedler lebt; einer der letzten spätmittelalterlichen Mystiker.

1492–1503 Alexander VI. (geb. 1431 bei Valencia), gilt als Tiefpunkt eines korrupten Renaissancepapsttums. Neffe des Kardinals Alfonso (Alonso) Borja, der 1455 als Calixt III. Papst wird und ihn sogleich zum Kardinal ernennt. Zahlreiche natürliche Kinder und offen unmoralischer Lebenswandel. Seine Wahl zum Papst erreicht er durch Versprechungen bzw. Bestechungen, zu denen er als einer der reichsten Kardinäle in der Lage ist.

1498 In Florenz wird **Girolamo Savonarola** (geb. 1452 in Ferrara) öffentlich verbrannt. Dem Prior des Dominikanerklosters San Marco in Florenz (seit 1491) gelingt es zunächst durch aufrüttelnde Bußpredigten, die ausschweifende Herrschaft der Medici zu brechen und der Stadt durch Einberufung einer Volksversammlung eine neue Verfassung zu geben. Seine Angriffe gegen (die Frankreichpolitik) Alexanders VI. führen zur Bannung und – nach Umschwenken der Volksgunst – zu seiner Hinrichtung. Zwei Mitbrüder, Domenico Buonvicini und Silvestro Maruffi, werden mit ihm hingerichtet.

16. Jahrhundert
Reformation und Reform

A. Kirche und Gesellschaft/Staat

Die in Humanismus und Renaissance sich vollziehende Wende zu einer neuen Welt- und Lebensbejahung bricht in vielfacher Hinsicht eine seit Jahrhunderten vertraute Tradition auf. Die Europäer beginnen sich der Welt zu bemächtigen. Das gilt für die erwachende Wissenschaft, die mit Kopernikus das überkommene Weltbild ablöst. Es gilt geographisch: Entdecker schwärmen aus, dringen auf den amerikanischen Kontinent vor, umsegeln Afrika, erreichen Indien, Japan und China. Es gilt militärisch: Die „weißen Götter" erobern die alten Reiche der Azteken und Inkas, später werden sie die Indianer Nordamerikas verdrängen und Afrikaner versklaven. Auch das Selbstverständnis der Christenheit ändert sich. Mit der Abdankung Karls V. wird auch die Zwei-Schwerter-Lehre zu Grabe getragen und damit der Traum einer von Papst und Kaiser gemeinsam geführten, geeinten Christenheit. Europaweit stößt Martin Luthers Reformation auf die zwar latente, aber doch längst vorhandene Bereitschaft der Könige und Fürsten, den Einfluss und die Abhängigkeit von Rom abzuschütteln.

1500 Der Portugiese Pedro Alvarez Cabral entdeckt Brasilien.

1519–1521 Fernando Cortez unterwirft das Aztekenreich (Mexiko) für Spanien.

1519–1522 Erdumsegelung durch den Portugiesen Fernão Magalhaes.

1531–1534 Francisco Pizarro, Spanier, erobert das Inkareich (Peru).

1508 Die spanische Krone erhält von Rom für die neu erworbenen Gebiete die Verantwortung für die Mission, desgleichen 1514 Portugal (so genanntes **Patronat**).

1537 Paul III. verbietet unter Strafe der Exkommunikation die **Sklave-**

rei in der neuen Welt: Die Indios haben ebenso eine unsterbliche Seele wie die Weißen.

1543–1551 **Bartolomé de Las Casas** (1484–1566), Dominikaner und Bischof von Chiapas in Mexiko, reist siebenmal nach Spanien, um beim König gegen die Ausbeutung der Indios zu protestieren.

1519 Durch die Wahl **Karls V.** (1500–1558) zum Kaiser wird das Erbe von Habsburg, Burgund und Spanien in einer Hand vereinigt.

1521 Der Reichstag zu Worms verhängt über **Martin Luther** die Reichsacht, da er den Widerruf seiner vom Papst verurteilten Aussagen (vor allem über den Ablass) verweigert. Die Durchführung dieses **„Wormser Edikts"** wird durch den Widerstand mehrerer Fürsten (Friedrich der Weise verbirgt Luther zehn Monate auf der Wartburg), durch Auseinandersetzungen zwischen Karl V. und Franz I. von Frankreich und die heraufziehende Türkengefahr immer wieder verzögert. Schließlich verspricht der Kaiser, die Standpunkte Luthers auf einem allgemeinen Konzil verhandeln zu lassen.

1522/1523 **Hadrian VI.** (geb. 1459 in Utrecht), 1507 von Kaiser Maximilian I. zum Erzieher seines Enkels (des späteren Karl V.) bestellt, 1517 Inquisitor in Spanien und Kardinal; beim Amtsantritt schlagen dem Ausländer erhebliche Ressentiments entgegen, um so mehr der asketische, sittenstrenge Papst schnell seinen Reformwillen ausspricht (als erster Papst gesteht er offen Missstände an der Kurie ein). Seine politischen Initiativen bleiben durchweg erfolglos: Karl V. und Franz I. lassen sich durch ihn nicht versöhnen, die deutschen Fürsten nicht zur Durchführung des Wormser Edikts bewegen.

1522/1523 Angeregt durch die Reformrufe Luthers erheben sich Teile der deutschen Ritterschaft unter Führung **Ulrichs von Hutten** und **Franz' von Sickingen** gegen den Einfluss von Papst und (geistlichen) Fürsten („Ritterkriege"). Ihre Misserfolge sind Anzeichen für den Niedergang der Rittertums.

1524/1525 Gegen die vielfältige Unterdrückung durch die Grundherrn erheben sich in Süd- und Mitteldeutschland die

Bauern und bedienen sich dabei der Alleinorientierung Luthers an der Heiligen Schrift („Wo steht in der Bibel etwas von Leibeigenschaft?“). Die **Bauernkriege** enden mit vernichtenden Niederlagen der Aufrührer gegen die fürstlichen Heere. Gegen die Bauern bezieht Luther, nach anfänglicher Unterstützung ihrer Forderungen, mit seiner Schrift „Wider die mördерischen und räuberischen Rotten der Bauern“ Stellung.

1525 Der Theologe **Thomas Müntzer** (geb. 1490 in Stolberg, Harz) erhofft sich von den Bauern die Verwirklichung des Reiches Gottes (in Gleichheit und Gütergemeinschaft). In Mühlhausen (Thüringen) gelingt ihm die Einführung einer radikaldemokratischen Verfassung. Doch trotz seiner Zuversicht, Gott selbst werde auf Seiten der Bauern gegen die gottlosen Fürsten streiten, geht die Schlacht bei Frankenhausen (in der Nähe von Mühlhausen) verloren; er selbst wird unmittelbar danach hingerichtet (27. Mai 1525).

1526 Der (erste) **Reichstag von Speyer** gestattet, dass in Fragen der Reformation bis zur Abhaltung eines allgemeinen Konzils jeder Reichsstand in eigener Verantwortung handeln könne.

1527 Im Verlauf der kriegerischen Auseinandersetzungen Karls V. mit Franz I., dessen Bundesgenosse der Papst ist, stürmt das kaiserliche Heer Rom und plündert die Stadt über mehrere Monate hindurch **(„Sacco di Roma“)**.

1527 Tod **Niccolò Machiavellis** (geb. 1469 in Florenz, 1498–1512 im florentinischen Staatsdienst); 1513 veröffentlicht er sein Werk „Il Principe“ (Der Fürst), in dem er Bedingungen für den politischen Erfolg reflektiert und ihn über moralische und theologische Schranken stellt. Die Nachwelt stilisiert ihn – nicht ganz berechtigt – zum Vertreter eines hemmungslosen staatlichen Machtwillens (Machiavellismus).

1529 (Zweiter) **Reichstag von Speyer.** Gegen den Beschluss der (katholischen) Mehrheit, das Wormser Edikt durchzuführen, unterzeichnen die evangelischen Reichsstände – darunter die Fürsten von Sachsen, Braunschweig, Brandenburg – eine **„Protestation“** (daher der Begriff Protestanten).

1529 Die Türken belagern Wien.

1530 Auf dem **Reichstag zu Augsburg** legen die Protestanten eine von Philipp Melanchthon (s.u. S. 129) verfasste Denkschrift über ihre Glaubensauffassung vor (so genannte **„Confessio Augustana"** bzw. Augsburgisches Bekenntnis). Die katholische Seite (Johannes Eck) formuliert eine Gegenerklärung („Confutatio"). Eine Einigung kommt nicht zustande. Nach dem Abzug der Protestanten erklärt der Reichstag jeden Widerstand gegen das Wormser Edikt als Landfriedensbruch.

1531 Um einer Reichsexekution vorzubeugen, schließen die protestantischen Stände in Schmalkalden (Thüringen) ein Verteidigungsbündnis, den **Schmalkaldischen Bund**, unter Führung des Landgrafen Philipp von Hessen und des Kurfürsten Johann Friedrich von Sachsen (1534 tritt Herzog Ulrich von Württemberg bei).

1547 Im **Schmalkaldischen Krieg** siegt Karl V. in der Schlacht bei Mühlberg an der Elbe. Die Fürsten von Hessen und Sachsen geraten in Gefangenschaft, die Kurwürde erhält der mit dem Kaiser verbündete Vetter Johann Friedrichs, Moritz von Sachsen.

1532 Um die Hilfe der protestantischen Fürsten zur Verteidigung gegen die Türken zu erhalten, gestattet ihnen der Reichstag zu Nürnberg bis zur Klärung durch ein Konzil freie Religionsausübung **(„Nürnberger Anstand")**.

1534 Als Papst Clemens VII. dem englischen König die Auflösung seiner 1509 geschlossenen Ehe mit Katharina von Aragón – der König will für eine neue Ehe frei sein – verweigert, zwingt **Heinrich VIII.** (1509–1547) den englischen Klerus in der Suprematsakte dazu – wobei ihn die Mehrzahl der Bischöfe unterstützt –, ihn als „höchstes irdisches Haupt der Kirche von England" anzuerkennen.

1535 Der Lordkanzler **Thomas Morus** (More) (geb. 1477/1478 in London), Laie, der den Suprematseid verweigert, wird hingerichtet. Die Nachwelt würdigt seine Treue zum Gewissen, seine tiefe Religiosität, die in seinen Briefen aus dem Tower spricht sowie seine humanistische Bildung. Von seinen Schriften erlangt „Utopia" (1516), der Entwurf eines idealen Staates, allgemeine Bekanntheit. – Ebenfalls wegen Eidverweigerung wird Bischof **John Fisher** (geb. 1469) von Rochester hingerichtet, ein entschiedener Anhänger humanistischer Ideen (Freund des Erasmus von Rotterdam, aber Gegner Luthers).

1553–1558 Rekatholisierung Englands unter **Maria I. der Katholischen**, die sich mit Philipp II. von Spanien vermählt (1554). Die päpstliche Jurisdiktion wird wiederhergestellt (1554).

1558–1603 Erneuter Umschlag unter **Elisabeth I.** Das Parlament erneuert 1559 die königliche Suprematie (doch im Unterschied zu Heinrich bezeichnet sich Elisabeth lediglich als *supreme governor* – oberste Treuhänderin – der erneuerten Konfessionskirche).

1571 Die anglikanische Kirche legt in den **„39 Artikeln"** endgültig und mit Gesetzeskraft ausgestattet ihre Bekenntnisschrift vor.

1587 **Maria Stuart** (geb. 1542), katholische Königin von Schottland, die 1567 vom Parlament zur Abdankung gezwungen worden ist und sich unter den Schutz von Elisabeth I. gestellt hat, wird – nach 19-jähriger Haft wegen angeblicher Teilnahme an einer Verschwörung – zum Tod verurteilt und hingerichtet.

1535 Die **Täufer** in Münster finden ein blutiges Ende. Im Jahr zuvor war es ihnen unter der Führung von Jan Beuckels (geb. 1509 in Leiden) unter Anwendung von Gewalt gelungen, der Stadt eine neue Ordnung (Gemeinschaftseigentum, Erlaubnis der Mehrehe, Verpflichtung zur Ehe für alle Frauen) aufzuzwingen. Nach Eroberung der Stadt durch Fürstbischof Franz von Waldeck werden die führenden Täufer hingerichtet.

1536 In Innsbruck wird der Täufer **Jakob Hut(t)er** verbrannt. Auf der Flucht vor Verfolgung gelangt er mit seinen Anhängern nach Mähren. Ihre Gemeinschaft, die auf Privateigentum und auf gewaltsame Verteidigung verzichtet, besteht als Hutterer bzw. Hutterische (oder Mährische) Brüder weiter.

1537 Führer von gewaltfreien Täufern, die sich von den schwärmerischen und radikalen Geistern von Münster distanzieren, wird **Menno Simons** (1496–1561), um den sich bald Anhänger aus den Niederlanden sowie aus Ost- und Westpreußen scharen. Theologisch vertreten die Mennoniten (abgesehen von der Erwachsenentaufe, der Ablehnung von Kriegs- und Staatsdienst) die Lehren Calvins.

1536 Franz I. von Frankreich schließt mit den Türken ein Bündnis gegen Karl V. Die Abkehr von gemeinsamen religiösen Grundlagen zugunsten eigenstaatlicher Vorteile offenbart ein – im Vergleich zu den Kreuzzügen – neues Verständnis von Staat und Kirchlichkeit.

1540 Durch die von Luther und Melanchthon geduldete **Doppelehe** mit Margarete von der Saale leitet **Philipp von Hessen** den Niedergang seiner Macht ein; da Bigamie mit der Todesstrafe zu ahnden ist, unterwirft er sich 1541 dem Kaiser und fügt dadurch seinem persönlichen Ansehen und der evangelischen Sache erheblichen Schaden zu (gest. 1567).

1543 Tod des **Nikolaus Kopernikus** (geb. 1473 in Thorn); der Domherr gelangt in seinen astronomischen Studien vom herrschenden geozentrischen (Erde als Mittelpunkt der Planetenbewegungen) zum heliozentrischen Weltbild, das sich schon beim Griechen Claudius Ptolemaeus (gest. 178 n. Chr.) findet. Allerdings nimmt er konzentrische Kreisbahnen der Planeten um die Sonne an – eine Auffassung, die erst **Johannes Kepler** (geb. 1571 in Weil der Stadt, seit 1602 Hofastronom Rudolfs II. in Prag) korrigieren wird. – Da Kopernikus seine Darlegungen als Arbeitshypothese präsentiert, bleibt ihm ein Konflikt mit der Kirche erspart, die das geozentrische Weltbild auch biblisch begründet.

1545 Eröffnung des **Konzils von Trient** (s.u. S. 133).

1548 Augsburger Interim: Karl V. – im Streit mit dem Papst, der das Konzil von Trient nach Bologna verlegt hat – gesteht den Protestanten bis zur Rückverlegung des Konzils auf Reichsboden als Zwischenlösung den Laienkelch und die Priesterehe zu.

1551 Wiederaufnahme der Konzilssitzungen in Trient. Eine protestantische Delegation erscheint im Januar 1552, doch kommt ihr Mitwirken am Konzil nicht zustande, weil ihre Forderungen – etwa die Unterwerfung des Papstes unter das Konzil, die Neuverhandlung der schon beratenen Glaubensdekrete – nicht angenommen werden.

1552 Durch den Seitenwechsel des Kurfürsten Moritz von Sachsen, der im Bündnis mit Frankreich (Heinrich II.) unvermittelt gegen den Kaiser vorrückt, in Schwierigkeiten geraten, gestattet Karl V. den Protestanten im **Passauer Vertrag** bis zu einem neuen Reichstag freie Religionsausübung.

1555 Im **Augsburger Religionsfrieden** erhalten die Anhänger des Augsburgischen Bekentnisses (s.o. S. 122) den Status einer reichsrechtlich anerkannten Konfession (neben dem Katholizismus). Vom Kaiser geht das Konfessionsbestimmungsrecht an die Landesfürsten über (sachlich wiedergegeben in der späteren Formel *cuius regio, eius religio*). Anhänger des Zwinglianismus, Calvinismus und Täufertums dürfen auswandern. Geistliche Reichsfürsten verlieren ihr Fürstentum, wenn sie evangelisch werden („geistlicher Vorbehalt"). – Der im Religionsfrieden formulierte Grundsatz des reichsrechtlichen Friedensstands zwischen den Konfessionen wird bestimmendes Element der deutschen Geschichte bis 1803/1806; durch die Bindung des Bekenntnisses an das Territorium besiegelt der Religionsfrieden die Glaubensspaltung.

1556 Karl V. dankt ab und zieht sich in das Kloster San Yuste (Spanien) zurück (gest. 1558). Die Kaiserwürde geht auf seinen Bruder **Ferdinand I.** über; Spanien, Burgund und die Niederlande erhält sein Sohn **Philipp II.**

1562–1598 In **Frankreich** kommt es durch die Verbindung von Protestantismus und ständischen Interessen zu Konflikten mit der Krone, die sich über Jahrzehnte in blutigen **Religionskriegen** (Hugenottenkriege) entladen.

1572 24. August: **Bartholomäusnacht**; die Anwesenheit zahlreicher Hugenotten (Spottname für die Anhänger des reformierten Glaubens; Begriff von *aignos*, Eidgenossen) in Paris anlässlich der Hochzeit der Infantin Margarete mit König Heinrich von Navarra nutzt Königin Katharina dazu, den Hugenottenführer Gaspard Coligny und Tausende seiner Anhänger ermorden zu lassen.

1593 Nach der Ermordung Heinrichs III. ist Heinrich, König von Navarra und Führer der Hugenotten, seit 1584 erbberechtigt. Um den Widerstand Philipps II. von Spanien und der katholischen Liga zu bre-

chen, wechselt er den Glauben (*Paris vaut une messe* – Paris ist eine Messe wert) und wird im darauf folgenden Jahr als **Heinrich IV.** König von Frankreich (ermordet 1610).
1598 13. April: Das **Edikt von Nantes** gewährt den Hugenotten beschränkte Religionsfreiheit: Recht zur Ausübung des Gottesdienstes, Zugang zu allen Ämtern, Beibehaltung ihrer militärischen Stützpunkte auf acht Jahre.

1564–1576 Unter **Maximilian II.**, der die Einigung der Konfessionen anstrebt und die Verkündigung der Trienter Dekrete ablehnt, erreicht der Protestantismus in Deutschland seine größte Ausbreitung (etwa 70 % des deutschen Territoriums).

1571 Der Sieg der spanischen und venezianischen Flotte über die Türken vor **Lepanto** (d.i. Naupactus auf der Insel Epirus) unter Führung von Juan d'Austria, dem Halbbruder Philipps II., bricht die türkische Vorherrschaft im Mittelmeer.

1576–1612 In Böhmen fördert **Rudolf II.** nachdrücklich die (katholische) **Gegenreformation.**

1581 Die sieben nördlichen Provinzen der **Niederlande** erklären – unter Führung Wilhelms von Oranien – ihre Unabhängigkeit von Spanien.

1582 Gregor XIII. führt den nach ihm benannten **Gregorianischen Kalender** ein, der den Julianischen ablöst und für die Jahreszeiten die Übereinstimmung mit dem tatsächlichen Stand der Sonne wieder herstellt (Zeitsprung vom 4. auf den 15. Oktober 1582, Neuordnung der Schalttage und Ostertabellen). – Protestantische Länder übernehmen die Neuordnung erst allmählich im 17. und 18., die Orthodoxie im 20. Jahrhundert.

1588 Die Niederlage der gewaltigen spanischen Flotte **(„Armada“)** im Ärmelkanal lässt England zur führenden Seemacht aufsteigen.

B. Innerkirchliches Leben

Der Neuaufbruch des religiösen Lebens wird aus zwei Quellen gespeist: einmal aus der Reformation, die sich um Luther, Zwingli und Calvin kristallisiert, zum andern aus der katholischen Reform, die sich im Trienter Konzil organisiert. Mit Energie nehmen protestantische Fürsten die ihnen zugesprochene Verantwortung wahr, die kirchlichen Verhältnisse in ihrem Gebiet zu ordnen und zu fördern. In Trient und danach sind Päpste, Kardinäle und Bischöfe endlich bereit, Reformen nicht nur zu wünschen, sondern auch zu beschließen und durchzusetzen. Unter den Klerikern und Ordensleuten bilden sich, oft unter Beteiligung von Laien, neue Gemeinschaften, die nicht nur echte, innerliche Frömmigkeit verwirklichen wollen, sondern ebenso die soziale Seite des Glaubens. Häufiger als zuvor finden sich unter den religiösen Führern auch Frauen – wohl eine Auswirkung der neuen Geistigkeit und Mentalität des Humanismus. – Im Gefolge der portugiesischen und spanischen Seefahrer reisen auch Missionare. Die rasch steigende Zahl von Taufen in den neuen Territorien belebt den Traum von einer die ganze Welt umspannenden Christenheit, von einem Reich Gottes, welches alle Völker umfasst und eint.

1506 Um den von ihm beabsichtigten Bau des Petersdoms finanzieren zu können, schreibt Julius II. (1503–1513) einen **Jubiläumsablass** aus (den sein Nachfolger Leo X. 1514 erneuert). Gegen einen Geldbetrag, nach Einkommen gestaffelt, verbunden mit Beichte und Kommunion, wird der vollkommene Nachlass zeitlicher Sündenstrafen zugesagt (auch für die Armen Seelen im Fegfeuer kann der Ablass gewonnen werden).

1515 In Deutschland erhält **Albrecht von Brandenburg** (seit 1513 Erzbischof von Magdeburg und Administrator von Halberstadt, seit 1514 zusätzlich Erzbischof von Mainz) das alleinige Recht, den Ablass zu vertreiben, was sein dominikanischer Ablassprediger **Johannes Tetzel** übernimmt. Dabei soll die Hälfte des Gewinnes nach Rom abgeführt werden, die andere kann Albrecht dazu verwenden, die von den Fuggern vorfinanzierte Summe von 29.000 Rheinischen Gulden zurückzuzahlen, die er als Dispensgebühr nach Rom hat entrichten müssen, weil er entgegen den Bestimmungen des Kirchenrechts mehrere Bistümer leitet.

1512–1517 5. Laterankonzil (18. Allgemeines Konzil). Julius II. beruft es ein, um das vom französischen König Ludwig XII. in seiner Auseinandersetzung mit dem Papst veranlasste Konzil von Pisa (1509) zu sabotieren (was gelingt, da sich England, Spanien und Habsburg dem Papst anschließen). Zu den spärlichen Ergebnissen des Laterankonzils zählen – außer der Erklärung von der Unsterblichkeit der menschlichen Seele – Dekrete über das kuriale Steuerwesen, den Religionsunterricht sowie die Predigt. Schwerwiegende Ursachen der kirchlichen Missstände, wie Pfründenhäufung oder Vernachlässigung der Residenzpflicht, werden nicht angetastet.

1517 31. Oktober: In Wittenberg veröffentlicht Martin Luther **95 Thesen** über den Wert der Ablässe; die Thesen werden in wenigen Wochen in ganz Deutschland bekannt.

1483 10. November: **Martin Luther** wird als Sohn eines Bergmanns in Eisleben geboren. Schulbesuch in Mansfeld, Magdeburg und Eisenach.
1501 Student der Universität Erfurt, 1505 Promotion zum Magister artium. Beginn des Jurastudiums.
1505 Als er während eines Gewitters beinahe vom Blitz getroffen wird (2. Juli), gelobt er, Mönch zu werden und tritt kurz darauf in das Kloster der Augustiner-Eremiten in Erfurt ein.
1506 Priesterweihe. Fortsetzung des Theologiestudiums an der Universität Wittenberg, seit 1509 erste Vorlesungstätigkeit in Erfurt.
1510 Reise nach Rom in Angelegenheiten seines Ordens.
1511 Endgültige Zuordnung zum Konvent in Wittenberg.
1512 Promotion zum Doktor der Theologie, Vorlesungen über biblische Theologie. In den Jahren 1512–1515 erlangt er im Anschluss an Röm 1,17 die Gewissheit der „Rechtfertigung aus dem Glauben".

1518 Ein Verhör durch den päpstlichen Legaten Kardinal **Thomas Cajetan** (1468–1534) auf dem Augsburger Reichstag kann Luther nicht zur Rücknahme seiner Überzeugung bewegen, dass Heilsgewissheit nicht im Gebrauch äußerer Mittel (Ablass, Fasten, Heiligen- und Reliquienverehrung, Messstipendien, Wallfahrten) zu erringen ist, sondern nur durch den Glauben an die im Evangelium von Gott gegebene Heilszusage.

1519 Leipziger Disputation (27. Juni bis 16. Juli) zwischen Luther, Johannes Eck (päpstlich) und Andreas Karlstadt (Professor in Wittenberg, auf Seiten Luthers). Mit der Erklärung, dass auch Konzilien irren könnten (etwa in der Verurteilung von Jan Hus) und dass der päpstliche Primat nicht heilsnotwendig ist, manövriert sich Luther weiter ins Abseits.

Beeindruckt von Luthers Argumentation in Leipzig ist **Philipp Melanchthon** (1497–1560), Professor für Griechisch in Wittenberg (vorher in Tübingen). Von nun an unterstützt er die Reformation und wird zur großen Vermittlergestalt zwischen Reformation und Humanismus. Sein Einfluss auf die Ausgestaltung der protestantischen Universitäten bewirkt, dass ihm bereits zu Lebzeiten der Ehrentitel *Praeceptor Germaniae* zugesprochen wird.

1520 In **drei Schriften** entwirft Martin Luther die von ihm für notwendig erachtete Reform und verdeutlicht seine theologischen Grundüberzeugungen: „An den christlichen Adel deutscher Nation von des christlichen Standes Besserung"; „De captivitate Babylonica ecclesiae praeludium" (Von der babylonischen Gefangenschaft der Kirche); „Von der Freiheit eines Christenmenschen".

1520 15. Juni: Papst Leo X. droht Luther mit dem Bann (Bulle *Exsurge Domine*), falls er nicht innerhalb von 60 Tagen widerruft. Öffentlich verbrennt Luther am 10. Dezember vor den Toren Wittenbergs die **Bannandrohungsbulle** und Bücher des Kirchenrechts.

1521 3. Januar: Mit der Bulle *Decet Romanum Pontificem* verhängt Leo X. über Luther den **Bann.**

1521 18. April: Vor dem Reichstag in Worms legt Martin Luther seine Überzeugungen dar. Widerrufen will er nur dann etwas, wenn es im Widerspruch zur Bibel steht. Am 26. Mai unterzeichnet Karl V. die Verhängung der Reichsacht gegen Martin Luther **(Wormser Edikt)**, der schon abgereist ist und den die Zusicherung freien Geleites auf der Hin- und Rückreise vor der Verhaftung schützt. Ritter bringen ihn als einen Verwandten („Junker Jörg") des Kurfürsten Friedrichs des Weisen von Sachsen auf die Wartburg bei Eisenach.

1521/1522 Den zehnmonatigen Aufenthalt auf der Wartburg nützt

Luther zur **Übersetzung des Neuen Testaments** (die gesamte Bibel liegt 1534 vor); seine Ausdruckskraft prägt die weitere Entwicklung der deutschen Sprache.

1525 Luther heiratet die frühere Zisterziensernonne **Katharina von Bora** (1499–1552), die ihm sechs Kinder schenkt.

1522 Angeregt durch das Studium des Neuen Testaments, durch die Anschauungen des Erasmus von Rotterdam (s.u. S. 132) und schließlich durch die Auseinandersetzungen um Martin Luther führt **Huldrych Zwingli** (geb. 1484 in Wildhaus, Grafschaft Toggenburg; nach 1506 Pfarrer in Glarus, Mariä Einsiedeln und Zürich) in Zürich kirchliche Reformen durch.

1523 Beschluss des Züricher Rates, Bilder aus den Kirchen zu entfernen („Bildersturm"). Später auch Beseitigung von Orgel, Kirchengesang, Altären, Prozessionen, Reliquien. Andere Städte (Bern, Basel, St. Gallen) orientieren sich am Beispiel Zürichs.

1527 (Literarischer) **Abendmahlsstreit** zwischen Luther und Zwingli. Die Worte „Das ist mein Leib" versteht Zwingli symbolisch, Luther real.

1528 Der Versuch von Lutheranern und Reformierten (den Anhängern Zwinglis), sich auf dem **Marburger Religionsgespräch** in der Abendmahlsfrage durch eine gemeinsame Glaubensformel zu einigen, scheitert.

1531 Zwingli fällt in der Schlacht bei Kappel, in der Zürich dem Heer der katholischen Orte (Schwyz, Uri, Unterwalden, Zug, Luzern) unterliegt.

1524 Mit dem Ziel, die religiöse Erneuerung des Klerus zu fördern, gründet der Priester Cajetan von Thiene mit drei Gefährten, darunter Gianpietro Carafa (der spätere Papst Paul IV.) den Orden der **Theatiner**, der im gleichen Jahr von Clemens VII. bestätigt wird.

1534–1549 Paul III. (geb. 1468 bei Viterbo) unternimmt erste Schritte zu einer wirksamen Kirchenreform. Entgegen den Bedenken seines Vorgängers Clemens' VII. beruft er, um der sich ausbreitenden Reformation entgegenzutreten, 1537 ein allgemeines Konzil ein, das wegen politischer Wirren erst 1545 in Trient zusammentreten kann. Zu Kardinälen ernennt er durchwegs reformfreundliche Männer und unterstützt religiöse Erneuerungsbewegungen. Mit der Bulle *Licet ab initio* (1542) liefert er die Grundlage zur Schaffung der Inquisition an der römischen Kurie (bereits 1543 Verbot der Einfuhr protestantischer Bücher nach Italien).

1536 Die Statuten der **Kapuziner** – eine um 1525 durch Matteo da Bascio (1495–1552) und Ludovico da Fossombrone (um 1490–1552) sich ausweitende strenge Observanzrichtung unter den Franziskanern – werden von Paul III. anerkannt (selbständiger Orden ab 1619).
1540 Päpstliche Bestätigung der von Hieronymus Aemiliani (1486–1537) 1534 in Somasca (Lombardei) ins Leben gerufenen Gemeinschaft, die sich besonders der Erziehung von Waisenkindern widmet (die Kongregation der **Somasker** wird von Pius IV. 1568 bestätigt.).
1540 Bestätigung der Gesellschaft Jesu (s.u. S. 132f.).
1540 Juan de Dios (Johannes von Gott) (1495–1550) beginnt in Granada Gefährten um sich zu sammeln, die sich der Krankenpflege widmen. Aus ihnen geht 1572 der Orden der **Barmherzigen Brüder** hervor.
1543 Paul III. anerkennt die 1533 in Mailand entstandene Priestergenossenschaft der **Barnabiten**, die sich vor allem der Volksmission widmen (1579 als Orden bestätigt), ebenso als Kongregation die an ihrer Seite wirkende Frauengemeinschaft der **Angeliken**.
1544 Päpstliche Approbation der 1535 von Angela Merici (1474–1540) in Brescia gegründeten „Gesellschaft der heiligen Ursula". Die **Ursulinen** entwickelten sich später zum führenden Schul- und Erziehungsorden für Mädchen.
1546 Filippo Neri (1515–1595) gründet in Rom die „Bruderschaft zur heiligsten Dreifaltigkeit", die Kranken und armen Rompilgern hilft. Aus ihr entwickeln sich ab 1575 die **Oratorianer**.

1536 Neben Wittenberg (Luther) und Zürich (Zwingli) entsteht in Genf durch **Jean Calvin** (geb. 1509 in Noyon, Picardie) ein drittes Zentrum der Reformation. In Paris kommt er mit Anhängern der Reform in Berührung. Deutlich beeinflusst von Luthers Schriften von 1520 und seinen beiden Katechismen (1529), veröffentlicht er in Basel sein Reformkonzept als „Christianae Religionis Institutio". Im gleichen Jahr wird er als Professor für Neues Testament nach Genf berufen.

1538 Wegen der zu strengen Kirchenzucht, die Calvin fordert, zwingen ihn die Bürger von Genf, die Stadt zu verlassen. Aufenthalt in Straßburg.

1541 Ein Umschwung in Genf führt zum Rückruf Calvins. Errichtung einer strengen Kirchen- und Sittenordnung.

1549 Durch Entgegenkommen im Abendmahlsstreit *(Consensus Tigurinus)* kommt es zur Annäherung an die Zwinglianer. Die Einigung der Schweizer **Reformierten** bedeutet gleichzeitig ihre Abgrenzung zu den Lutheranern.

1552 Auf Betreiben Calvins wird der spanische Theologe **Michel Servet** (geb. 1511) in Genf hingerichtet. Servet lehnt die kirchliche Trinitätslehre zugunsten einer modalistischen Auffassung ab (Antitrinitarismus). In Paris von der Inquisition verurteilt, flieht er, wird jedoch in Genf erkannt und von Calvin angezeigt.

1564 27. Mai: Calvin stirbt in Genf. Auf eigenen Wunsch hin wird er an einem geheimen Ort beigesetzt, sein Grab ist bis heute unbekannt.

1536 Tod des **Erasmus von Rotterdam** (geb. 1466/1467 nahe Rotterdam), von vielen als führender Gelehrter seiner Zeit angesehen. 1516 legt er die erste kritische Ausgabe des Neuen Testaments in Griechisch vor; seine Ausgaben der Kirchenväter (1521–1530) öffnen den Zugang zum christlichen Altertum. Die Missstände der Kirche kritisiert er mit beißendem Spott, schreibt aber ebenso sehr Erbauungsbücher, die in Christus das Vorbild des wahrhaft Menschlichen erkennen. – Von Luther und der Reformation distanzierte er sich zunehmend, die Auseinandersetzung über die Freiheit des Willens (Erasmus: „Diatribe de libero arbitrio“, 1524; Luther: „De servo arbitrio“, 1525) bewirkt den endgültigen Bruch. Die Folge ist, dass sich zahlreiche Humanisten, die den Aufstand Luthers zunächst begrüßt haben, wieder von ihm abwenden.

1540 Bestätigung des **Jesuitenordens** durch Paul III.

1491 Geburt des **Ignatius von Loyola** auf dem Adelssitz Loyola im Baskenland.

1521 Nach einer Verwundung bei der Verteidigung der Festung Pamplona gegen die Franzosen entschließt sich Ignatius, fortan „nur noch

Gott zu dienen". Studium der Theologie in Salamanca und Paris. Auf der Grundlage eigener religiöser Erfahrungen entwickelt er die **„Exercitia spiritualia"** (Geistliche Übungen).

1534 Ignatius und sechs Freunde (darunter Franz Xaver) stellen sich dem Papst zur Verfügung.

1556 Beim Tod des Ignatius zählt der Orden bereits über 1000 Mitglieder. Seine gebildeten und ungebundenen Theologen werden bald von verschiedenen Regierungen als Professoren, Missionare sowie Hofbeichtväter angefordert und stellen eine maßgebliches Kraft der Gegenreformation dar.

1545–1563 Konzil von Trient (19. Allgemeines Konzil). In drei Sitzungsperioden (1545–1549, 1551–1552, 1562/1563) werden zahlreiche Dekrete verabschiedet. Sie betreffen vor allem die von Luther aufgegriffenen Themen: Rechtfertigungslehre, die Quellen des Glaubens (Schrift und Tradition), Erbsündenlehre, Sakramente. Die Amtspflichten der Bischöfe werden geregelt: jährliche Einberufung von Diözesansynoden, alle drei Jahre Abhaltung von Provinzialsynoden; Residenzpflicht; Verbot, mehrere Bistümer zugleich zu leiten (Pfründenhäufung); Einrichtung bischöflicher Priesterseminare zur besseren Ausbildung der künftigen Kleriker.

1564 Zur Interpretation und Durchführung der Trienter Dekrete setzt Pius IV. eine Kardinalskongregation ein. Gregor XIII. (1572–1585) beauftragt die päpstlichen Nuntien in den verschiedenen Ländern, die Durchführung der Dekrete zu überwachen. Die Bestimmungen des Trienter Konzils prägen auf diese Weise die weitere innerkirchliche Entwicklung.

1564 Der vom Konzil in Auftrag gegebene **Index verbotener Bücher** *(Index librorum prohibitorum)* erscheint (1966 aufgehoben).

1584 Tod des **Carlo Borromeo** (geb. 1538 in Arona, Neffe Pius' IV.), seit 1566 Bischof von Mailand. Er besucht persönlich alle 800 Pfarreien seiner Diözese, sorgt für den Predigtdienst und die religiöse Unterweisung und hält im Lauf seiner Amtszeit sechs Provinzial- und elf Diözesansynoden ab.

1546 18. Februar: **Martin Luther** stirbt in Eisleben.

1552 Seit 1542 vom portugiesischen König mit der Mission in den neuen Ländern des Ostens betraut, stirbt der Jesuit **Franz Xaver** (geb. 1506 bei Pamplona) auf der Insel Sanzian vor der Küste Chinas, nachdem er in Indien (Goa), auf Malakka, den Molukken und in Japan gewirkt hat.

seit 1583 Der Jesuit **Matteo Ricci** (1552–1610) erlangt am kaiserlichen Hof in Peking eine geachtete Stellung als Astronom und Mathematiker.

seit 1560 Die Bemühungen der Kurie (besonders durch den Einsatz des Jesuitenordens und speziell des Petrus Canisius), protestantische Gebiete im Reich zurückzugewinnen, zeigen Erfolge: Bayern, Baden sowie die Steiermark werden wieder katholisch, das Erzbistum Köln bleibt katholisch trotz des Übertritts des Bischofs **Gebhard Truchsess von Waldburg** zum Protestantismus.

1597 Tod des **Petrus Canisius** (geb. 1521 in Nijmegen), des „zweiten Apostels Deutschlands"; seit 1543 im Jesuitenorden, setzt er sich für Umsetzung der Trienter Reformen ein; steht mit zahlreichen Bischöfen im Kontakt; zeitweise Berater Kaiser Ferdinands I.; Verfasser geistlicher Literatur.

1582 Tod **Teresas von Ávila** (geb. 1515 in Ávila); die Karmelitin entschließt sich 1562, ein neues Kloster ursprünglicher Strenge zu gründen; bis 1582 richtet sie weitere 18 Reformkonvente ein **(Unbeschuhte Karmelitinnen)**. Ihr Seelenführer Juan de la Cruz überträgt die Reform auf den männlichen Zweig des Ordens. – In mehreren Werken legt Teresa ihre mystischen und geistlichen Erfahrungen nieder (als bedeutendstes gilt „El castillo interior", Die innere Burg).

1591 Tod des **Juan de la Cruz** (Johannes vom Kreuz) (geb. 1542 in Fontiveros bei Ávila); mit 21 Jahren bei den Karmeliten eingetreten, widmet er sein Leben weitgehend der von Teresa initiierten Ordensreform. Spannungen unter den Karmeliten bringen ihm eine neunmonatige Kerkerhaft im Karmel von Toledo ein, später den Verlust seiner Ämter als Prior in verschiedenen Klöstern. Verbannt nach Úbeda, erliegt er der unwürdigen Behandlung durch den dortigen Oberen.

17. Jahrhundert
Kampf der Konfessionen

A. Kirche und Gesellschaft/Staat

Drei Jahrzehnte Krieg prägen ein ganzes Jahrhundert. Der Verlust an Bevölkerung, die Verwüstung von Städten und Landstrichen, die Verarmung von Bauern und Bürgern werfen das Heilige Römische Reich als Kriegsschauplatz gewaltig zurück. Nur Frankreich geht aus den Wirren gestärkt hervor, Habsburg ist geschwächt, Deutschland zersplittert weiter in selbständige Herrschaftsgebiete. Religiöses Eifern, das sich mit der eigenen Konfession identifiziert, kreuzt nutzlos die Klingen und bringt Tod statt Bekehrung. Untrennbar mit der Ehre Gottes verbunden ist das Interesse an der Macht des eigenen Staats, die es zu festigen und auszuweiten gilt. Noch betrachten sich Könige und Fürsten in ihren Gebieten als verantwortlich für Kirchenordnung und religiöse Erziehung, aber immer deutlicher werden diese Ziele im aufkommenden Absolutismus der Staatsraison untergeordnet.

1600 Der Dominikaner **Giordano Bruno** (geb. 1548 in Nola bei Neapel) wird nach sieben Jahren im Kerker in Rom als Häretiker verbrannt. Seine eigenwillige eklektizistische Philosophie führt schon bald (1576) zum Konflikt mit der Inquisition. Seine Lehre: der Kosmos enthält unendlich viele Welten mit je eigenen Mittelpunkten; Gott wohnt der Materie inne und wirkt in ihr. Brunos Pantheismus, sein Bestreiten der Dreifaltigkeit und der zwei Naturen in Christus führen zu seiner Verurteilung.

1605 Bei den Papstwahlen (Leo XI. und Paul V.) legt Spanien durch einen beauftragten Kardinal sein Veto gegen missliebige Kandidaten ein. Das **Ausschließungsrecht** *(ius exclusivae)* wird in der Folgezeit von Deutschland, Frankreich und Spanien beansprucht und von der Kirche hingenommen. Erst

1904 und erneut 1996 wird diese Form der Einmischung unter Strafe der Exkommunikation verboten.

seit 1609 Jesuitenmissionare sammeln, mit Billigung der spanischen Regierung, etwa 150.000 Indios des La Plata-Gebiets in Paraguay in eigenen, den Weißen nicht zugänglichen Siedlungen (so genannte **Reduktionen**). In dieser später als „Jesuitenstaat" bezeichneten Form des Zusammenlebens gehört das Ackerland allen gemeinsam, ebenso wird der Ertrag unter allen verteilt.

1609 Auf die Gründung der **Protestantischen Union**, in der sich süddeutsche Fürsten zusammenschließen, folgt als Gegenbündnis die **Katholische Liga** unter der Führung Bayerns und der drei geistlichen Kurfürsten.

1614 In **Japan**, wo unter Franz Xaver 1549 die Missionierung eingeleitet wurde, bewirkt ein Verfolgungsedikt das Ende der missionarischen Aktivitäten (seit 1596 sind die Christen dem Verdacht ausgesetzt, eine europäische Invasion vorzubereiten).

1640 Nach schweren Verfolgungen wird das Christentum landesweit verboten.

1618–1648 Im **Dreißigjährigen Krieg** entladen sich die seit der Reformation virulenten und angestauten konfessionellen Gegensätze.

1618 Als Kaiser Matthias (1612–1619) protestantische Kirchen schließen lässt, kommt es in Prag zum Aufstand, in dessen Verlauf zwei kaiserliche Räte aus Fenstern des Hradschin gestürzt werden. Der Aufstand weitet sich zum **Böhmisch-Pfälzischen Krieg** aus (1618–1623).

1620 Der Sieg der kaiserlichen Truppen bei Prag (Schlacht am Weißen Berg) hat die Unterdrückung des Protestantismus in Böhmen, Mähren, Ober- und Niederösterreich zur Folge.

1621 Die Ächtung Friedrichs V. von der Pfalz (1619 Gegenkönig von Böhmen) hat die Auflösung der protestantischen Union zur Folge.

1625 König **Christian IV. von Dänemark** greift zugunsten Friedrichs von der Pfalz ein (**Niedersächsisch-Dänischer Krieg** 1625–1629).

1629 Nach Niederlagen gegen Tilly (1626) und Wallenstein (1627) verzichtet Christian IV. im Frieden zu Lübeck auf jede Einmischung in die deutschen Streitigkeiten.

1629 Im **Restitutionsedikt** fordert Kaiser Ferdinand II. die Rückerstattung aller Kirchengüter, die durch die Protestanten seit 1552 eingezogen wurden. Die gewaltsame Durchführung liefert den Vorwand für das Eingreifen des schwedischen Königs.

1630 König **Gustav Adolf** von Schweden tritt – von Frankreich unterstützt – in den Krieg gegen den Kaiser ein (**Schwedischer Krieg** 1630–1635). Gustav Adolf fällt in der Schlacht von Lützen (1632) gegen Wallenstein.

1635 Der Kurfürst von Sachsen, Johann Georg I., entschließt sich zu einem Separatfrieden mit dem Kaiser. Im gleichen Jahr greift Frankreich, um die Macht des Hauses Habsburg zu schwächen, auf der Seite Schwedens in die Auseinandersetzungen ein (**Schwedisch-Französischer Krieg** 1635–1648).

1648 Friede von Osnabrück mit Schweden und von Münster mit Frankreich **(Westfälischer Friede)**. Neben Gebietsabtretungen an Schweden und Frankreich wird für die Regelung des konfessionellen Besitzstandes der 1. Januar 1624 als Stichtag („Normaljahr") festgesetzt. Der Augsburger Religionsfriede von 1555 wird bestätigt, seine Regelungen auf die Calvinisten ausgedehnt. Religiöse Streitfragen auf den Reichstagen sollen nach getrennter Abstimmung unter den katholischen und evangelischen Ständen durch Vergleich geregelt werden. – Innozenz X. protestiert ohne Erfolg gegen den durch den Friedensvertrag sanktionierten Verlust kirchlicher Güter (Breve *Zelus domus Dei*). – Die nördlichen Niederlande und die Schweiz scheiden aus dem Reichsverband aus.

1620 Die „Pilgerväter" *(Pilgrim Fathers)* erreichen auf der „Mayflower" Nordamerika und gründen die Kolonie Neuengland. Sie gehören zu den vielen **Puritanern** (eine sich von der englischen Staatskirche allmählich lösende Denomination), die England unter der Regierung von Jakob I. (1603–1625) und seinem Sohn Karl I. (1625–1649) verlassen, da ihnen wichtige kirchliche Freiheiten verweigert werden (so genannte *Dissenters*). Zusammen mit den Siedlern, die 1607 Jamestown mit der Kolonie Virginia anlegen, gehören die Pilgerväter zu den Pionieren der Besiedlung Nordamerikas (s.u. S. 141).

1643 **Westminster Assembly**: das anglikanische Episkopalsystem wird durch eine (puritanische) presbyterianische Ordnung ersetzt.
1649 Nach dem Sieg Oliver Cromwells wird Karl I. wegen Hochverrats hingerichtet.
1660 Restauration des Anglikanismus: Durch Parlamentsbeschluss gelangt mit Karl II. (Sohn des enthaupteten Karl I.) das Haus Stuart erneut auf den englischen Thron.
1688 Als Jakob II., der Bruder Karls II., England rekatholisieren will, ruft das Parlament seinen Schwiegersohn Prinz Wilhelm III. von Oranien, Statthalter der Niederlande, zu Hilfe. Jakob II. flieht und wird – ohne Blutvergießen – abgesetzt („Glorious Revolution").

1624 Nach seiner Ernennung durch Ludwig XIII. (1601–1643) zum leitenden Minister, gewinnt Kardinal **Armand-Jean** du Plessis, Duc **de Richelieu** (1585–1642) maßgeblichen Einfluss auf die französische Politik. Seine Ziele sind am Machtgewinn Frankreichs orientiert und rechtfertigen das Bündnis mit dem (protestantischen) Gustav Adolf ebenso wie die Unterdrückung der Protestanten im eigenen Land.

1628 Richelieu erobert den Hauptstützpunkt der Hugenotten, La Rochelle. Ihre politischen Sonderrechte werden aufgehoben; die freie Religionsausübung wird ihnen im **Edikt von Nîmes** 1629 gewährt.
1643 Nach dem Tod Richelieus übernimmt Kardinal **Jules Mazarin** (1602–1661) die Führung der Staatsgeschäfte und verfolgt die gleichen Ziele wie sein Vorgänger.
1661 Der Sohn Ludwigs XIII. übernimmt als **Ludwig XIV.** (geb. 1638) selbst die Regierung.
1685 **Aufhebung des Edikts von Nantes** (s.o. S. 126) durch Ludwig XIV. Alle protestantischen Prediger müssen innerhalb von 14 Tagen das Land verlassen. Etwa 200.000 Hugenotten flüchten aus Frankreich.

1631 Mit seiner (anonym erscheinenden) „Cautio criminalis" greift der Jesuit **Friedrich Spee von Langenfeld** (1591–1635), in zahlreichen Fällen letzter Beistand verurteilter Hexen, die Hexenprozesse an. Bei keiner habe er die Schuld gefunden, derer sie angeklagt seien. Er weist nach, dass eine Beschuldigte praktisch keine Chance hat, der Verurteilung zu entgehen.

Im 18. Jahrhundert enden – unter dem Einfluss der Aufklärung – die letzten **Hexenprozesse**: 1775 in Kempten, 1782 im Kanton Glarus, 1793 in Posen.

1633 Vor der drohenden Folter widerruft **Galileo Galilei** (1564–1642) seine Lehre von der Bewegung der Erde um die Sonne. Seine Verurteilung – 1992 von Johannes Paul II. zurückgenommen – trägt dazu bei, die entstehende Kluft zwischen Naturwissenschaft und Glaube zu vertiefen.

1645 Tod des **Hugo Grotius**; der Niederländer (geb. 1583 in Delft) fundiert das Völkerrecht im Naturrecht und macht es damit unabhängig von der Religionszugehörigkeit. – Als Reformierter bahnt er mit seinen historisch-philologischen Bibelkommentaren den Weg zur historisch-kritischen Exegese.

1648 Der Traktat „De veritate“ (Über die Wahrheit) des Lord Herbert von Cherbury (1583–1648) gilt als ein Basisdokument des in England aufkommenden **Deismus**: Gott nimmt nach seiner Schöpfung keinen weiteren Einfluss auf das Weltgeschehen, weder durch Wunder noch durch Offenbarung. Die Vernunft führt zu einer „natürlichen Religion“: zur Erkenntnis des Daseins Gottes und der Notwendigkeit seiner Verehrung, zur Anerkennung des Sittengesetzes, zur Gewissheit einer Vergeltung im Diesseits und im Jenseits. – Durch Voltaire (1694–1778) und die Enzyklopädisten (Denis Diderot) gewinnt der Deismus in Frankreich an Boden, in Deutschland begegnet er vor allem bei Gotthold Ephraim Lessing, Hermann Samuel Reimarus und Moses Mendelssohn.

1650 Tod des **René Descartes** (geb. 1596 in La Haye), Philosoph, Mathematiker, Naturwissenschaftler. Der methodische Zweifel als Ausgangspunkt des Denkens sowie die Selbstgewissheit des Ichs (*cogito, ergo sum* – ich denke, also bin ich) leiten die Epoche des Rationalismus ein, der zur scharfen Trennung zwischen Vernunft und Offenbarung, Glaube und Wissen führt.

1655 Übertritt Königin **Christines von Schweden** (1626–1689), Tochter und Nachfolgerin Gustav Adolfs, zum katholischen Glauben, was großes Aufsehen erregt (in Innsbruck öffentlich vollzogen). Im Jahr zuvor verzichtete sie auf den Thron. In der Folgezeit lebt sie, eingeladen von Papst Alexander VII., vor allem in Rom, wo sie zum Mittelpunkt literarischer, künstlerischer und wissenschaftlicher Kreise avanciert.

1677 Tod **Baruch de Spinozas** (geb. 1632 in Amsterdam als Sohn portugiesisch-jüdischer Eltern, 1656 wegen seiner Auffassungen von der Synagoge ausgeschlossen); nach ihm gibt es nur eine einzige, unteilbare, unendliche Substanz, nämlich Gott bzw. die Natur. Alles weitere sind „Attribute" dieser Substanz, die „Modi" sind deren endliche Erscheinungsweisen. – Spinozas pantheistischer Grundzug wird später vor allem von der Romantik und dem Deutschen Idealismus aufgegriffen.

1682 Der französische Klerus verteidigt gegenüber Rom in vier Artikeln die **„Freiheiten der gallikanischen Kirche"**: Könige und Fürsten können vom Papst nicht abgesetzt werden; die päpstliche Gewalt ist gemäß den Beschlüssen des Konstanzer Konzils beschränkt; die bisherigen Freiheiten der gallikanischen Kirche sind beizubehalten; Entscheidungen des Papstes in Glaubensfragen sind revidierbar, wenn sie nicht von der Zustimmung der Gesamtkirche getragen sind. – Gegen den Protest Innozenz' XI. erklärt Ludwig XIV. die Vier Artikel zum Gesetz. Kandidaten für Bischofssitze, die sich der Deklaration nicht anschließen, wird die königliche Bestätigung verweigert. (Innerhalb von sechs Jahren sind 35 Bistümer unbesetzt.)

1683 Die **Türken** belagern Wien. Deutsche und polnische Truppen entsetzen die Stadt.

1699 Nach den Siegen **Prinz Eugens** (1663–1736, geb. in Savoyen, seit 1697 als Oberbefehlshaber im Dienst des Kaisers) enden der Krieg mit den Türken im Frieden von Karlowitz und die Epoche der türkischen Expansion nach Europa. Beginn des Aufstiegs Österreichs, dem Ungarn und Siebenbürgen zugesprochen werden, zur Großmacht.

1690 Mit seinen „Two treatises of government" rüttelt der englische Philosoph **John Locke** (1632–1704) an überkommenen Auffassungen und setzt dagegen: Ablehnung des Absolutismus, Notwendigkeit der Gewaltenteilung, Verpflichtung zur Toleranz, Aufgabe des Staates, Leben, Eigentum und Freiheit der Bürger zu schützen.

1697 Zar **Peter I. der Große** (1672–1725) fördert entschlossen die Westorientierung Russlands. Um die Errungenschaften des Westens kennen zu lernen, bereist er Preußen, Holland, England und Österreich.

B. Innerkirchliches Leben

Schon liegt die Spaltung zwischen den Anhängern der Reformation und der romtreuen Kirche ein halbes Jahrhundert zurück. Auf katholischer Seite wächst die Einsicht, dass nur durch vorgelebtes Glaubenszeugnis und auf friedliche Weise – zu der allerdings auch diplomatische Winkelzüge gehören – die verlorene Einheit wiederhergestellt werden kann. Auf der evangelischen Seite steht das Bemühen, das kirchliche Leben zu entfalten, das reformatorische Glaubenserbe zu wahren und sich vor der heimholenden Hand der Katholiken zu schützen. Die neue Freiheit von einer zentralen, übergreifenden Autorität begünstigt dabei das vielfältige Erwachen religiöser Bewegungen und deren Fortbestand. – Während sich Kurie und Bischöfe vorwiegend mit europäischen Problemen befassen, hat bei den Orden die Mission in Asien und Übersee erheblich an Gewicht gewonnen. Zur selben Zeit wächst die Sensibilität für die neue, kriegsverursachte Armut: es entsteht eine ganze Reihe sozial engagierter Gemeinschaften und Orden.

um 1600 Unter den englischen Puritanern (s.o. S. 137) wächst die Richtung der „Kongregationalisten“ (bzw. „Independenten“). Gegen jedes Staatskirchentum vertreten sie die völlige Autonomie der Einzelgemeinde *(congregation)*, zu der nur die wahrhaft Gläubigen gehören. Es gibt keinen Unterschied zwischen Geistlichen und Laien. Im Gottesdienst kann jeder sprechen, dem der Geist es eingibt. – Mit den Pilgervätern betreten die Kongregationalisten Nordamerika und werden zu einer der bedeutenden Denominationen in den USA.

Um die gleiche Zeit entstehen in England und Holland Gruppen von **Baptisten**. Sie taufen nur Erwachsene, anerkennen keine staatliche oder

kirchliche Autorität, sondern wollen sich allein nach der Bibel richten. Sie finden in den USA rasche Verbreitung. (1905: Weltbund der Baptisten mit Sitz in Washington; gegenwärtig etwa 37 Millionen Mitglieder.)
um 1648 Durch England zieht John Fox (1624–1691) als Wanderprediger, der vom „inneren Licht", vom eruptiven Wirken Christi im Menschen überzeugt ist. Seine Anhänger warten in den Gottesdiensten auf dieses plötzliche Ergriffenwerden, die Umwelt nennt sie wegen ihres ekstatischen Verhaltens **„Quakers"** (die Zuckenden). Sie legen Wert auf strengste Wahrhaftigkeit, verwerfen Eid und Soldatendienst, betonen praktische Frömmigkeit. 1681 gründet William Penn (1644–1718) nach den Grundsätzen der Quäker die nach ihm benannte Kolonie Pennsylvania. – Durch ihre weltweiten Hilfsaktionen, besonders nach dem Ersten Weltkrieg, sind die Quäker weit mehr ins allgemeine Bewusstsein getreten, als es die relativ bescheidene Mitgliederzahl (etwa 220.000) vermuten lässt.

1600 Tod **Luis de Molinas** (geb. 1535 in Cuenca, Spanien). In seiner Lehre (Molinismus) über die Freiheit des menschlichen Willens, der durch die Erbsünde in seiner Entscheidungsfähigkeit nicht getroffen sei, erblicken seine Gegner (vor allem Dominikaner) eine Vernachlässigung der Wichtigkeit der göttlichen Gnade. Ohne das Problem zu entscheiden, verbietet Paul V. 1607 die Fortsetzung der Streitgespräche.

seit 1606 Malabarischer Ritenstreit: Der Jesuit Roberto de' Nobili (1577–1656) missioniert mit großem Erfolg in Indien. Im Gewand und in der Lebensweise eines Brahmanen versucht er die Glaubensbotschaft auf indische Weise und in indischer Sprache auszudrücken, unter (vorläufiger) Beibehaltung des Kastenwesens. Seine „Akkommodation" erregt die Kritik besonders der Franziskaner.

1704 Verwerfung von 16 „malabarischen Bräuchen" durch den päpstlichen Legaten Charles-Thomas de Tournon (1742 von Benedikt XIV. bestätigt).

1609 Die Engländerin **Mary Ward** (1585–1645) gründet eine Genossenschaft adliger Frauen – in enger Anlehnung an die Ordensregel der Jesuiten –, aus der1703 die Kongregation der „Englischen Fräulein" hervorgeht. Haupttätigkeit wird die Erziehung der weiblichen Jugend, besonders durch Führung von Schulen.

1610 In Südamerika existieren bereits fünf Erzbistümer, 27 Bistümer und etwa 400 Klöster.

1617 Tod des **Francisco Suárez** (geb. 1548 in Granada, 1564 Jesuit, ab 1597 Dozent an der Universität Coimbra); Suárez baut die Theologie auf der Metaphysik auf (Gott ist für den Menschen das erste Objekt unter den Seienden). Für die Theologie im Jesuitenorden wird Suárez im 17. Jahrhundert – stärker noch als Thomas von Aquin – die entscheidende Bezugsgröße.

1621 Tod **Roberto Bellarmins** (geb. 1542 in Montepulciano, 1560 Jesuit); als Professor der Theologie in Löwen (1570–1588) widmet er sich der theologischen Auseinandersetzung mit den Protestanten (Kontroverstheologie). Als Kardinal (seit 1599) sucht er die Verständigung mit dem von Rom getrennten England. – Zusammen mit Suárez gehört er zu den klassischen Vertretern der katholischen Staatslehre.

1622 Tod des **François de Sales** (Franz von Sales, geb. 1567 bei Annecy); seit 1602 Bischof von Genf-Annecy; durch seine überzeugende Frömmigkeit und sein gewinnendes Wesen bewegt er viele Calviner zur Rückkehr in die katholische Kirche. Seine geistlichen Schriften finden große Verbreitung und gelten als der klassische Ausdruck eines christlichen Humanismus.
1610 Unter seiner Betreuung gründet **Jeanne-Françoise de Chantal** (1572–1641) den Orden von der „Heimsuchung Mariä“ (Salesianerinnen).

1622 Papst Gregor XV. bestellt eine Kardinalskongregation zur Verbreitung des Glaubens **(Congregatio de propaganda fide)**, der alle Missionsländer unterstellt werden.

1624 Tod des **Jakob Böhme** (geb. 1575); mit 25 Jahren hat der Bauernsohn und gelernte Schuhmacher ein mystisches Erlebnis, das ihm die Tiefe Gottes bewusst werden lässt. Er beginnt über Gott und Natur, über Gott und Mensch, über Christus zu schreiben, durch den das zerbrochene Verhältnis der Natur und des Menschen zu Gott wiederhergestellt wird. Seine originellen Spekulationen finden bei vielen deutschen, englischen, französischen und russischen Philosophen Beachtung.

seit 1625 Jesuiten wirken unter den Huronen Kanadas. Bei den Überfällen der Irokesen erleiden einige, darunter **Jean de Brébeuf** (1593–1649), ein qualvolles Martyrium.

seit 1631 Chinesischer Ritenstreit über die Frage, ob getaufte Chinesen ihre traditionellen Bräuche (besonders die Verehrung der Ahnen und des Konfuzius) beibehalten dürfen und inwieweit das Chinesische als Liturgiesprache zugelassen werden kann. Den großzügigen Jesuiten stehen restriktive Franziskaner und Dominikaner gegenüber.

1619 Den chinesischen Missionaren gestattet das Heilige Offizium in der Liturgie den Gebrauch der chinesischen Sprache.

1645 Die Propagandakongregation verwirft die wichtigsten chinesischen Bräuche.

1693 Verbot der Riten durch den Apostolischen Vikar Charles Maigrot.

1704 Die Inquisition verbietet die Verehrung des Konfuzius und der Ahnen.

1704/1715 Erneute Verbote.

1742 Endgültiges Verbot der chinesischen Riten durch Benedikt XIV. (Bulle *Ex quo singulari*), von allen Chinamissionaren als Eid abverlangt. Die Folge des Verbots ist ein starker Rückgang der Mission in China, noch verstärkt durch die Aufhebung des Jesuitenordens 1773.

1939/1940 Pius XII. hebt die erlassenen Verbote wieder auf.

1638 Tod des **Cornelius Jansenius** (geb. 1585 in Südholland), Professor der Theologie an der Universität Löwen, zuletzt Bischof von Ypern. Sein Werk „Augustinus", das der völligen Verderbtheit der menschlichen Natur (als Folge der Erbsünde) die Unwiderstehlichkeit der göttlichen Gnade gegenüberstellt, wird 1643 von Urban VIII. verboten. Der Streit um die Rechtgläubigkeit des Bischofs entzweit ganz Frankreich. (Das Parlament steht auf der Seite der **Jansenisten**, die Jesuiten und zahlreiche Bischöfe sind entschiedene Gegner.)

1653 Innozenz X. verwirft fünf Sätze des Buchs als häretisch (darunter: dass der Mensch der inneren Gnade Gottes nie widerstehen kann; dass es ein Irrtum ist zu behaupten, Christus sei für alle Menschen gestorben; vgl. DH 2001–2007).

seit 1660 Aus politischem Kalkül bekämpft Ludwig XIV. den Jansenismus. Über das Nonnenkloster **Port-Royal** vor Paris, ein Zentrum des Jansenismus, wird das Interdikt verhängt. 1709 wird das Kloster aufgehoben und zerstört. Der Jansenismus hält sich jedoch noch weitere 70 Jahre.

1654 Tod des **Petrus Claver** (geb. 1602 in Katalonien); 40 Jahre lang widmet sich der spanische Jesuit in Cartagena (Kolumbien) der Betreuung schwarzer, im Hafen eintreffender Sklaven. 300.000 von ihnen kann er, nach Selbstaussage, mit eigener Hand taufen.

1656/1657 Die wegen ihrer Großzügigkeit umstrittene Beichtmoral der Jesuiten wird durch die 18 „Briefe an einen Provinzial" (die so genannten „Lettres à un provincial" bzw. „Lettres Provinciales") des **Blaise Pascal**, der anonym bleibt, in gekonnter Weise karikiert. In der Öffentlichkeit Frankreichs, ja Europas, büßt der Orden dadurch erheblich an Wertschätzung ein.

1660 Tod des **Vincent de Paul** (Vinzenz von Paul, geb. 1581); nach Gefangenschaft und Sklavendienst in Tunis widmet sich Vinzenz seit 1617 in Frankreich den Verlassenen der Gesellschaft (Waisenkindern und Findlingen, Galeerensträflingen, Prostituierten, Kranken und Armen). 1625 stiftet er in Paris eine Priestergemeinschaft („Lazaristen") für die Predigt auf dem Land („Volksmissionen"). – Aus einem Verein engagierter Frauen entwickelt sich seit 1639 in Paris die Genossenschaft der „Barmherzigen Schwestern" (Vinzentinerinnen), 1668 vom Papst bestätigt.

1663 Der in Rom tätige spanische Priester Miguel de Molinos (1628–1696) gilt als Hauptvertreter des **Quietismus**. Diese mystische Schule, deren Wurzeln bei den spanischen „Alumbrados" liegen, fordert die völlige Ruhe und Passivität der Seele vor Gott, die auch das Verlangen nach der ewigen Seligkeit und nach Fortschritt in der Tugend aufgibt (und deshalb auf Bußwerke, Andachtsübungen, mündliches Gebet verzichtet). 1687 verurteilt Innozenz XI. 68 Sätze von Molinos, der – nach Abschwörung – zu lebenslanger Klosterhaft verurteilt wird.

1688 Die Verurteilung des Quietismus trifft auch die Mystikerin **Jeanne-Marie Guyon** (1648–1717), Mutter von fünf Kindern, deren Schriften über das innere Schweigen Anstoß erregen und die in Haft genommen wird. Der Bischof von Cambrai, **François Fénelon** (1651–1715), der sie kennt und von ihr beeindruckt ist, verteidigt sie und wird deswegen von Jacques-Bénigne Bossuet (s.u. S. 154) angegriffen. Fénelon muss 1699 auf Geheiß Innozenz' XII. 23 Sätze aus seinen Werken zurücknehmen (Breve *Cum alias*).

1664 Im Zisterzienserkloster „La Trappe" in der Normandie gründet **Jean Le Bouthillier de Rancé** (1626–1700) den Orden der „Trappisten": die Benediktiner- und Zisterzienserregel wird durch völlige Enthaltung von Fleischspeisen, dauerndes Stillschweigen und harte körperliche Arbeit verschärft.

seit 1670 Aus den biblischen Erbauungsstunden des Elsässers **Philipp Jakob Spener** (1635–1705) entwickelt sich der **Pietismus**, dem es vorrangig – statt um die Klärung theologischer Fragen – um die Belebung der Frömmigkeit geht: Innerlichkeit, ein persönliches Verhältnis zu Gott sowie Nächstenliebe als „lebendiger Glaube". Zentren des Pietismus werden die Universität Halle (August Hermann Francke und Paul Anton), Baden-Württemberg (Johann Albrecht Bengel), Niederrhein und Westfalen.

1678 Mit seiner „Histoire critique du Vieux Testament" (Kritische Geschichte des Alten Testaments) versucht der Oratorianer **Richard Simon** (1638–1712) Inspiration und historische Probleme (besonders: Mose als Verfasser des Pentateuchs) in Einklang zu bringen. Die Herausgabe seines Buches wird von Bossuet (s.u. S. 154) verhindert (es erscheint erst 1680 in Holland), Simon selbst wird aus seinem Orden ausgeschlossen. – Er gilt heute als Begründer der historisch-kritischen Exegese.

1680 Mit gleichgesinnten Lehrern gründet der Priester **Jean-Baptiste de La Salle** (1651–1719) in Reims die Laiengemeinschaft der „Frères des Écoles Chrétiennes" (Brüder der christlichen Schulen). Statt wie bisher auf Lateinisch erteilen sie den gesamten Unterricht auf Französisch. 1725 werden sie als Kongregation sowohl königlich wie päpstlich anerkannt und verbreiten sich rasch in andere Länder. (Heute unterrichten etwa 73.000 Laienmitarbeiter gut 900.000 Schüler in 80 Ländern.)

18. Jahrhundert
Aufklärung und Vernunft

A. Kirche und Gesellschaft/Staat

Der Abstand zwischen der Welt und Rom ist größer geworden, das politische Gewicht des Papstes hat sich weiter verringert. Vergessen sind die gemeinsamen Anliegen der Christenheit. Von allgemeinen Konzilien erwarten weder Herrscher noch Papst Verbesserungen. Die Kirchen der Reformation haben sich etabliert, Glaubenskriege werden nicht mehr ausgefochten. Stattdessen sinnen die absoluten Monarchen, wie eine nützliche Kirche in ihrem Land auszusehen hat. Fast unbemerkt wächst die Aufklärung, die alles vor den Richterstuhl der Vernunft zerren und nicht nur (eine mit konstitutioneller Monarchie noch vereinbare) Volkssouveränität fordern wird, sondern auch Gewaltenteilung und die Bindung der Herrscher an den Willen des Volkes. Noch vor Ende des Jahrhunderts werden Klerus und Adel in Frankreich zu Bürgern degradiert, rollen königliche Köpfe vom Schafott. Doch der Versuch, den Staat zum Träger einer „natürlichen", von der Vernunft geforderten Religion zu erheben, ist nur von kurzer Dauer.

1700–1721 **Nordischer Krieg.** Um politische Machterweiterung im Ostseeraum kämpft eine Koalition aus Dänemark, Sachsen-Polen und Russland gegen Schweden (Karl XII.).

▒ **1701–1714 Spanischer Erbfolgekrieg.** Auf Rat Innozenz' XII. hat der kinderlose Habsburger Karl II. von Spanien Herzog Philipp von Anjou als Erben eingesetzt (der Papst fürchtet die Umklammerung durch die habsburgische Macht). Kaiser Leopold, Gatte einer Schwester Karls II., erhebt für seinen Sohn ebenfalls Anspruch auf den spanischen Thron. An der Auseinandersetzung nehmen auf Seiten des Kaisers England, Portugal, Preußen und Savoyen, auf Seiten Frankreichs die Kurfürsten von Bayern und Köln teil. Der Krieg, in dessen Verlauf Kaiser Joseph I. 1708 Teile des Kirchenstaats besetzen lässt, endet im Frieden von Utrecht (1713) und Rastatt (1714) mit der Anerkennung Philipps (V.) und zahlreichen Gebietsveränderungen.

1716 Tod **Gottfried Wilhelm Leibniz'** (geb. 1646 in Leipzig); der seit 1676 am Hof in Hannover wirkende protestantische Universalgelehrte betrachtet den Kosmos als eine Vielzahl von „Monaden", die in einer vorgegebenen Harmonie *(harmonia praestabilita)* zusammenwirken. Geistbegabte Monaden können sowohl das eigene Ich wie auch die Welt in ihrer Gesetzmäßigkeit und Gott als deren Urheber erkennen. Katholische Kreise finden in seinen Anschauungen durchaus Möglichkeiten, ihn für die römische Kirche zu gewinnen, doch führen Gespräche mit Bossuet (s.o. S. 154) und weitere in Wien und in Rom zu keinem Ergebnis.

1717 Vier Bauhütten (Lodges) der St. Pauls-Kirche in London schließen sich zu einer Großloge der **Freimaurer** zusammen, zur Pflege der Humanität und der Brüderlichkeit, der Wahrheitsliebe, Selbstkritik und Toleranz. Rasche Verbreitung der Logen auf dem Festland: 1725 erste Loge in Paris (1789 existieren in Frankreich 629 Logen), 1732 Genf, 1737 Hamburg. Zu den Mitgliedern der geheimen Logen zählen immer auch führende Köpfe. – 1994 existieren weltweit 33.000 Logen mit über sechs Millionen Mitgliedern.

1738 Papst Clemens XII. verbietet jede Mitgliedschaft bei den Freimaurern (Bulle *In eminenti*).

1917 Der Codex Iuris Canonici (can. 2335) stellt fest, dass jede Mitgliedschaft automatisch die Exkommunikation nach sich zieht.

1983 Das neue Rechtsbuch hebt diesen Bann durch Nichterwähnung auf. Er wird allerdings durch ein von der Römischen Glaubenskongregation am 26. November 1983 ausgesprochenes Verbot – ohne Kirchenausschluss – ersetzt.

1721 Zar Peter I. gibt der **russischen Kirche** – nachdem er das Patriarchat seit 1700 nicht mehr hatte besetzen lassen – eine neue Verfassung. An der Spitze steht der „Heilige Synod“, ein Gremium bestehend aus 11 bis 14 gleichberechtigten Bischöfen und höheren Geistlichen sowie einem weltlichen Oberprokurator als Vertreter des Zaren. (Diese Verfassung bleibt im Wesentlichen bis 1917 bestehen.) Nach dem Ende des Nordischen Krieges (s.o. S. 148) ist Russland nun die stärkste Ostseemacht. Peter verlegt seine Residenz von Moskau nach Sankt Petersburg und legt sich den Kaisertitel zu.

1729–1804 Der in Königsberg geborene und lehrende Philosoph **Immanuel Kant** prägt durch seine Untersuchungen über die Strukturen der Vernunft (Hauptwerke: „Kritik der reinen Vernunft“, „Kritik der praktischen Vernunft“, „Kritik der Urteilskraft“) das philosophische Denken der Neuzeit. Folgenreich ist seine Erschütterung der traditionellen Gottesbeweise. Obwohl er an der Existenz Gottes als „Postulat“ festhält, geht in das allgemeine Bewusstsein die von ihm demonstrierte Nichtbeweisbarkeit Gottes ein. Die Philosophie löst sich damit endgültig von der das ganze Mittelalter (Scholastik) währenden Verbindung mit der Theologie, insofern sich Verstand und Offenbarung wechselseitig zu größerer Klarheit verhelfen.

1740–1780 In Österreich greifen die Reformen Kaiserin **Maria Theresias** tief in das kirchliche Eigenleben ein: staatliche Kontrolle der kirchlichen Vermögensverwaltung, Aufhebung der Steuerfreiheit des Klerus, Verbot, päpstliche Erlasse ohne staatliche Genehmigung zu verkünden, Neuordnung des theologischen Studiums, staatliche Bücherzensur.

1742 Mit seiner Bulle *Ex quo singulari* beendet Benedikt XIV. den **Ritenstreit** (s.o. S. 144).

1748 Im Anschluss an John Locke entwickelt **Charles-Louis de** Secondat, Baron von **Montesquieu** (1689–1755) in seinem Hauptwerk „De l’esprit des lois“ (Vom Geist der Gesetze) die Struktur eines liberalen Staates (einer konstitutionellen Demokratie) auf der Grundlage der Gewaltenteilung zwischen Exekutive (die unter der Leitung des Königs steht), Legislative (die durch ein gewähltes Parlament ausgeübt wird) und Jurisdiktion (durch unabhängige Richter). Seine Vorstellungen prägen weitgehend die modernen Demokratien.

seit 1750 Aufklärung und Absolutismus (besonders der Drang zur Ausweitung der Staatsbefugnisse gegen kirchliche Immunität bzw. zur staatlichen Kirchenhoheit) an den Höfen Europas versuchen den kirchlichen Einfluss einzudämmen, der vor allem in der Stellung des **Jesuitenordens** greifbar wird (um 1750 zählt er 22.500 Mitglieder in etwa 670 Kollegien). Die gewaltsame Unterdrückung erfolgt in Etappen:

1759 Vertreibung der Jesuiten aus Portugal und Brasilien.

1762 Das französische Parlament beschließt die Auflösung des Ordens in Frankreich (1764 Zustimmung des Königs).

1767 Vertreibung der Jesuiten aus Spanien und seinen Kolonien, ebenso aus dem Königreich Neapel.

1773 Clemens XIV. gibt dem Druck der bourbonischen Höfe nach und verfügt die **Aufhebung des Jesuitenordens** (Breve *Dominus ac Redemptor*). – In Russland und Preußen besteht der Orden weiter, da sich Katharina II. und Friedrich II., um das schlesische bzw. weißrussische Schulwesen nicht zu gefährden, weigern, das Breve zu verkünden.

1814 Auf Drängen der restaurativen europäischen Höfe stellt Pius VII. den Orden wieder her (s.u. S. 168).

1751–1780 Die Gedanken der Aufklärung finden in Frankreich in einer groß angelegten **Enzyklopädie der Wissenschaften** („Encyclopédie, ou Dictionnaire raisonné des sciences, des arts et des métiers", 35 Bände), herausgegeben von Denis Diderot (1713–1784) und Jean Le Rond d'Alembert (1717–1783) ihre Zusammenstellung.

Zum Spitzenkreis der Aufklärer gehört auch **Voltaire** (eigentlich François-Marie Arouet, 1694–1778), der nach dem Kennenlernen des englischen Deismus (s.o. S. 139) sich leidenschaftlich gegen alle kirchengebundene Religion wendet. Seine satirischen, die katholische Kirche karikierenden Schriften werden der Genuss der gebildeten Schichten und verschärfen das antikirchliche Klima.

1755 Ein schweres Erdbeben zerstört Lissabon (etwa 30.000 Tote) und bewegt weite Kreise zu einer „Gewissenserforschung".

1756–1763 **Siebenjähriger Krieg.** Um den Besitz von Schlesien und später seine eigene Existenz kämpft Preußen gegen Österreich, Russland, Frankreich, Schweden und die Mehrzahl der deutschen Reichsfürsten. Zugleich kämpfen Frankreich und England um die Kolonien.

1762 Im „Contrat social" (Gesellschaftsvertrag) begründet **Jean Jacques Rousseau** (1712–1778) den demokratischen Staat: Alle Gewalt geht vom Volk aus, die Regierenden handeln in seinem Auftrag. Der Wille des Volkes, der das Beste aller erstrebt *(volonté générale)* – er ist nicht immer identisch mit dem Willen der Mehrheit *(volonté de tous)*, die egoistisch bestimmt sein kann –, ist immer richtig und absolut verbindlich. – Rousseaus Gedanken werden von den Zeitgenossen begeistert aufgegriffen und dienen 1789 als theoretische Grundlage der Revolution.

seit 1775 Freiheitskriege der **nordamerikanischen Kolonien** gegen die Bevormundung und steuerliche Ausbeutung durch das englische Mutterland.

1776 4. Juli: **Unabhängigkeitserklärung** von 13 nordamerikanischen Kolonien (1783 im Frieden von Versailles von England anerkannt).

1776 Tod von **David Hume** (geb. 1711 in Edinburgh); der schottische Philosoph versucht dieselbe Strenge, die für naturwissenschaftliche Aussagen gilt, auf das Wissen vom Menschen anzuwenden. Ergebnis ist eine anthropologische Skepsis, die von Kant, der sich ausdrücklich auf Hume bezieht, wieder aufgegriffen wird.

1780–1790 Bis in Einzelheiten des kirchlichen Lebens greift Kaiser **Joseph II.**, Sohn Maria Theresias, ein. Seine Kirchengesetze sind ganz von Geist der Aufklärung geprägt: Verbot des direkten Verkehrs der Bischöfe mit Rom, Neueinteilung und Neuerrichtung von Bistümern, Aufhebung von etwa 600 „unnützen" (meist beschaulichen) Klöstern und Bruderschaften, an deren Stelle eine einzige „Bruderschaft von der tätigen Nächstenliebe" treten soll. Protestanten, Orthodoxe und Juden erhalten das Recht auf freie (private) Religionsausübung. – Starker Einfluss des **Josephinismus** auf Bayern, Württemberg und Baden.

1789 14. Juli: Der Sturm auf die Bastille in Paris markiert den Ausbruch der **Französischen Revolution**.

1789 11. August: Aufhebung aller Privilegien von Klerus und Adel.

1789 2. November: Einziehung des kirchlichen Besitzes.

1790 13. Februar: Aufhebung aller Orden, die nicht der Krankenpflege, der Erziehung oder der Wissenschaft dienen.

1790 24. August: **Zivilkonstitution des Klerus** *(Constitution civile du clergé)* als Teil der Verfassung (Verringerung der Zahl der Bistümer, der Titel und Ämter; Kontrolle des Bischofs durch einen Beirat; Loslösung der französischen Kirche von ausländischen Institutionen (Papst); Wahl der Pfarrer und Bischöfe von den politisch Wahlberechtigten; staatliche Besoldung und Residenzpflicht).

1790 26. November: Der Klerus wird durch Eid auf die neue Verfassung verpflichtet. Eidverweigerer (so genannte *Non-jureurs*, zwei Drittel, darunter 129 von 133 Bischöfen) werden verhaftet, deportiert oder verbannt.

1792 2.–5. September: In Paris werden etwa 1600 „Feinde der Revolution" getötet, darunter 300 eidverweigernde Priester **(Septembermorde)**.

1792 21. September: Der Nationalkonvent beschließt die Abschaffung des Königtums.

1793 21. Januar: **Ludwig XVI**. wird – wegen angeblicher verräterischer Beziehungen zum Ausland – auf dem Schafott hingerichtet; seine Frau Marie Antoinette, Tochter Maria Theresias, folgt ihm am 10. Oktober auf die Guillotine.

1794 28. Juli: Mit dem Sturz Maximilien Robespierres endet die Zeit der **Schreckensherrschaft** (*Terreur*).

1799 Mit Napoleons Konsulat beginnt die Zeit der Toleranz gegenüber der Kirche.

1795 Nach ersten Teilungen 1772 und 1793 teilen Russland, Österreich und Preußen teilen **Polen** ganz unter sich auf. Erst 1919 wird es wieder als selbständiger Staat erstehen.

1798 Nach der Besetzung durch französische Truppen wird in Rom die Republik ausgerufen. **Pius VI.** flieht zunächst in das Herzogtum Toskana und ruft von dort zur Befreiung des Kirchenstaats auf. Nach weiterem Vormarsch der Franzosen wird er zunächst nach Grenoble, dann nach Valence verschleppt, wo er 1799 stirbt.

1800 Nach militärischen Erfolgen Österreichs und Neapels kann der neu gewählte **Pius VII.** nach Rom zurückkehren. Die Beziehungen zu Napoleon werden im Jahr darauf durch ein Konkordat geregelt.

B. Innerkirchliches Leben

Im 18. Jahrhundert vollzieht sich der Niedergang der weltlichen Macht des Papsttums. Katholische Herrscher wie Maria Theresia und Joseph II. betreiben die Reform der Kirche nach eigenem Gutdünken, und der Papst vermag ihnen weder Exkommunikation, noch Konzil oder politischen Druck entgegenstellen. Schritt für Schritt wird er genötigt, den Jesuitenorden aufzuheben – mit verheerenden Konsequenzen für die Erziehung der Jugend und die Missionen. Schließlich überrollt das „Phänomen Napoleon" eine darauf nicht vorbereitete Kirche mit Säkularisation und der nachfolgenden Trennung von Kirche und Staat.
Auf evangelischer Seite entfalten sich dagegen Initiativen, die weniger die Klärung von theologischen Fragen in den Mittelpunkt stellen als das Streben nach Innerlichkeit, nach religiöser Erfahrung, nach gemeinschaftlichem Leben gemäß der Bibel.

um 1700 Die Kongregation der **Mauriner** (eine Reformbewegung, die Anfang des 17. Jahrhunderts in Frankreich innerhalb des Benediktinerordens entsteht und 1621 von Gregor XV. approbiert wird) ediert hervorragende Quellenausgaben der Kirchenväter und entwickelt Methoden einer kritischen Geschichtswissenschaft.

1704 Tod von **Jacques-Bénigne Bossuet** (geb. 1627 in Dijon), in Frankreich der berühmteste Prediger seiner Zeit, Verfasser mehrerer theologischer und literarischer Werke, die zur französischen Klassik zählen. – Seit 1678 Bischof von Meaux; seit 1761 Mitglied der Académie française; Erzieher des Kronprinzen.

1708 Clemens XI. dehnt das Fest der Unbefleckten Empfängnis Marias, das in Österreich und Spanien schon seit einigen Jahrzehnten gefeiert wird, auf die ganze Kirche aus.

1713 Mit der Bulle ***Unigenitus*** verurteilt Clemens XI. 101 Sätze aus den „Réflexions morales" des jansenistisch eingestellten Oratorianers **Pasquier Quesnel** (1634–1719), obwohl das Buch 1695 von Louis Antoine de Noailles (1641–1729) als Bischof von Châlons-sur-Marne und mittlerweile Pariser Kardinalerzbischof, empfohlen wurde. Über die Anerkennung der Bulle entzweit sich der Klerus von Frankreich – dabei geht es ebenso um die Lehren des Jansenismus wie um die Verbindlichkeit päpstlicher Bullen überhaupt und um die Selbständigkeit der französischen Kirche.

1718 Clemens XI. verhängt über alle, die gegen die Bulle an ein Konzil appellieren, den Bann.
1720 Die französische Regierung lässt die Bulle als Staatsgesetz registrieren und geht gegen ihre Gegner vor. Der Jansenismus verliert damit entscheidend an Einfluss.

1720 **Paolo Francesco Danei** (Paul vom Kreuz, 1694–1775) widmet die von ihm gegründete Gemeinschaft durch ein Sondergelübde der „Verehrung und Verkündigung des Leidens und Sterbens Jesu Christi". Die Passionisten werden 1769 von Clemens XIV. approbiert, 1771 entsteht das erste Kloster des weiblichen Zweiges.

1722 Um Nikolaus Ludwig Graf von Zinzendorf (1700–1760) sammelt sich in der Oberlausitz die evangelisch-pietistische **„Herrnhuter Brüdergemeine"**, die eigene Niederlassungen gründet und 1732 Missionare nach Westindien und Grönland entsendet. Im Mittelpunkt ihrer Lebensgemeinschaft steht der Glaube an Gottes rettende Gnade, die im Kreuzestod Jesu ihren höchsten Ausdruck findet.

1738 Durch den Kontakt mit den Herrnhutern erlebt das Brüderpaar John (1703–1791) und Charles Wesley (1707–1788) eine Bekehrung. In England entwickelt sich durch ihre Erweckungspredigt die Gemeinschaft der **Methodisten** (so genannt wegen ihres geregelten, „methodischen" Frömmigkeitslebens). Allmählich lösen sich die Methodisten von der englischen Staatskirche, deren Glaubensüberzeugungen sie jedoch weithin teilen. 1932 schließen sich die verschiedenen Gruppen zur „Methodist Church" zusammen (heute etwa 30 Millionen Vollmitglieder).

1732 **Alfons von Liguori** (1696–1787) gründet für die Seelsorge unter dem einfachen Volk und für die Unterweisung der Jugend den Orden der Redemptoristen (Congregatio Sanctissimi Redemptoris), 1749 von Benedikt XIV. bestätigt. Als verständnisvoller Beichtvater, der nicht Gesetz, sondern Liebe und Freiheit hervorhebt, gewinnt er großes Ansehen. Sein „Homo apostolicus", ein Traktat über Moral und Frömmigkeit, erreicht 118 Auflagen (gest. 1787).

1741 Benedikt XIV. erklärt in seiner Bulle *Matrimonia* (auch *Benedictina* [sc. declaratio] genannt), dass rein nichtkatholische und **Mischehen** zur Gültigkeit nicht der tridentinischen Form bedürfen (DH 2518); zunächst nur für Holland und Belgien gültig, wird die Bestimmung später auf andere Gebiete mit konfessionell gemischter Bevölkerung ausgedehnt.

1763 Der Trierer Weihbischof Johann Nikolaus von Hontheim (1701–1790) veröffentlicht unter dem Pseudonym **Febronius** eine Untersuchung „Über den Zustand der Kirche und die rechtmäßige Gewalt des Papstes": Die oberste Regierungsgewalt in der Kirche liegt in den Händen der Bischöfe als Gesamtheit, der Papst besitzt nur einen Ehrenvorrang; seine Aufgabe ist es, für die Einhaltung der kirchlichen Gesetze, die Reinheit des Glaubens und für die Einheit in der Kirche zu sorgen; er überschreitet seine Kompetenz, wenn er Bischöfe absetzt oder bestätigt, Dispensen erteilt oder kirchliche Ämter besetzt.

1764 Clemens XIII. setzt das Buch auf den Index.

1769 Die Erzbischöfe von Köln, Mainz und Trier erarbeiten eine Denkschrift im Sinn des Febronius **(Koblenzer Gravamina)**.

1778 Auf Drängen der Kurfürsten und seines Erzbischofs sendet Hontheim einen Widerruf nach Rom.
1786 Nach Errichtung einer päpstlichen **Nuntiatur** in München veröffentlichen die Erzbischöfe von Köln, Mainz, Trier und Salzburg (um ihre Selbständigkeit besorgt) mit Rückendeckung durch Kaiser Joseph II. die **Emser Punktation** mit Forderungen für das Verhältnis zwischen deutscher Kirche und Rom. Die einsetzenden Verhandlungen verlaufen – mangels einer breiteren Unterstützung im Klerus und wegen der napoleonischen Kriege – im Sand.

1768 Tod des **Hermann Samuel Reimarus** (geb. 1694 in Hamburg); im Gefolge der englischen Deisten entwickelt er eine natürliche Religion nach Maßgabe der Vernunft und greift gleichzeitig alt hergebrachte Überzeugungen an: Die Apostel haben die Geschichte Jesu, der ein politischer Messias war, verfälscht und die Auferstehung erlogen.

1780 Als Pietist und überzeugter Gegner der Aufklärung wirkt in Süddeutschland Johann Urlsperger (1728–1806). Er gründet in Basel die „Deutsche Gesellschaft zur Beförderung reiner Lehre und wahrhafter Gottseligkeit" (seit 1786 **„Christentumsgesellschaft"**), die auch für Katholiken gedacht ist und sich caritative und missionarische Aufgaben stellt. Aus ihr gehen 1804 die Basler Bibelgesellschaft und 1815 die Basler Mission hervor.

1781 In Braunschweig stirbt der Dichter und Philosoph **Gotthold Ephraim Lessing** (geb. 1729 in Kamenz, Lausitz). Seine zahlreichen Werke zeigen sein Bemühen, die Menschen zu Aufklärung, wahrer Menschlichkeit und Toleranz zu erziehen. Die Offenbarungswahrheiten des Christentums sind für ihn auch Forderungen der Vernunft.

19. Jahrhundert
Die missglückte Restauration

A. Kirche und Gesellschaft/Staat

Die französische Revolution und die Zeit Napoleons haben in Europa kaum einen Staat und noch weniger die katholische Kirche unberührt gelassen. Das enttäuschende Ende des selbstgekrönten Kaisers diskriminierte zugleich die Revolution, aus der er hervorgegangen war. Zwar bleiben ihre Ideen – Verfassungsstaat, Demokratie und Gewaltenteilung, bürgerliche Freiheitsrechte – weiterhin wirksam, aber die Fürsten liebäugeln wieder mit dem alten Absolutismus und einem patriarchalischen Verhältnis zu ihren Untertanen. Die Kirche soll dabei als Stütze der gottgewollten Ordnung integriert werden, doch niemand denkt ernstlich daran, ihr den früheren politischen Einfluss oder den in der Säkularisation verlorenen Besitz wiederzugeben. Die Folge ist, dass sich Klerus und Laien gegen die neue Staatsallmacht zusammentun und Kraft in einer neuen, fast bedingungslosen Bindung an den obersten Hirten suchen, zugleich aber auch als politische Gruppe in Parlamenten um ihre Rechte kämpfen.

1801 15. Juli: Abschluss eines **Konkordats** zwischen Napoleon und dem Heiligen Stuhl: Die freie Ausübung des Gottesdienstes wird zugesichert, eine Neueinteilung der Diözesen – nach Rücktritt aller Bischöfe – in Aussicht gestellt; Kandidaten für das Bischofsamt werden vom Ersten Konsul (Napoleon) benannt; die Kirche verzichtet auf die in der Revolution eingezogenen Güter, der Staat übernimmt die „angemessene Besoldung“ der Geistlichen.

1802 18. April: Den Konkordatstext veröffentlicht Napoleon unter eigenmächtiger Hinzufügung von 77 **„Organischen Artikeln“**. Sie verstärken die Unterordnung der Kirche: Verbot, päpstliche Dokumente ohne staatliche Erlaubnis zu veröffentlichen, Synoden ohne Genehmigung abzuhalten; gefordert wird die Einführung eines von der Regierung kontrollierten Einheitskatechismus.

1803 27. April: Der **Reichsdeputationshauptschluss**, der die Entschädigung deutscher Fürsten für die Abgabe linksrheinischer Gebiete an Frankreich (1797 im Frieden vom Campo Formio und 1801 im Frieden von Lunéville) regelt, sanktioniert den fast vollständigen Einzug der Kirchengüter **(Säkularisation)**. Dabei erhalten die Fürsten oft ein Mehrfaches ihrer Verluste (Preußen das fünffache, Baden das siebenfache, Württemberg das vierfache). Betroffen sind vier Erzbistümer, 18 Bistümer, 80 Abteien und Stifte, über 200 Klöster. – An den finanziellen, administrativen und sozialen Auswirkungen dieses „ungeheuren Rechtsbruchs“ (Heinrich Treitschke) leidet die deutsche Kirche viele Jahrzehnte.

1803 Tod **Johann Gottfried Herders** (geb. 1744 in Ostpreußen); nach Theologiestudium in Königsberg wirkt er als Lehrer und Prediger in Riga, ab 1771 als Hofprediger in Bückeburg und ab 1776, durch Vermittlung Goethes, als Generalsuperintendent in Weimar. Sein umfangreiches Schrifttum kennzeichnet ihn als Theologen, Kultur- und Geschichtsphilosophen, geprägt vom Ideal der Humanität, die er, außer im Christentum, in der Antike verankert sieht. Als sein Hauptwerk gelten die „Ideen zur Philosophie der Geschichte der Menschheit“.

1804 Durch Volksabstimmung lässt sich Napoleon zum Kaiser der Franzosen wählen. Er drängt Papst **Pius VII.** (1800–1823), zu Salbung und Krönung nach Paris zu kommen, setzt sich jedoch nach der Salbung die Krone ostentativ selbst aufs Haupt.

1809 17. Mai: Napoleon verfügt die **Vereinigung des Kirchenstaats mit dem französischen Kaiserreich**. Pius VII. antwortet am 10. Juni mit der Exkommunikation aller „Räuber des Patrimoniums Petri, ihrer Auftraggeber, Gönner, Berater und Vollstrecker“. Nach einer überfallartigen Festnahme wird der Papst in Savona interniert. Napoleon beginnt 1810 mit der Verlegung päpstlicher Dienststellen nach Paris, das er für den Sitz des Papstes vorsieht.

1813 Nach seinem Russlandfeldzug zwingt Napoleon den Papst zu neuen Zugeständnissen: Verzicht auf den (schon besetzten) Kirchenstaat; auf das Ernennungsrecht der Bischöfe (mit wenigen Ausnahmen), Paris oder Rom als Residenz, ein von Frankreich bezahltes Jahresgehalt von 2 Millionen Franken. Als Pius zustimmt, verkündet Napoleon das **Konkordat von Fontainebleau** (25. Januar), obwohl der Papst die Konzessionen in einem Brief an Napoleon (23. März) zurücknimmt.

1814 24. Mai: Nach der Abdankung Napoleons (11. April in Fontainebleau) zieht der Papst wieder in Rom ein.

1806 6. August: Auf ein Ultimatum Napoleons hin legt Kaiser Franz II. die römisch-deutsche Kaiserkrone nieder – das **Ende des Heiligen Römischen Reichs deutscher Nation.**

1815 Wiederherstellung des Kirchenstaats auf dem **Wiener Kongress.** Auf die Rückerstattung des säkularisierten Kirchengutes in Deutschland verzichtet die Kurie stillschweigend. In der Leitung des Kirchenstaats verfolgt Pius VII. eine entschlossene „Monarchisierung". – In der **Heiligen Allianz** verpflichten sich die Monarchen von Österreich, Russland und Preußen, ihre Untertanen im Sinn der Heiligen Schrift als Familienväter zu leiten und Religion, Frieden und Gerechtigkeit zu schützen. – Die Beziehungen zwischen Kirche und den verschiedenen Staaten werden durch zahlreiche **Konkordate** geregelt: Frankreich 1817, Bayern 1817, Piemont-Sardinien 1817, Neapel 1818, Russland (für Polen) 1818, Preußen und süddeutsche Staaten 1821.

1819 Das Buch „Du Pape" (Vom Papst) des französischen Staatstheoretikers **Joseph de Maistre (**1753–1821) konzentriert die Tendenzen des **Ultramontanismus**: Der Papst ist der oberste Interpret in Fragen des Glaubens, ihm kommt es letztlich zu, die Menschheit zu führen.

1823–1829 Leo XII. orientiert sich in seinem Amtsverständnis ganz an den restaurativen Tendenzen seiner Zeit. Auf der einen Seite bestrebt, Rom zu einem Zentrum europäischer Kultur und Kunst auszubauen, auch zum religiösen Mittelpunkt (so ruft er 1825, gegen den Rat vieler Kardinäle und Regierungen, ein Heiliges Jahr aus und lädt zu Pilgerreisen nach Rom ein), ist er auch überzeugt, als Papst der geistliche Führer der Christenheit sein zu müssen. Seine Enzyklika *Ubi primum* (3. Mai) verurteilt den „Indifferentismus“ und als seine Folgeerscheinungen die Toleranz und den Liberalismus.

1829 Die von **Pius VIII.** (gest. 1830) zu Beginn seines Pontifikats veröffentlichte Enzyklika *Traditi humilitati* knüpft an die Lehrverkündigung Leos XII. an (Betonung der Lehrautorität des Papstes).

1831 Nach Aufständen in verschiedenen Teilen des Kirchenstaats, die mit Hilfe österreichischer Truppen niedergeschlagen werden, ermahnen die Regierungen von England, Russland, Preußen, Österreich und Frankreich in einem Memorandum (21. Mai) den neu gewählten **Gregor XVI.** (1831–1846), Reformen durchzuführen (stärkere Beteiligung von Laien an Staatsämtern; Zulassung von Selbstverwaltung in den Gemeinden). Die Kurie kann sich nicht dazu entschließen, vielmehr verurteilt die Enzyklika *Mirari vos* (15. August 1832) heftig den aufkommenden Liberalismus, die Pressefreiheit und den „Wahn, man müsse jedem die Gewissensfreiheit ermöglichen und garantieren“. Ebenso verwirft Gregor die Lehre von der Volkssouveränität.

1825–1841 Kölner Kirchenkonflikt (bzw. „Kölner Wirren“): Die Ausdehnung einer seit 1803 für den preußischen Osten geltenden Regelung, dass bei Mischehen das Kind in der Religion des Vaters zu erziehen sei, auf Westfalen und das Rheinland (1825) weckt den Widerstand der katholischen Geistlichkeit – gestützt seit 1830 durch ein Breve Pius' VIII. (*Litteris altero abhinc anno* vom 25. März). Der Kölner Erzbischof August von Spiegel (1764–1835) einigt sich zunächst in einer geheimen Konvention mit der preußischen Regierung, dass das Versprechen katholischer Kindererziehung vor der Eheschließung nicht abgelegt werden muss. Als die Absprache bekannt wird und der Nachfolger Spiegels, Bischof Clemens August von Droste zu Vischering (1773–1845) nach dem Protest der Kurie davon abrückt, lässt ihn die Regierung verhaften (20. November 1837). Die Stärke des kirchlichen Protests zwingt die Regierung zum Nachgeben: vor der kirchlichen Trauung dürfen „Erkundigungen“ über die konfessionelle Kindererziehung eingeholt werden. (Bei ihrer Verweigerung ist die kirchliche Dispens zur Mischehe fraglich.) König Friedrich Wilhelm IV. (seit Juni 1840) einigt sich mit dem Vatikan und verzichtet auf jede Einmischung in die kirchliche Mischehenpraxis (1841).

1827 Tod **Johann Heinrich Pestalozzis** (geb. 1746 in Zürich); seit 1774 in der Jugenderziehung tätig, ist er zunächst ganz von den Idealen Rousseaus erfüllt. Ernüchtert über den Fortgang der von ihm begrüßten Französischen Revolution, wendet er sich vom deistischen Gottesbild der Aufklärung ab und erstrebt ein Vaterbild Gottes. Zum Ebenbild Gottes wird der Mensch durch die Entfaltung von Wollen (Herz/Religion), Kennen (Wissen) und Können (berufliche Fähigkeiten).

1829 Den etwa 70.000 englischen Katholiken wird in der **Catholic Relief Bill** die volle bürgerliche Gleichstellung – und damit der Zugang zu allen staatlichen Ämtern gewährt (Emanzipationsakte).

1831 Tod **Georg Wilhelm Friedrich Hegels** (geb. 1770 in Stuttgart), Philosoph; im Mittelpunkt seines Denkens stehen „Geist" und „Idee"; er entwickelt ein Gesamtverständnis von Mensch und Geschichte. In vielfacher Hinsicht beeinflusst er die kommende Religionsphilosophie, Gesellschaftslehre und Geschichtswissenschaft.

1841 Den Weg zum atheistischen Denken bahnt (neben anderen) der Privatgelehrte **Ludwig Feuerbach** (1804–1872). In seinem Werk „Das Wesen des Christentums" fasst er Religion als Projektion des Menschen auf; sie ist also Entzweiung, Entfremdung des Menschen mit sich selbst.

1833 In Horn bei Hamburg gründet **Johann Heinrich Wichern** (1808–1881) das „Rauhe Haus", eine Erziehungsanstalt für gefährdete Jugendliche. Sein Bemühen, die kirchlich Entfremdeten durch soziale Fürsorge wieder für den Glauben zu öffnen, geht als „Innere Mission" in die weitere Entwicklung der evangelischen Kirche in Deutschland ein.

1836 Der Pfarrer **Theodor Fliedner** (1800–1864) stiftet in Kaiserswerth bei Düsseldorf das Institut der Diakonissen für die Ausbildung von Kranken-, Jugend- und Gemeindepflegerinnen. (Heute über100 Mutterhäuser in vielen Ländern der Erde.)

1872 Für die Ziele der Inneren Mission wird vor allem Pastor **Friedrich von Bodelschwingh** (1831–1910), der in diesem Jahr die Leitung eines Pflegeheims für Epileptiker in Bethel übernimmt, ein geachtetes Beispiel. 1882 gründet er die Arbeitersiedlung Wilhelmsdorf, 1905 errichtet er in Bethel die erste evangelisch-kirchliche Hochschule in Deutschland.

1835 Die evangelischen Gemeinden der Provinz Westfalen und der Rheinprovinz führen als erste in Deutschland eine **Kirchensteuer** ein; der Grund ist, dass weder eigene Mittel noch staatliche Ergänzungsverpflichtungen für die gestiegenen Ausgaben genügen. Andere deutsche Bundesstaaten folgen durch entsprechende Gesetze (Hessen 1875, Baden 1888, Bayern 1892, Preußen 1905).

1846 Die Not der Gesellen kennend, gründet der gelernte Schuhmacher und Priester **Adolph Kolping** (1813–1865) in Köln einen Gesellenverein. Weitere „Kolpinghäuser" entstehen bald in Europa und den USA.

1847 Die seit 1825 in Gang befindliche gewaltsame Eingliederung der **polnischen Katholiken** in die russische Staatskirche hofft Gregor XVI. durch ein Konkordat mit Nikolaus I. zu beenden. Die Bestimmungen, die erst sein Nachfolger, Zar Alexander II., 1856 veröffentlicht, haben jedoch keine Auswirkungen.

1848 Die **Märzrevolution** in Deutschland (nach der Februarrevolution in Frankreich) mündet in die „Paulskirchenversammlung" zu Frankfurt, wo Abgeordnete aus deutschen Staaten eine demokratische, konstitutionelle Erbmonarchie entwerfen. Das Unternehmen scheitert, als Friedrich Wilhelm IV. von Preußen die von den Volksvertretern angebotene Kaiserkrone, die er nur von seinesgleichen empfangen könne, ablehnt (28. April 1849).

1848 Im **Kommunistischen Manifest** rufen Karl Marx (1818–1883) und Friedrich Engels (1820–1895) die Arbeiter („Proletarier") aller Länder auf, sich zu vereinigen und die Ausbeutung abzuschütteln (s.u. S. 166f.).

1848 14. März: Der Kirchenstaat erhält unter **Pius IX.** (1846–1878) eine Verfassung (zwei Kammern, davon eine vom Papst ernannt, die andere vom Volk gewählt). Bereits vorher hat er Presse- und Versammlungsfreiheit sowie Laien in

Staatsämtern zugelassen und eine Amnestie für politische Gefangene verkündet. Seine Popularität schwindet, als er im Freiheitskampf Italiens *(Risorgimento)* gegen Österreich seine Neutralität erklärt. Als Aufständische seinen Ministerpräsidenten Graf Pellegrino Rossi ermorden (15. November) und ihn im römischen Quirinalspalast belagern, flieht er am 24. November (verkleidet) nach Gaeta (wo er 17 Monate bleibt).

1849 9. Februar: In Rom proklamiert eine verfassunggebende Versammlung die Republik, unter einem von Giuseppe Mazzini (1805–1872) geführten Triumvirat. Truppen Österreichs, Spaniens, Neapels und vor allem Frankreichs beenden auf Bitten des Papstes das demokratische Zwischenspiel.
1850 Pius IX. kehrt im April nach Rom zurück.

1849 **Bürgerliche Gleichstellung** der (etwa 700) Katholiken in Dänemark. – In Österreich erhält die Kirche nach dem Sturz Clemens von Metternichs (1773–1859) wieder das Recht zu selbständiger Ordnung und Verwaltung.

1852 Katholische Abgeordnete des preußischen Landtags schließen sich zur „katholischen Fraktion" zusammen – sie nennt sich seit 1858, an die Sitzordnung anknüpfend, **Zentrumspartei**.

1855 Tod **Sören Kierkegaards** (geb. 1813); der philosophische und theologische Schriftsteller stellt gegenüber Hegel die Einmaligkeit des Ichs heraus, das in seiner Individualität auf den Glauben verwiesen ist, der sich wiederum im nicht mehr begreifbaren Gehorsam vollzieht (Beispiel Abraham). – Seine Gedanken werden von der Existenzphilosophie und der dialektischen Theologie weitergeführt.

1860 Der größere Teil des **Kirchenstaats** – Romagna, Marken, Umbrien – schließt sich dem Königreich Sardinien an; damit bereitet sich sein Ende vor:

1867 Ein zweiter Einfall (nach 1862) des italienischen Freiheitskämpfers **Giuseppe Garibaldi** (1807–1882) in den Kirchenstaat wird durch französisch-päpstliche Truppen zurückgeschlagen.
1870 Nach dem Abzug der französischen Truppen – als Folge der Niederlage Napoleons III. bei Sedan im Deutsch-Französischen Krieg – wird am 20. September **Rom besetzt**.

1871 Rom wird zur Hauptstadt des **Königreichs Italien** (Viktor Emmanuel II.) erklärt. Dem Papst werden der Vatikan und Castelgandolfo als Wohnsitz zugesprochen, seine Unverletzlichkeit wird garantiert, eine Jahresrente von 3,25 Millionen Lire festgesetzt. Die Ablehnung dieses Status durch Pius IX. und seine Nachfolger hält bis 1929 die **„Römische Frage"** offen und führt zu einer Dauerspannung mit den italienischen Regierungen.

1874 Der Papst untersagt den Katholiken Italiens die Teilnahme an den politischen Wahlen des Königreichs (Dekret ***Non expedit***). Die Beteiligung an Stadt- und Provinzwahlen wird 1876 freigegeben.

1863 Der Schweizer **Henri Dunant** (1828–1910) regt die Gründung des **Roten Kreuzes** an, das sich im Folgejahr durch eine internationale Konferenz in Genf etabliert. Ziel ist vor allem die Linderung der durch Kriege verursachten Leiden.

1871 Antikatholische Maßnahmen des preußischen Ministerpräsidenten, der die Zentrumspartei als ein Sammelbecken von Reichsfeinden betrachtet, lösen den **Kulturkampf** aus.

1871 Juli: Aufhebung der katholischen Abteilung im Kultusministerium; Dezember: Einfügung des **„Kanzelparagraphen"** ins Strafgesetzbuch: Geistliche dürfen in Ausübung ihres Amtes staatliche Angelegenheiten nicht „in einer den öffentlichen Frieden gefährdenden Weise" behandeln.

1872 März: Schulaufsichtsgesetz (in Preußen); katholische Ordensangehörige werden vom Lehrberuf an öffentlichen Schulen ausgeschlossen; Juli: Jesuitengesetz: Auflösung aller Niederlassungen der Jesuiten und verwandter Orden (Redemptoristen, Lazaristen).

1873 **Maigesetze**: Errichtung eines königlichen Gerichtshofs für kirchliche Angelegenheiten; die Übertragung eines geistlichen Amtes wird von der Zustimmung des Staates abhängig gemacht. – Gegen oppositionelle Bischöfe werden Prozesse angestrengt (fünf von elf Bischöfen in Preußen verbringen zwischen 1874 und 1875 mehrere Monate im Gefängnis).

1874 März: Die **Zivilehe** wird verbindlich vorgeschrieben.

1875 Februar: Pius IX. erklärt die Maigesetze für ungültig und verhängt über alle, die sich an ihrer Durchführung beteiligen, die Exkommunikation; April: Im so genannten **„Brotkorbgesetz"** verordnet Preußen die Einstellung aller Geldleistungen des Staates an die Kirche;

Mai: Ordensgesetz: neue Orden und Kongregationen werden in Preußen nicht mehr zugelassen; die bestehenden sollen innerhalb von vier Jahren aufgelöst werden.

seit 1878 Der Reichskanzler Otto von Bismarck entschließt sich zur allmählichen Einstellung des Kirchenkampfes. Die erlassenen Gesetze werden durch Novellen geändert bzw. rückgängig gemacht.

seit 1879 Antikirchliche Maßnahmen der Dritten Republik in **Frankreich**.

Kirchlichen Hochschulen wird das Recht, akademische Grade zu verleihen, entzogen (1879); Auflösung der Jesuitenniederlassungen (1880); Verpflichtung der Geistlichen zum Militärdienst; Abschaffung des Religionsunterrichts an staatlichen Schulen; Erleichterung der Ehescheidung.

1903 Sämtlichen Orden wird die Lehrtätigkeit untersagt; ihre Schulen sollen innerhalb von 10 Jahren aufgelöst werden.

1905 Parlamentarischer Beschluss zur **Trennung von Kirche und Staat**.

1882 Tod von **Charles Darwin** (geb. 1809); in seinem Hauptwerk „Die Entstehung der Arten“ (1859) führt er die Arten auf das Zusammenspiel von Mutation und Selektion zurück, für die Theologen zunächst ein Widerspruch zu der biblischen Aussage, dass Gott alle Arten erschaffen hat.

1883 Tod von **Karl Marx** (geb. 1818 in Trier); der Philosoph und Nationalökonom wird zum Vater des **„Marxismus“**, einem philosophischen System, das zahlreichen kommunistischen Staaten, vor allem der Sowjetunion (hier als „Marxismus-Leninismus“), als politische Ideologie diente.

Durch die sich verändernden Produktionsverhältnisse zerfällt die Gesellschaft in Klassen, die miteinander in Konflikt geraten. Im Zuge der Industrialisierung stehen sich schließlich nur noch Kapitalisten und (ausgebeutete) Werktätige gegenüber. Erst wenn letztere die staatliche Macht übernehmen und die Produktionsmittel vergesellschaften (Kommunismus), ist das Tor zu Wohlstand und allgemeiner Solidarität geöffnet. – Da nach Marx die Religion den Arbeiter nur davon abhält, die Verhältnisse durch eine Revolution zu ändern, und ihn statt dessen auf ein gerechteres Jenseits vertröstet (Religion als „Opium des Volkes“), ist sie zu bekämpfen.

1890 Auf Betreiben von Ludwig Windthorst (1812–1891; seit 1871 Führer der Zentrumspartei) entsteht der **Volksverein für das katholische Deutschland** zur politischen, sozialen und religiös-kulturellen Weiterbildung der Katholiken. In seiner Blütezeit (1914) zählt er 805.000 Mitglieder. (Von den Nationalsozialisten 1933 aufgelöst.)

1891 Elend und Unruhen unter den Arbeitern sowie die Gefahr eines heraufziehenden Sozialismus (Kommunismus) veranlassen **Leo XIII.** zur (ersten) Sozialenzyklika ***Rerum novarum.*** Gegen den unversöhnlichen Gegensatz, den der Sozialismus zwischen Arbeitenden und Besitzenden behauptet, stellt er die Forderung einer „einträchtigen Beziehung" beider zueinander, weil jeder des anderen bedarf. Er weist die Notwendigkeit des Privatbesitzes auch an Produktionsmitteln auf, fordert den gerechten Lohn (der zumindest den Lebensunterhalt des Arbeiters und seiner Familie decken muss) und den sinnvollen Gebrauch des Besitzes.

B. Innerkirchliches Leben

Unruhen, Aufstände und Revolutionen kann die Kirche nur als Folge von Irrwegen des Denkens begreifen. Mit aller Kraft wenden sich deshalb die Päpste der Bekämpfung neuzeitlicher Irrlehren zu: gegen den Liberalismus, gegen die vom Individuum beanspruchten Freiheiten, gegen die Gewissensfreiheit als letzte Instanz für das Handeln des Einzelnen, gegen einen die Unterschiede einebnenden Religionsbegriff. Die Unfehlbarkeit des Papstes ist zwar umstritten, doch beruht ihre Definition auf dem Willen der Mehrheit – ein Zeichen dafür, dass viele eine starke päpstliche Autorität in dieser Zeit für wichtig halten. Die neue Distanz zum Staat fördert nicht nur das Zusammenhalten von Klerus und Laien, der Bischöfe untereinander und mit dem Papst, sie bewirkt auch das Erwachen vieler Initiativen auf den verschiedenen Ebenen, um die neue gesellschaftliche Realität vom katholischen Standort her zu beeinflussen und zur Lösung der sozialen Probleme, vor allem der Arbeiterschaft, beizutragen. Auch die Missionierung Afrikas und Asiens wird mit neuem Elan begonnen oder fortgesetzt.

1800 **Madeleine Sophie Barat** (1779–1865) gründet in Paris den Orden der „Frauen vom heiligsten Herzen Jesu“ (Dames du Sacré Cœur) für Unterricht und Erziehung der Mädchen, vor allem der höheren Schichten. Die Kongregation findet rasch weltweite Verbreitung.

1808 In Wien entfaltet der Redemptorist **Clemens Maria Hofbauer** (1751–1820) eine intensive seelsorgliche Tätigkeit („Apostel von Wien“), vor allem unter Studenten und Professoren. Zugleich ist er Mittelpunkt eines Romantikerkreises, zu dem auch der 1808 zum Katholizismus übergetretene Kulturphilosoph Friedrich Schlegel (1772–1829) gehört.

1814 Pius VII. stellt den 1773 durch Clemens XIV. aufgehobenen **Jesuitenorden** wieder her (Bulle *Sollicitudo omnium ecclesiarum*), der in kurzer Zeit einen enormen Aufschwung erlebt (1801 bereits für Russland, 1804 für das Königreich Neapel zugelassen).

1850 Italienische Jesuiten gründen auf Wunsch Pius' IX. die Zeitschrift **„Civiltà Cattolica“**, um kirchliches Gedankengut einer gebildeten Leserschaft zu vermitteln. Bald gilt das Presseorgan für die Öffentlichkeit als wichtige Orientierung für die Position des Vatikans.
1861 Offizielle Stimme des Vatikans wird der seit 1. Juli erscheinende (und nach dem Zweiten Weltkrieg als Tageszeitung fortgeführte) **„Osservatore Romano“**.

1817 Zum 300. Jahrestag der Reformation erreicht Friedrich Wilhelm III. in Preußen eine **Union** zwischen Lutheranern und Reformierten, die auch von Schleiermacher (s.u. S. 170) angestrebt wird. Doch sein Versuch, 1822 durch eine Kirchenagenda eine größere Einheitlichkeit der Gottesdienste zu erreichen, ruft solche Widersprüche und Diskussionen hervor, dass sich 1841 die Altlutheraner (mit Erlaubnis Friedrich Wilhelms IV.) zur „Evangelisch-lutherischen Kirche in Preußen“ zusammenschließen.

1830 In den USA sammeln sich die Anhänger von Joseph Smith (1805–1844): Der Landarbeiter behauptet, ein Engel habe ihn das „Buch Mormon“ auffinden lassen, einen Bericht über die Einwanderung von Israeliten in Nordamerika im 6. Jahrhundert v. Chr. Der

Anspruch der „Kirche Jesu Christi der Heiligen der letzten Tage“ (**„Mormonen“**), die einzig wahre Kirche Christi zu sein, und ihr Vorwurf, die Christenheit sei von den Idealen der Urkirche abgefallen, bringen ihnen viele Gegner, denen sie durch den Zug nach Westen ausweichen. Nach der Gründung von Salt Lake City (ihrem heutigen Zentrum) gehört ihr Siedlungsgebiet seit 1896 als Utah zu den USA. – Die von Smith verkündete Offenbarung, Polygamie sei von Gott gewollt, kann sich nicht durchsetzen. (Heute bekennen sich etwa 9 Millionen als Mormonen.)

um 1830 Der schottische Prediger Edward Irving (1793–1834) verkündet nicht nur die bevorstehende Wiederkunft Christi, sondern möchte auch die charismatischen Gaben (wie das Zungenreden) und Ämter der Urkirche (Apostel, Propheten, Lehrer) zur Geltung bringen. Da sie viele Elemente des Katholizismus beibehalten, nennen sich die „Irvingianer“ seit 1840 „Apostolisch-Katholische Kirche“. Aus ihr erwächst um 1930 die **„Neuapostolische Kirche“**.

1844 Der Farmer und Prediger William Miller (1782–1849) verkündete für dieses Jahr die Wiederkunft Christi. Seine Anhänger, die **„Adventisten“**, bleiben auch nach dem verstrichenen Termin als kirchliche Erweckungsbewegung bestehen, wenngleich in mehrere Gruppen gespalten. Bedeutung gewinnen die 1863 gegründeten **„Siebenten-Tags-Adventisten“**. Weiter überzeugt von der nahen Wiederkunft erwarten sie nach dem Endgericht ein ewiges Gottesreich auf Erden. Als Sakramente anerkennen sie Taufe und Abendmahl, ihre Lebensweise orientiert sich am Alten Testament und lehnt Betäubungsmittel wie Nikotin, Alkohol, Kaffee und Tee ab. (Zu ihnen zählen heute etwa 13 Millionen Mitglieder.)

um 1830 Johann Sebastian Drey (1777–1853) begründet zusammen mit Johann Baptist Hirscher (1788–1865) und Johann Adam Möhler (1796–1838) die **„katholische Tübinger Schule“**: eine neue Synthese der christlichen Grunddogmen, die sowohl die philosophische Dialektik Hegels wie die Ergebnisse der historisch-kritischen Forschung berücksichtigt und mit der traditionellen Theologie verbindet.

1830 In der von ihnen gegründeten Tageszeitung **„L'Avenir“** setzen sich Hugo-Felicité-Robert de Lamennais (1782–1854; Gründer der „Congrégation St. Pierre"), der Dominikaner Henri Lacordaire (1802–1861) sowie der Laie Graf Charles-René de Montalembert (1810–1870) für liberale Freiheitsforderungen ein (Presse, Vereinigungs- und Unterrichtsfreiheit; für die Freiheitsbewegungen in Irland und Polen, für gerechte und solidarische Demokratie). Lamennais, von Gregor XVI. vehement angegriffen (Enzyklika *Mirari vos,* s.o. S. 161) trennt sich 1834 von der Kirche.

1833 **Karolina Gerhardinger** (1797–1879) gründet in Bayern die Kongregation der „Armen Schulschwestern Unserer Lieben Frau"; bald Ausweitung nach Österreich, Böhmen und Mähren und in die USA. (Heute der größte weibliche Schulorden der katholischen Kirche.)

1834 Tod **Friedrich Schleiermachers** (geb. 1768 in Breslau, Professor der Theologie in Halle und Berlin); in seiner Gedankenwelt vereint sich „die herrnhutische Frömmigkeit mit einer scharfen, an Kant geschulten Dialektik" (Karl Heussi). Im bewussten Gegensatz zum Rationalismus ist Religion für ihn „das unmittelbare und ursprüngliche Sein Gottes in uns durch das Gefühl". Der Erlöser ist „von allen unterschieden durch die stete Kräftigkeit seines Gottesbewusstseins, welche ein eigentliches Sein Gottes in ihm war". – Wie kaum ein anderer beeinflusste Schleiermacher die weitere Entfaltung der protestantischen Theologie.

1835 Großes Aufsehen erregt das „Leben Jesu" von **David Friedrich Strauß** (1808–1874). An Hegel anknüpfend erklärt er einen geschichtlichen Gottmenschen für unvollziehbar. Die Berichte der Evangelien über Jesus seien „Mythen", zwar keine absichtliche Fälschung, aber eine sich im Bewusstsein der Gemeinde vollziehende Ausgestaltung des Glaubens. Gegen ihn entwickelt der ebenfalls in Tübingen wirkende Theologe **Ferdinand Christian Baur** (1792–1860), Begründer der **„evangelischen Tübinger Schule"**, eine kritische Kirchen- und Dogmengeschichtsschreibung.

1835 Gregor XVI. verurteilt den Versuch des verstorbenen Bonner Dogmatikers **Georg Hermes** (1775–1831), im Anschluss an Kant die christlichen Dogmen als Postulate der praktischen Vernunft zu beweisen. Gegen die zahlreichen Anhänger von

Hermes („Hermesianer") geht der Erzbischof von Köln, Clemens August von Droste zu Vischering, mit Härte vor.

1835 Der italienische Priester **Vincenzo Pallotti** (1795–1850) will durch seine „Vereinigung des katholischen Apostolates", die Priester und Laien umfasst, einen neuen Anstoß zur Verbreitung des Glaubens geben. Doch entwickeln sich zunächst nur die Priester- und Brüdergemeinschaft und die Schwesterngemeinschaft (Pallottiner, -innen).

1844 Zur vielseitigen Förderung des Buches (Büchereien, Bibliotheken in Pfarr- und Krankenhäusern, Veröffentlichungen) entsteht der katholische **Borromäusverein.**

1844 In London entsteht die „Young Men's Christian Association" **(YMCA),** um junge Männer (seit 1956 auch Frauen) miteinander zu verbinden, die Jesus Christus nach der Heiligen Schrift als ihren Gott und Heiland anerkennen (in Deutschland: „Christlicher Verein junger Männer [seit 1956: Menschen]", CVJM).

1848 Tod von **Johann Joseph von Görres** (geb. 1776 in Koblenz).

Seit 1819 Herausgeber des „Rheinischen Merkur", in dem er eine freiheitliche Verfassung für ein föderalistisch geeintes Deutschland fordert; seit 1827 Professor für Geschichte in München. Mit seiner Streitschrift „Athanasius" wendet er sich vehement gegen das von Preußen praktizierte Staatskirchentum (s.o. Kölner Kirchenkonflikt, S. 161). Im Übrigen ist er davon überzeugt, dass der Mensch sich nicht allein auf seine Vernunft stützen kann, sondern der Offenbarung Gottes in Christus bedarf.

1876 In Koblenz gründet Georg Graf von Hertling, Professor der Philosophie in Bonn und seit 1882 in München, die **Görres-Gesellschaft.** Sie stellt sich die Aufgabe, vom katholischen Standort aus mit den verschiedenen Wissensgebieten in Dialog zu treten.

1848 Oktober: In Mainz findet der erste deutsche **Katholikentag** statt. Im gleichen Monat tagt in Würzburg die erste **deutsche Bischofskonferenz.**

1848 **Klara Fey** (1815–1894), die 1837 in Aachen eine Schule für arme und vernachlässigte Mädchen eingerichtet hat, gründet die Kongregation der Schwestern vom armen Kinde Jesu, die sich der Erziehung und dem Unterricht der weiblichen Jugend widmet.

1849 Der Spanier **Antonio María Claret** (1807–1870) gründet die Kongregation der „Söhne des Unbefleckten Herzens Marias" (Claretiner), die sich zunächst der Volksmission und Exerzitien widmen, später auch der überpfarreilichen Seelsorge.

1854 8. Dezember: Pius IX. verkündet die **Unbefleckte Empfängnis Marias** als Dogma: Maria wurde „im ersten Augenblick ihrer (eigenen, sie ins Dasein stellenden) Empfängnis durch die einzigartige Gnade und Bevorzugung des allmächtigen Gottes im Hinblick auf die Verdienste Christi Jesu, des Erlösers des Menschengeschlechtes, von jeglichem Makel der Urschuld unversehrt bewahrt" (Bulle *Ineffabilis Deus;* DH 2803).

1858 18 Muttergotteserscheinungen vor Bernadette Soubirous (1844–1879) in einer Grotte nahe des Ortes machen **Lourdes** zum meistbesuchten und international bekannten Wallfahrtsort Frankreichs.

1859 Tod des Pfarrers von Ars, **Jean-Baptiste Vianney** (geb. 1786), des geschätzten Seelsorgers und Beichtvaters mit großer Anziehungskraft.

1859 Gründung des Salesianerordens in Turin durch **Giovanni Bosco** (1815–1888) zur Erziehung der Jugend. Ein weiblicher Zweig („Don-Bosco-Schwestern") entsteht 1872.

1864 Pius IX. veröffentlicht die Enzyklika *Quanta cura,* daran angehängt der **Syllabus** (errorum), eine Zusammenstellung von 80 modernen Irrtümern der Zeit. Verurteilt werden vor allem der Liberalismus, aber auch Rationalismus, Indifferentismus, Gewissens- und Religionsfreiheit.

1864 In seinem Buch „Die Arbeiterfrage und das Christentum" begründet der Mainzer Bischof **Emmanuel von Ketteler** (1811–1877), dass das Arbeiterproblem nur durch eine Neuorganisation der Gesellschaft, die weder liberal noch totalitär sein darf, gelöst werden kann. Seine Gedanken bilden in den nächsten Jahrzehnten die Grundlage der katholischen Soziallehre.

1868 In Alger entsteht durch die Initiative des Erzbischofs **Charles de Lavigerie** (1825–1892) die Gemeinschaft der „Weißen Väter" für die

Missionsarbeit in Afrika, und im Jahr darauf die Kongregation der „Weißen Schwestern".

1869/1870 1. **Vatikanisches Konzil** (20. Allgemeines Konzil). Es verabschiedet am 24. April 1870 die Dogmatische Konstitution über den Glauben *Dei Filius* und verurteilt darin Atheismus, Rationalismus, Materialismus, und wendet sich danach der **Unfehlbarkeitsfrage** zu. Die Mehrheit der Konzilsväter beantragt die Definition der päpstlichen Unfehlbarkeit (innerhalb der Dogmatischen Konstitution *Pastor aeternus*), die schließlich am 18. Juli 1870 mit 533 Ja-Stimmen erfolgt (Gegner reisen vorher ab).

Es wird festgestellt: „Wenn der Römische Bischof „ex cathedra" spricht, das heißt, wenn er in Ausübung seines Amtes als Hirte und Lehrer aller Christen kraft seiner höchsten Apostolischen Autorität entscheidet, dass eine Glaubens- oder Sittenlehre von der gesamten Kirche festzuhalten ist, dann besitzt er mittels des ihm im seligen Petrus verheißenen göttlichen Beistands jene Unfehlbarkeit, mit der der göttliche Erlöser seine Kirche bei der Definition der Glaubens- oder Sittenlehre ausgestattet sehen wollte; und daher sind solche Definitionen des Römischen Bischofs aus sich, nicht aufgrund der Zustimmung der Kirche unabänderlich" (DH 3074).

1871 20. Oktober: Wegen der Besetzung Roms durch die Piemontesen (20. September) wird das Konzil fristlos vertagt.

1871 Mehrere deutsche Theologieprofessoren unter Führung von Ignaz Döllinger (1799–1889) aus München, die die Unfehlbarkeit des Papstes nicht anerkennen wollen, werden aus der Kirche ausgeschlossen.

1889 Die sich dem Konzil widersetzenden „Altkatholiken" aus verschiedenen Länder schließen sich in Utrecht zur **Altkatholischen Kirche** zusammen; sie anerkennen alle Glaubensaussagen, die mit der Urkirche übereinstimmen, darunter die sieben Sakramente und die reale Gegenwart Christi in der Eucharistie. Abgelehnt werden – neben der Unfehlbarkeit und dem Primat des Papstes – die „neuen" Mariendogmen. 1923 wird die Zölibatspflicht aufgehoben (in Deutschland bereits 1878).

1872 In den USA entsteht durch Charles Taze Russell (1852–1916) die „Internationale Vereinigung ernster Bibelforscher", die sich seit 1931 als **„Zeugen Jehovas"** bezeichnet. Diese lehnen die Dreifaltigkeit Gottes (und damit auch die Gottessohnschaft Jesu) ab und betrachten das Kreuz als heidnisch. (Gegenwärtig über 5 Millionen Mitglieder in 200 Ländern.)

1875 Im holländischen Steyl gründet **Arnold Janssen** (1837–1909) die „Gesellschaft des Göttlichen Wortes" (Societas Verbi Divini, „Steyler Missionare"), ebenso die „Steyler Missionsschwestern" und die „Steyler Anbetungsschwestern"; die Ordenszweige widmen sich vor allem der äußeren Mission.

1875 21 Kirchen Nordamerikas und Europas schließen sich in London zum **„Reformierten Weltbund"** zusammen. Gegenseitiger Erfahrungsaustausch und Koordination der Mission sind sein Ziel.

1878 Der ursprünglich anglikanische, dann methodistische und schließlich konfessionell unabhängige Prediger William Booth (1829–1912) organisiert in London seine Helfer in der Armenfürsorge nach militärischem Vorbild als **„Heilsarmee"** *(The Salvation Army)*. In der Folgezeit sind ihr zahllose soziale Einrichtungen zu verdanken.

1879 Die Theologie des Thomas von Aquin (s.o. S. 97f.) wird durch Leo XIII. den theologischen Fakultäten als Maßstab vorgeschrieben (Enzyklika *Aeterni Patris*).

1879 In den USA entsteht durch **Mary Eddy** (vorher: Baker, 1821–1910) die „Christian Science Church". Von persönlichen Erfahrungen ausgehend, behauptet Eddy in ihrem Buch: „Science and Health with Key to the Scriptures", dass das Problem des Bösen nur durch eine radikale Änderung im christlichen Denken über die Natur des Seins gelöst werden könne.

1881 Der Priester **Johann Baptist Jordan** (1848–1918) gründet in Rom eine „Apostolische Lehrgesellschaft", die sich seit 1894 „Societas Divini Salvatoris" („Salvatorianer") nennt. Ihr Ziel ist die Verbreitung des Glaubens in Wort und Schrift. Ein weiblicher Zweig entsteht 1888.

1889 Tod **Albrecht Ritschls** (geb. 1822 in Berlin, seit 1864 Professor in Göttingen); sein Einfluss auf die protestantische Theologie ist mit Schleiermacher vergleichbar: Dogmatik muss immer von einem Standort innerhalb der Gemeinde betrieben werden; natürliche Theologie und Metaphysik können nicht als Stütze des Glaubens dienen; Quelle der Dogmatik ist auch nicht das christlich-fromme Selbstbewusstsein (gegen Schleiermacher), sondern das Evangelium.

1890 Tod **John Henry Newmans** (geb. 1801 in London); der 1825 zum Priester geweihte Anglikaner konvertiert 1845 zur katholischen Kirche und empfängt in Rom 1847 die Priesterweihe und wird Oratorianer. 1851 Gründungsrektor der katholischen Universität in Dublin, bald bekannt durch seine Predigten und Schriften. In seinem Denken erhält das „Handeln nach dem Gewissen" einen besonderen Schwerpunkt, seine Kirchlichkeit unterstreicht die Gültigkeit des *sensus fidei* (Gespür für das glaubensmäßig Richtige) der Gläubigen (Laien); 1879 Kardinal.

1896 Mit der Bulle *Apostolicae curae* werden die **anglikanischen Weihen** wegen Formmangels und wegen der fehlenden Intention weiter für ungültig erklärt.

1899 Ein Höhepunkt der Maßnahmen gegen den **katholischen Amerikanismus** bildet das Schreiben *Testem benevolentiae* Leos XIII., worin Reformbestrebungen besonders in den USA zur Annäherung der katholischen Kirche an die bürgerliche Gesellschaft und Kultur verurteilt werden.

20. Jahrhundert
Kirche als Anwalt von Menschlichkeit und Frieden

A. Kirche und Gesellschaft/Staat

Die Erschütterung durch den Ersten und Zweiten Weltkrieg ist unübersehbar. Die Kirche vermochte nicht, sie zu verhindern oder zu beenden. Mögen frühere Kriege politische Differenzen beglichen haben, so waren sie jetzt durch keine politischen Ziele mehr zu rechtfertigen. Fassungslos blickt die Welt auf die Opfer von Ideologien: auf die Ermordung der Juden durch die Nationalsozialisten, auf die Opfer der stalinistischen Säuberungen. Schließlich dämmert im Blitz der ersten Atombomben die Erkenntnis, dass die Menschheit insgesamt Gefahr läuft unterzugehen. Nicht der Einzelstaat, nur die Völkergemeinschaft als ganze bietet eine Aussicht auf Frieden. Die Kirche erfasst schnell, dass sie nur gehört wird, wenn sie unabhängig von Konfession und Religion im Namen aller Betroffenen gegen Armut und Hunger kämpft und für Gerechtigkeit eintritt. Im gleichen Maße wie die große Politik sie kaum beachtet, wird sie vielen Unterdrückten eine Schwester.

1900 Tod **Friedrich Nietzsches** (geb. 1844); der Philosoph, Sohn eines Pastors, verkündet den „Tod Gottes“ und fordert dazu auf, den „Übermenschen“ anzustreben: Erwartungen, die sich bisher auf Gott beziehen, sollen als Herausforderung an sich selbst und an die Zukunft der menschlichen Entwicklung begriffen werden.

1905 Nach dem Abbruch der diplomatischen Beziehungen zum Vatikan (1904) führt **Frankreich** die **Trennung von Kirche und Staat** durch (Prinzip der *laïcité*). Freiheit des Gewissens und der Ausübung des Kultes wird gewährleistet; der Staat enthält sich jeder finanziellen Unterstützung einer religiösen Gemeinschaft; das Kirchengut wird verstaatlicht; die katholische Kirche gilt nicht mehr als Körperschaft des öffentlichen Rechts.

1906 2. Februar: Pius X. verurteilt das Trennungsgesetz scharf (Enzyklika *Vehementer nos*, erneut durch die Enzyklika *Gravissimo officio* vom 10. August 1906, in der auch die Bildung vom Staat vorgesehener „Kultusvereine" untersagt wird).

1911 Nach Ausrufung der Republik (Oktober 1910) verkündet **Portugal** die Trennung von Staat und Kirche.

1912 Gewerkschaftsstreit: In der Diskussion unter den Katholiken Deutschlands, ob sie sich in interkonfessionellen Gewerkschaften engagieren sollten (Kölner Position) oder nicht (Berliner Richtung), stellt sich Pius X. hinter die Berliner Richtung (Enzyklika *Singulari quadam*). Er ist überzeugt, dass der (durch die kirchliche Autorität gelenkte) Glaube auch das Fundament für die soziale Ordnung sein müsse. Doch schließt er eine interkonfessionelle Zusammenarbeit nicht aus, wenn dadurch ein größeres Übel verhindert werden kann.

1914–1918 Erster Weltkrieg

1914 28. Juli: Kriegserklärung Österreichs an Serbien (nach der Ermordung des österreichischen Thronfolgers Franz Ferdinand durch serbische Extremisten am 28. Juni), Deutschlands an Russland (1. August) und Frankreich (3. August), und Englands an Deutschland (4. August).

1914 4. September: Wahl des Kardinals Giacomo della Chiesa, Erzbischof von Bologna (geb. 1854 in Genua) zum Papst **(Benedikt XV.)**. Weder sein Bemühen, den Kriegsausbruch zwischen Österreich und Italien (23. Mai 1915) zu verhindern (Italien erreicht bereits im Londoner Vertrag [26. April 1915] von den Alliierten die Zusicherung, den Heiligen Stuhl von künftigen Friedensverhandlungen auszuschließen), noch seine Friedensnote an die kriegführenden Regierungen (1. August 1917) finden Beachtung.

1915 Die Türkei, die auf deutscher Seite am Krieg teilnimmt, „säubert" ihr Land von den christlichen **Armeniern**: über 600.000 werden deportiert oder umgebracht, etwa 1 Million fliehen.

1917 März: Revolutionäre Erhebungen in Sankt Petersburg führen zur **Abdankung des Zaren Nikolaus II.** und zur Bildung einer provisorischen Regierung unter Fürst Lvov.

1917 24.–25. Oktober (6.–7. November [neuer Stil]): Machtübernahme der Bolschewiken **(„Oktoberrevolution")** in Russland.

1918 23. Januar: Ein Dekret der Volkskommissare verfügt die Einziehung des Kirchenguts, die Einführung der Zivilehe sowie die Aufhebung des Religionsunterrichts in Russland.

1918 9. November: Nach der Abdankung Kaiser Wilhelms II. wird in **Deutschland** (Berlin) die **Republik** ausgerufen. – Mit dem Rücktritt der Fürsten endet auch das seit der Reformation bestehende landesherrliche Kirchenregiment; 11. November: Der Waffenstillstand von Compiègne beendet die Kampfhandlungen.

1919 29. April: Angeregt durch US-Präsident Wodroow Wilson (1856–1924) wird in den Friedensverhandlungen von Versailles die Verfassung eines **Völkerbundes** angenommen, der den Weltfrieden sichern und die wirtschaftliche und kulturelle Zusammenarbeit unter den Nationen fördern soll (Deutschland tritt 1926 bei).

1919 11. August: Die **Verfassung der Weimarer Republik** lockert die bisherige Verbindung von Staat und Kirche: Neutralität des Staates gegenüber weltanschaulichen Verbänden; die Verfassung gewährleistet Glaubens- und Gewissensfreiheit, ungestörte Religionsausübung, Religionsunterricht als ordentliches Lehrfach; Religionsgemeinschaften gelten als Körperschaften des öffentlichen Rechts, die ihre Angelegenheiten innerhalb des geltenden Rechts selbständig verwalten.

Einzelheiten regeln Konkordate: 1924 mit Bayern, 1929 mit Preußen, 1932 mit Baden.

1921 **Frankreich** nimmt die seit Juli 1904 abgebrochenen diplomatischen Beziehungen zum Apostolischen Stuhl wieder auf.

1925 Konkordat zwischen dem Heiligen Stuhl und **Polen**. Gliederung des Landes – für die 19 Millionen Katholiken des lateinischen Ritus – in fünf Kirchenprovinzen mit sechs Erzbistümern und 15 Bistümern.

1925 Tod **Rudolf Steiners** (geb. 1861 in Kraljevec, Kroatien); der Begründer der Anthroposophie versteht die Entwicklung des Menschen als einen Prozess fortschreitender Vergeistigung. Sie kann beim Einzelnen durch die richtige Pädagogik, die Steiner in den 1919 von ihm eingerichteten Waldorfschulen verfolgt, gefördert werden.

1926 Als in **Mexiko** Präsident Plutarco Calles (1924–1928) eine rigide antikirchliche Politik betreibt (Aufhebung von Schulen, Klöstern, Seminaren; Verbot von katholischen Laienorganisationen; Ausweisung aller ausländischen Priester; Begrenzung der Priesterzahl auf je einen für 15.000 Katholiken), kommt es zu einem blutigen Aufstand, der etwa 5300 *Cristeros* das Leben kostet. – Die Spannungen dauern bis zur politischen Wende unter Präsident Avila Camacho 1940 an.

1929 Die **Pfadfinderbewegung**, entstanden 1907 in England, findet in der „Deutschen Pfadfinderschaft St. Georg" ein katholisches Pendant. Die Jugendlichen erstreben soziales und kirchliches Engangement, Solidarität und internationale Verbundenheit.

1929 In den **Lateranverträgen** zwischen dem Vatikan und der italienischen Regierung unter Benito Mussolini (1883–1945) wird der seit der Besetzung des Kirchenstaates (1870) schwelende Konflikt um die „Römische Frage" beigelegt.

Der Papst erhält die volle Souveränität über die Vatikanstadt, seinerseits anerkennt er Rom als Hauptstadt des italienischen Staates. – In dem mit den Lateranverträgen verbundenen Konkordat wird die katholische Religion als Staatsbekenntnis deklariert (einschließlich der Verbindlichkeit kirchlicher Ehevorschriften für die staatliche Rechtsprechung). – Die Verträge werden 1947 in die Verfassung der Republik Italien übernommen.

1930 Erste kirchliche Warnungen vor der „Hitlerbewegung" und ihren Anschauungen. Nach der Erklärung des Mainzer Ordinariates (30. September) ist Katholizität mit der Mitgliedschaft in der NSDAP unvereinbar. – Zum Jahreswechsel 1930/1931 warnt Kardinal Adolf Bertram, Vorsitzender der Deutschen Bischofskonferenz, vor Rassenwahn und Nationalkirche. Im Februar 1931 warnen auch die bayerischen Bischöfe vor dem Nationalsozialismus. Auch auf evangelischer Seite erheben sich Stimmen (darunter Karl Barth), die den Anschauungen des Nationalsozialismus widersprechen.

1931 Zum 40. Jahrestag der ersten **Sozialenzyklika** *Rerum novarum* (Leo XIII.) veröffentlicht Pius XI. mit *Quadragesimo anno* eine erneute Stellungnahme zur Wirtschafts- und Gesellschaftsordnung. Er betont die Sozialpflichtigkeit des Eigentums, das gegenseitige Aufeinanderverwiesensein von Kapital und Arbeit, das Subsidiaritätsprinzip, fordert gerechten Lohn und stellt Normen für ein Mindesteinkommen auf; Sozialismus und Kommunismus werden verurteilt.

1933 30. Januar: **Adolf Hitler** (1889–1945) wird von Reichspräsident Hindenburg zum Reichskanzler ernannt. – Die deutschen Bischöfe entschließen sich, nach beruhigenden Erklärungen Hitlers, zur Loyalität gegenüber der neuen Regierung.

23. März: Im **„Ermächtigungsgesetz“** gewährt der Reichstag (nur die Sozialdemokraten stimmen dagegen) Hitler für vier Jahre legislative (praktisch diktatorische) Vollmachten.

20. Juli: Unterzeichnung des **Reichskonkordats** zwischen dem Deutschen Reich und dem Apostolischen Stuhl: der katholischen Kirche wird die öffentliche Ausübung der Religion zugesichert, ebenso die selbständige Verwaltung ihrer Angelegenheiten, die freie Besetzung der kirchlichen Ämter, Religionsunterricht als ordentliches Lehrfach; die Bischöfe verpflichten sich zum Treueid gegenüber dem Staat; Geistliche und Ordensleute verzichten auf Mitgliedschaft in Parteien und jede Art parteipolitischer Betätigung. – Ein Konkordat mit Österreich folgt im Jahr darauf (30. April 1934).

23. Juli: Die **„Glaubensbewegung Deutsche Christen“**, im Vorjahr gegründet, erlangt bei den Kirchenwahlen eine eindrucksvolle Mehrheit. Ihr Ziel ist die Germanisierung des Christentums, vor allem der Ausschluss aller jüdischen Elemente, sowohl in der biblischen Theologie wie auch unter den kirchlichen Amtspersonen. Am 23. September gelingt ihr die Wahl des früheren Wehrkreispfarrers und Vertrauten Hitlers, Ludwig Müller, zum „Reichsbischof“. – Bereits im Juli hatte Pfarrer Martin Niemöller (1892–1986) gegen die Glaubensverfälschung den „Pfarrernotbund“ ins Leben gerufen, der sich dann zur **„Bekennenden Kirche“** ausweitete. Auf ihrer ersten Synode (29.–31. April 1934) unterstreicht sie in der **Barmer Theologischen Erklärung** (formuliert von Karl Barth), dass für die Verkündigung einzig und allein der biblisch bezeugte Jesus Christus als Wort Gottes wesentlich ist. – Zwar verlieren die Deutschen Christen zunehmend an Anhängern, doch bleibt die Spaltung in der evangelischen Kirche bis Kriegsende bestehen.

1937 13. März: Nach 34 Protestschreiben aus Deutschland wegen fortwährender Konkordatsverletzungen und totalitären Anspruchs des Staates wendet sich **Pius XI.** in seiner Enzyklika ***Mit brennender Sorge*** an die deutsche Öffentlichkeit. Rassenwahn und Mythos von Blut und Boden werden ausdrücklich verurteilt.

19. März: Es folgt eine ausdrückliche Verurteilung des atheistischen Kommunismus in der Enzyklika ***Divini Redemptoris.***

1938 13. März: Nach dem Einmarsch deutscher Truppen wird der „Anschluss Österreichs" proklamiert. Der österreichische und deutsche Episkopat begrüßen Hitlers „historische Leistung".

9. November: Eine geplante, aber von der Regierung als spontan bezeichnete Volkserhebung brennt in der **Reichspogromnacht** in ganz Deutschland Synagogen nieder, verwüstet jüdisches Eigentum, misshandelt und ermordet jüdische Mitbürger. Bevölkerung und Kirchen schweigen.

1939 2. März: Eugenio Pacelli (geb. 1876 in Rom, 1920–1929 Apostolischer Nuntius für das Deutsche Reich, seit 1930 Kardinalstaatssekretär) wird als **Pius XII.** Papst.

1939–1945 Im Zweiten Weltkrieg entschließt sich Pius zu strikter Neutralität.

1939 1. September: Mit dem Angriff auf Polen entfesselt Hitler den **Zweiten Weltkrieg.**

1941 August: Der Bischof von Münster, **Clemens von Galen** (1878–1946), bezichtigt von der Kanzel aus Regierungsstellen der Ermordung psychisch Kranker (3. August); Hitler ordnet daraufhin die (vorläufige) Einstellung des Euthanasieprogramms an (28. August).

1941 14. August: Im Konzentrationslager Auschwitz stirbt der Franziskaner **Maximilian Kolbe.** Er tritt freiwillig an die Stelle eines zum Hungertod verurteilten Häftlings.

1942 20. Januar: In der (nicht öffentlichen) Wannsee-Konferenz (Berlin) wird auf Geheiß Hitlers die **„Endlösung der Judenfrage"** beschlossen. Im Osten wird mit dem Bau von Vernichtungslagern begonnen.

1944 20. Juli: Durch ein **Attentat auf Hitler** versuchen hohe Militärs, den Weg Deutschlands in die Katastrophe aufzuhalten. Hitler überlebt leicht verletzt und veranlasst Todesurteile gegen alle, die mit dem Attentat in Zusammenhang stehen. Zu den Opfern der Verfolgung, die sich zwar nicht am Attentat, aber an Überlegungen zu einer Neugestaltung Deutschlands beteiligt haben, zählen auch der Jesuit **Alfred Delp** und der evangelische Theologe **Dietrich Bonhoeffer.**

1945 8. Mai: Die bedingungslose **Kapitulation** Deutschlands beendet die Kampfhandlungen in der westlichen Hemisphäre. Die Kapitulation Japans erfolgt am 2. September.

1945 24. Oktober: Zur künftigen Sicherung des Weltfriedens werden die **„Vereinten Nationen"** (*United Nations Organization*, UNO) gegründet (Sitz in New York).

1947–1956 In den Höhlen um **Qumran** am Toten Meer werden etwa 1000 (oft sehr fragmentarische) Schriftrollen in hebräischer, aramäischer und griechischer Sprache entdeckt, geschrieben zwischen 300 v. Chr. und 100 n. Chr., die zum Teil auf die jüdische Sekte der Essener verweisen. Hoffnungen, darin Anspielungen auf Johannes den Täufer oder Jesus bzw. die ersten christlichen Gemeinden zu finden, werden enttäuscht.

1948 30. Januar: Tod **Mahatma Gandhis** (geb. 1869); dem Rechtsanwalt gelang es, Indien auf dem Weg der Gewaltlosigkeit aus der englischen Kolonialherrschaft zu lösen. Er beeindruckte die ganze Welt durch seine tiefe Religiosität, die sich auf hinduistische Grundsätze, aber auch auf die Bergpredigt stützte, durch seine Anspruchslosigkeit, seine in gleicher Weise Hindus, Moslems und Christen umfassende Achtung vor dem Menschen.

1948 15. Mai: Nach Ablauf des englischen Mandats über Palästina erklärt sich die jüdische Bevölkerung Palästinas, gemäß einem von der UNO vorgeschlagenen Teilungsplan, zum autonomen **Staat Israel.**

1994 Der Vatikan nimmt zum Staat Israel diplomatische Beziehungen auf.

1949 24. Mai: Mit dem Inkrafttreten des „Grundgesetzes" entsteht die **Bundesrepublik Deutschland.** Die Beziehungen zwischen Kirche und Staat werden entsprechend der Weimarer Verfassung von 1919 konzipiert: Bekenntnisfreiheit und ungestörte Religionsausübung werden gewährleistet; Religionsunterricht ist ordentliches Lehrfach; Privatschulen sind zugelassen. – Am 7. Oktober wird die sowjetische Besatzungszone zur **Deutschen Demokratischen Republik** (DDR). Die Verfassung verspricht Glaubens- und Gewissensfreiheit und ungestörte Religionsausübung. Die Kirchen dürfen in Räumen der Schulen Religionsunterricht erteilen, über die Teilnahme entscheiden die Eltern. – In der Praxis wird bald offenkundig, dass aktive Kirchenmitglieder mit erheblichen gesellschaftlichen Benachteiligungen (z. B. in der Zulassung zum Universitätsstudium) zu rechnen haben.

1953 Konkordat des Heiligen Stuhles mit **Spanien** (Regierung Francisco Franco). Die katholische Religion wird darin zur „einzigen Religion der spanischen Nation" erklärt; andern Religionen wird die öffentliche Kundgebung und Werbung untersagt.

1958–1963 Papst Johannes XXIII.

1958 28. Oktober: Nach dem Tod Pius' XII. wird Giuseppe Roncalli, der Patriarch von Venedig (geb. 1881 in Sotto il Monte bei Bergamo) zum Nachfolger gewählt; er nimmt den Namen Johannes XXIII. an. Zu seinem Programm gehört die Öffnung der Kirche für die Anliegen der Moderne ***(aggiornamento)***.

1961 Seine Sozialenzyklika *Mater et Magistra* begründet der Papst damit, dass sich das Oberhaupt der Kirche „die Leiden, die Klage, die Bestrebungen der unteren Schichten und der Unterdrückten zu eigen macht" und als „Anwalt und Schützer ihrer Rechte" auftritt.

1962 Zur Erneuerung der Kirche und zum Dialog mit der modernen Welt beruft Johannes ein Konzil ein (s.u. S. 192).

1963 11. April: In seiner Friedensenzyklika *Pacem in terris* entfaltet Johannes Bedingungen für einen dauerhaften Frieden. Die Katholiken fordert er auf, das politische Leben aktiv mitzugestalten. Neu ist seine differenzierte Sicht des Kommunismus; seine philosophischen Anschauungen sind von wirtschaftlichen, sozialen oder politischen zu unterscheiden.

1963 3. Juni: Johannes XXIII. stirbt in Rom.

1963–1978 Papst Paul VI.

1963 21. Juni: Nachfolger Johannes' XXIII. wird der Kardinal von Mailand, Giovanni B. Montini (geb. 1897 in Concesio bei Brescia,

1922–1954 im päpstlichen Staatssekretariat tätig, seit 1954 Erzbischof von Mailand) als Paul VI.

1965 4. Oktober: Vor der Vollversammlung der Vereinten Nationen in New York ruft Paul VI. dazu auf, mit allen Kräften den Weltfrieden zu sichern.

1967 Angesichts des „weltweiten Ausmaßes der sozialen Frage" und der „Dringlichkeit gemeinsamen Handelns" wendet sich Paul VI. mit seiner Sozialenzyklika ***Populorum progressio*** an die Kirche und „an alle Menschen guten Willens". Er fragt nach den Wegen für eine umfassende Entwicklung. Mit großer Deutlichkeit nimmt er zum Privateigentum Stellung.

1968 In seiner Enzyklika ***Humanae vitae*** geht Paul VI. auf Fragen der Empfängnisverhütung ein. Gemäß traditioneller Lehre verweist die Enzyklika auf „natürliche Methoden", lehnt also die Anti-Baby-Pille ab. In der Folge intensive Diskussionen in und außerhalb der Kirche. Die deutschen Bischöfe betonen das Gewicht der persönlichen Gewissensentscheidung (Königsteiner Erklärung).

1968 4. April: In Memphis (Tennessee, USA) wird der Baptistenprediger **Martin Luther King** erschossen. Mehr als zehn Jahre lang hat er in strenger Gewaltlosigkeit für die Integration und Gleichberechtigung der Schwarzen gekämpft (und dafür 1964 den Friedensnobelpreis erhalten).

1978 26. August: Nach dem Tod Pauls VI. (6. August) wird, nach nur 24-stündigem Konklave, Albino Luciani (geb. 1912 in Forno di Canale, Provinz Belluno, seit 1969 Patriarch von Venedig) zum Nachfolger gewählt. Ein Herzinfarkt beendet schon nach 33 Tagen (28. September) überraschend das Leben **Johannes Pauls I.**

seit 1978 Papst **Johannes Paul II.**

1978 16. Oktober: Zur allgemeinen Überraschung wird – nach 456 Jahren – ein Nichtitaliener zum Papst gewählt: Kardinal Wojtyła, Erzbischof von Krakau (geb. 18. Mai 1920 in Wadowice bei Krakau, seit 1958 Weihbischof, seit 1964 Erzbischof von Krakau), der den Namen Johannes Paul II. annimmt.

1979 Juni: Besuch Johannes Pauls II. in seiner Heimat **Polen**, aus Anlass des 900-jährigen Todestages des heiligen Stanisław (1072–1079 Bischof von Krakau), des Patrons der polnischen Nation.

1981 13. Mai: **Papstattentat:** Während einer öffentlichen Audienz auf dem Petersplatz wird Johannes Paul II. durch Schüsse eines türkischen Attentäters, dessen Motive im Dunkeln bleiben, schwer verletzt.

1981 Den 90. Jahrestag der ersten Sozialenzyklika nimmt Johannes Paul II. zum Anlass, in ***Laborem exercens*** die Würde der menschlichen Arbeit und ihren Vorrang vor dem Kapital hervorzuheben.

1987 Eine zweite Sozialenzyklika – ***Sollicitudo rei socialis*** – befasst sich mit der Situation der Entwicklungsländer.

1980 In den lateinamerikanischen Staaten stellt sich die Kirche auf die Seite der entrechteten Indios. Die Folge sind Attentate auch auf Priester. Ein prominentes Opfer ist der Erzbischof von San Salvador **Oscar Romero**, der während eines Gottesdienstes erschossen wird.

1984–1986 Instruktionen der Glaubenskongregation über die **Theologie der Befreiung.**

Seit den 60er Jahren entwickelt sich in Südamerika, namhaft vertreten von den Priestern Gustavo Gutierrez (geb. 1928) und Leonardo Boff (geb. 1938), die Befreiungstheologie: Die Botschaft des Evangeliums als „Befreiung“ darf sich nicht nur auf Sündenvergebung beziehen, sondern muss eine Änderung der realen Unterdrückungssituation anzielen. – Rom begrüßt zunächst die „Option für die Armen“, kritisiert aber vor allem die Rezeption marxistischer Theoreme sowie eine Engführung der Glaubensaussagen und lehnt ein politisches Engagement von Priestern ab.

1984 Der polnische Priester **Jerzy Popieluszko**, der in seinen Predigten die kommunistische Regierung kritisiert, wird von Geheimpolizisten brutal ermordet. Da ein Zeuge überlebt, ist die Regierung unter dem Druck der internationalen Medien genötigt, den von ihr beauftragten Handlangern (die angeblich ohne Weisung gehandelt haben) den Prozess zu machen.

1989/1990 Der Fall der Berliner Mauer (9. November 1989) und Beitritt der DDR zum Gebiet des Grundgesetzes (3. Oktober 1990) bringen **Deutschland** die Wiedervereinigung.

1991 Auflösung der Sowjetunion in eine „Gemeinschaft unabhängiger Staaten“ (GUS).

1997 In Kalkutta stirbt **Mutter Teresa** (geb. 1910 in Skopje als Agnes Bojaxhiu); zunächst Loretoschwester, hat sie sich seit 1946 in Kalkutta für verlassene Sterbende, ausgesetzte Kinder und die Ärmsten der Armen eingesetzt. 1979 erhält sie den Friedensnobelpreis. Ihre Gründung, die „Missionaries of Charity“ zählen bei ihrem Tod bereits 4000 Schwestern und 400 Brüder.

1998 Januar: Die Bestätigung einer Beratung, die in Deutschland für einen Schwangerschaftsabbruch notwendig ist und die auch von kirchlichen Stellen ausgehändigt wird (wobei die Beratung grundsätzlich zum Austragen des Kindes ermutigt), wird vom Papst abgelehnt **(Schwangerenkonfliktberatung)**. Katholiken beschließen, die Beratung in eigener Regie unter dem Namen „Donum vitae“– ohne kirchliche Unterstützung – weiterzuführen.

1999 29. September: Die katholischen Bischöfe Belgiens bitten die Juden um „aufrichtige Vergebung“ für antijüdisches Verhalten in der Vergangenheit. Auch die Schweizer Bischöfe bekennen am 14. April 2000 ihre Mitschuld an der Zurückweisung der Juden, die bei ihnen Schutz suchten.

1999 9. November: Die französischen Bischöfe protestieren gegen das Gleichstellungsgesetz für nichteheliche Lebensgemeinschaften. Am 16. März 2000 warnen die deutschen Bischöfe vor einem ähnlichen Gesetz für Deutschland.

B. Innerkirchliches Leben

Ohne es vorauszusehen, ist die Kirche in eine mit den ersten Jahrhunderten vergleichbare Situation geraten. Weder im Nationalsozialismus noch im Kommunismus kann sie auf eine Zukunft hoffen. Auf der andern Seite will sie überleben und geht deshalb manchen fragwürdigen Kompromiss ein. So wird die zweite Hälfte des Jahrhunderts eine Zeit der Gewissenserforschung und der Schuldbekenntnisse, aber auch ein neuer Beginn, ein Entdecken von Möglichkeiten für eine menschlichere Welt. Die Ökumene lebt auf, das Zweite Vatikanische Konzil öffnete sich für den Dialog mit dem modernen Menschen. Weltweit operierende Hilfsorganisationen und das Eintreten für den Frieden machen die christlichen Kirchen insgesamt glaubwürdiger. – Auf Kirchentagen, Weltjugendtreffen, Papstbesuchen, Taizé-Begegnungen entdeckte die Jugend Gemeinschaft und Brüderlichkeit, die der Glaube vermittelt.

1902 Grundsteinlegung des theologischen Modernismus (s.u.) durch **Alfred Loisys** (1857–1940) Buch „L'Evangile et l'Eglise", einer Verteidigung der katholischen Kirche gegen Adolf Harnacks „Das Wesen des Christentums" (1900). Loisy betont den Entwicklungsgedanken und kehrt sich von einer fundamentalistischen Schrifterklärung zugunsten der historisch-kritischen Methode ab.

1903 Nachfolger Leos XIII. wird der Patriarch von Venedig, Giuseppe Sarto (geb. 1835 in Riese bei Treviso, 1884 Bischof von Mantua, seit 1893 in Venedig) als **Pius X.** Sein Ziel ist eine Gesamterneuerung der Kirche (sein Wahlspruch: *Instaurare omnia in Christo* – Alles in Christus erneuern).

1904 Ankündigung einer Revision des **Kirchenrechts**. – Das *Ius exclusivae* (s.o. S. 135f.) wird unter der Androhung der Exkommunikation verboten (Konstitution *Commissum nobis*).

1905 Die Enzyklika *Il fermo proposito* fordert die Mitwirkung der Laien an den Seelsorgsaufgaben des Klerus, besonders bei der Durchdringung des profanen Lebens mit christlichen Prinzipien: die erste Charta der organisierten **Katholischen Aktion** (s.u. S. 189) Gründung der päpstlichen Hochschule für das Studium der Heiligen Schrift (Bibelinstitut).

1910 Der häufige Empfang der Kommunion – schon 1905 den Erwachsenen ans Herz gelegt – wird auch den Kindern (ab sieben Jahren) empfohlen (Dekret *Quam singulari*).

1907 Mit dem Dekret ***Lamentabili*** (6. Juli) und der Enzyklika ***Pascendi dominici gregis*** (8. September) wendet sich Pius X. gegen den **„Modernismus"**: gegen Agnostizismus und Immanentismus, verkehrte Dogmenentwicklung, historisch-kritische Methode in der Exegese, Reform der Kirchenstruktur und Kritik an der Neuscholastik.

1910 Allen Kandidaten für das Priesteramt wird die Ablegung eines **Antimodernisteneides** vorgeschrieben. – Pius X. wendet sich anlässlich der 300-Jahr-Feier der Heiligsprechung von Carlo Borromeo in seiner Enzyklika *Editae saepe* vom 26. Mai (Borromäusenzyklika) heftig gegen den Modernismus, den er als einen Auswuchs der Reformation und des Verhaltens der Fürsten betrachtet. Nach heftigen Reaktionen, auch seitens Kaiser Wilhelm II., unterbleibt die Publikation in Deutschland.

1910 Die Missionskonferenz von Edinburgh, in der 1335 Delegierte christlicher Kirchen (ohne Katholiken und Orthodoxe) eine weltweite Mission erörtern, wird durch ihre Impulse zum Ausgangspunkt der modernen **ökumenischen Bewegung**.

1920 In Genf tagt die auf dem Hintergrund der Erfahrungen des Ersten Weltkrieges neu entstandene Bewegung **„Life and work"** (Praktisches Christentum), maßgeblich angeregt durch den Erzbischof von Uppsala, Nathan Söderblom (1866–1931). Für 1925 wird eine Weltkonferenz geplant (s.u. S. 189).

1927 In Lausanne konstituiert sich die Vereinigung **„Faith and Order"** (Glaube und Kirchenverfassung). Während in Edinburgh dogmatische Fragen bewusst ausgeklammert wurden, ist jetzt das Ziel, auf der Grundlage des gemeinsamen Glaubens an die Inkarnation zu einem gemeinsamen Verständnis von Kirche vorzustoßen. Auch die orthodoxen Kirchen beteiligen sich daran.

1948 integriert sich die Bewegung in den **Ökumenischen Rat der Kirchen**.

1914 In seiner ersten Enzyklika *Ad beatissimi Apostolorum* wendet sich **Benedikt XV.** (1914–1922) gegen den **„Integralismus"**, eine „Überkirchlichkeit", die nicht nur den Bereich der Glaubenslehre, sondern auch die gesellschaftlichen Belange an die römischen Weisungen binden will.

1916 In der algerischen Wüste bei Tamanrasset wird der Eremit und Priester **Charles de Foucauld** (geb. 1858) von Plünderern erschossen; seit 1905 unter den armen Tuareg lebend, erlernt und erfasst deren Sprache. Auf ihn gehen Gemeinschaften „Kleine Brüder" bzw. „Kleine Schwestern Jesu" zurück.

1917 Benedikt XV. promulgiert den **„Codex Iuris Canonici"** (CIC), eine Zusammenstellung des geltenden Kirchenrechts.

1917 In **Fátima** (Portugal) berichten drei Hirtenkinder von Erscheinungen der „Muttergottes vom Rosenkranz", jeweils am 13. der Monate Mai bis Oktober. Fatima entwickelt sich im 20. Jahrhundert zu einem der bedeutendsten Wallfahrtsorte Europas.

1921 In Dublin entsteht die katholische Laienbewegung **„Legio Mariae"**, die sich an der Spiritualität und Marienfrömmigkeit des Louis Grignion de Montfort (1673–1716) orientiert. Sie strebt eine aktive Mitarbeit an der apostolischen Sendung der Kirche an und ist inzwischen in allen Erdteilen verbreitet.

1922 Pius XI. ruft die Laien zur **„Katholischen Aktion"** auf (Enzyklika *Ubi arcanum Dei*), d. h. zu persönlicher Heiligung und zum gesellschaftlichen Einsatz, um das Reich Gottes zu verwirklichen. Nur von der Kirche ausdrücklich anerkannte Laienorganisationen dürfen sich als Mitwirkende an der Katholischen Aktion bezeichnen.

1925 Der belgische Priester **Joseph Cardijn** (1882–1967) gründet die **„Christliche Arbeiterjugend"** (CAJ), die bei seinem Tod in 90 Ländern organisiert ist und einen wichtigen Teil der Katholischen Aktion darstellt.

1922 Die 28 deutschen Landeskirchen schließen sich in Wittenberg zum **„Deutschen Evangelischen Kirchenbund"** zusammen. Zwar behalten die einzelnen Kirchen ihre volle Selbständigkeit „in Bekenntnis, Verfassung und Verwaltung", doch ist nun gegenüber Staat, Öffentlichkeit und in der Ökumene ein gemeinsames Auftreten möglich.

Anfang der 20er Jahre gewinnt im evangelischen Raum die **dialektische Theologie** an Boden (Hauptvertreter Karl Barth, Eduard Thurneysen, Friedrich Gogarten, Emil Brunner, Rudolf Bultmann). Sie wendet sich gegen einen philosophischen, psychologisierenden oder historisch orientierten Zugang zu Gott, der der ganz Andere bleiben muss und dessen unüberbrückbare Distanz, die zwischen ihm und der Welt herrscht, nicht weggeredet werden darf.

1925 Die **„Weltkirchenkonferenz für praktisches Christentum"** (Life and work) in Stockholm versucht die christlichen Kirchen durch praktische Zusammenarbeit, vor allem auf sozialem Gebiet, einander näherzubringen. Auch die internationalen Beziehungen sind ein Aufgabenfeld der Kirchen.

1928 In seiner Enzyklika *Mortalium animos* untersagt Pius XI. den Katholiken jede Teilnahme an derartigen ökumenischen Gesprächen, da sie mit dem katholischen Kirchenverständnis unvereinbar seien. Die Einheit der Christen könne nur durch „Rückkehr ins gemeinsame römische Vaterhaus" zustande kommen.

1937 Beide Konferenzen – Faith and Order und Life and Work – schließen sich bei ihren Treffen in Oxford zusammen und planen die Errichtung eines **Weltkirchenrates** mit Sitz in Genf. Seine Verfassung wird 1938 in Utrecht ausgearbeitet, doch der Weltkrieg verhindert ein erneutes Zusammentreffen.

1948 Erster Zusammentritt des **„Ökumenischen Rates der Kirchen"** (ÖRK) in Amsterdam (1961 in New Delhi erstmals mit Teilnahme offizieller katholischer Beobachter).

1926 Der **Eucharistische Weltkongress** in Chicago vereinigt mehr als eine Million Teilnehmer. Eucharistische Kongresse existieren seit 1881 (Lille); sie wollen die zentrale Bedeutung der Eucharistie bewusst machen.

1925 Die Weihe mehrerer **einheimischer Missionsbischöfe** aus China, Japan und Indien durch Pius XI. signalisiert eine Wende in der Missionsmethode. Die Konfuziusverehrung in China wird nun von Rom als bürgerlicher, nichtreligiöser Akt bezeichnet (damit sind die im Zusammenhang mit dem Ritenstreit erlassenen Verbote von 1742 praktisch aufgehoben).

1939 Weihe erster afrikanischer Bischöfe durch Pius XII.

1928 In Madrid gründet der spanische Priester Josemaría Escrivá de Balaguer (1902–1975) das **„Opus Dei"**. Die aus Priestern und Laien gebildete katholische Organisation ist als Personalprälatur der Jurisdiktion der Bischöfe entzogen.

seit 1930 Die **„liturgische Bewegung"**, verstanden als das Bemühen, die Liturgie bewusster mitvollziehen zu können, gewinnt spürbar an Boden, vorangetrieben auch durch die katholische Jugendbewegung. Es entstehen Richtlinien für die „Gemeinschaftsmesse"; im „Schott" – der Übertragung der Messtexte ins Deutsche durch den Benediktiner Anselm Schott (1843–1896) – kann der Gläubige den Verlauf der Messe mitverfolgen und damit die lateinischen Texte verstehen.

1930 Tod **Adolf Harnacks** (geb. 1851 in Dorpat, Livland); der später in Leipzig, Gießen, Marburg und Berlin tätige Theologe wird zur anerkannten Autorität für Alte Kirchengeschichte, Patrologie und Dogmengeschichte.

1931 Neuordnung der **philosophisch-theologischen Studien** durch Pius XI. (Konstitution *Deus scientiarum Dominus*): Vereinheitlichung von Aufbau, Studienplänen und Lehrmethoden.

1940 Roger Schutz (geb. 1915), seit einem Jahr Leiter der evangelischen Studentenschaft in Lausanne, schließt sich mit etwa 20 Studenten, die sich gegenseitig im geistlichen Leben fördern wollen, zu einer „Grande Communauté" zusammen. Sie lassen sich in **Taizé**, einem Ort in der Nähe von Cluny (Burgund) nieder und entwickeln sich bald (1949) zu einer festen Gemeinschaft in Ehe- und Besitzlosigkeit und Anerkennung einer Autorität. Seit 1969 nehmen auch katholische und orthodoxe Brüder an ihrem Leben teil. – Immer mehr wird Taizé seit den 50er Jahren für die europäische Jugend ein Zentrum des Austausches und des gemeinsamen Gebetes.

1943 In Trient gründet Chiara Lubich (geb. 1920) die **Fokolar-Bewegung** (italienisch *focolare*, Herd – als Treffpunkt der Familie). Sie will auf kirchlicher, ökumenischer und gesellschaftlicher Ebene zur Einheit unter den Menschen beitragen. Inzwischen zählt sie fast 100.000 Mitglieder (Erwachsene und Kinder) und ist weltweit verbreitet.

1947 Die **Säkularinstitute** – ihre Mitglieder verpflichten sich zu einem Leben gemäß der Evangelischen Räte Armut, Keuschheit und Gehorsam, gehen jedoch gleichzeitig ihren normalen bürgerlichen Berufen nach – erhalten von Pius XII. eine Grundordnung.

1947 Im schwedischen Lund entsteht – als Parallele zum Reformierten Weltbund (s.o. S. 174) – der **„Lutherische Weltbund"**, in dem sich (zunächst) 60 Kirchen, die sich auf das Augsburger Bekenntnis (Confessio Augustana) und den Kleinen Katechismus Luthers stützen, zusammenschließen.

1948 Zusammenschluss lutherischer, reformierter und unierter Kirchen zur **„Evangelischen Kirche in Deutschland"** (EKD). Aufgabe des Bundes ist die Vertiefung der Gemeinschaft unter den Gliedkirchen sowie die Förderung gesamtkirchlicher Einrichtungen.
1968 Die acht EKD-Kirchen der DDR schließen sich zum „Bund der Evangelischen Kirchen in der DDR" zusammen.

1950 Im Heiligen Jahr verkündet Pius XII. in der Apostolischen Konstitution *Munificentissimus Deus* die leibliche Aufnahme Marias in den Himmel (seit der Definition der päpstlichen Unfehlbarkeit 1870 die erste dogmatische Entscheidung *ex cathedra*).

1958 Um weltweit den Armen und Hungernden zu helfen – „unabhängig von Rasse, Geschlecht, Religion und Nation" – rufen die deutschen Bischöfe die Stiftung **„Misereor"** ins Leben. – Die gleichen Ziele verfolgt die im Jahr darauf gegründete Aktion **„Brot für die Welt"** der evangelischen Kirche.

1958 Die **„Aktion Sühnezeichen"**, angeregt auf der Synode der EKD, will durch freiwillige Mitarbeit junger Menschen an Bauprojekten im Ausland Wiedergutmachung leisten und Vertrauen stiften für das von den Nationalsozialisten erlittene Unrecht.

1961 Zur Unterstützung pastoraler Aufgaben in Lateinamerika schaffen die deutschen Bischöfe die Hilfsorganisation **„Adveniat"**.

1959 Das seit 15 Jahren in Frankreich laufende Experiment, als **Arbeiterpriester** die Härte des Fabriklebens am eigenen Leib zu erfahren, wird von Rom, das für die Priester jegliche Fabrikarbeit verbietet, beendet; über 100 Arbeiterpriester sind davon betroffen.

1959 Ankündigung eines allgemeinen Konzils durch Johannes XXIII.

1960 An der Kurie wird ein Sekretariat zur **Förderung der Einheit der Christen** unter Leitung von Kardinal Augustin Bea (1881–1968) eingerichtet.

1962 11. Oktober: Eröffnung des **Zweiten Vatikanischen Konzils** (21. Allgemeines Konzil), unter Teilnahme von 2400 Konzilsvätern und – zum ersten Mal – Beobachtern nichtkatholischer christlicher Kirchen. In vier Sitzungsperioden bis Dezember 1965 werden Dekrete und Konstitutionen verabschiedet über Liturgie, Kommunikationsmittel, Kirche, Ostkirchen, Ökumenismus, die Hirtenaufgabe der Bischöfe, Ordensleben, Priesterausbildung, christliche Erziehung, das Verhältnis zu den nichtchristlichen Religionen, Offenbarung, Apostolat der Laien, Religionsfreiheit, Mission, Dienst und Leben der Priester, Kirche in der Welt von heute sowie ein Votum des Konzils über die Ehe.

1964 Die **Schönstatt-Bewegung**, 1914 aus der Tätigkeit der Pallottiner erwachsen, etabliert sich zur selbständigen Organisation. Ihr Ziel ist ein marianisch geprägtes Christsein. Ihre Schulungszentren erreichen heute mehr als zwei Millionen Menschen, ihre Mitgliederzahl beträgt etwa 100.000.

1965 7. Dezember: In zeitgleichen Gottesdiensten wird in Rom und in Istanbul der **Bann von 1054** zwischen römischer und orthodoxer Kirche gegenseitig **aufgehoben** – ein letzter Akt des Konzils, das am Tag darauf endet.

1965 Tod **Albert Schweitzers** (geb. 1875 in Kaysersberg, Elsass) in Lambarene, Gabun. Der „Urwalddoktor" unterbricht eine aussichtsreiche theologische und musikalische (als Organist) Karriere, studiert mit 30 Jahren Medizin und baut dann in Lambarene ein Tropenkrankenhaus auf. Seine Achtung vor dem Leben – ein Begriff, der in der Mitte seines Denkens steht – findet weite Anerkennung und Übernahme.

1966 Tod **Paul Tillichs** (geb. 1886 in Starzeddel, Mark Brandenburg); als Professor der Theologie und. Philosophie tätig in Berlin, Marburg, Dresden und Leipzig. 1933 Auswanderung in die USA, Professor an der Harvard-Universität, seit 1962 an der Universität Chicago. – Er versucht in seiner „Systematischen Theologie" einen Gesamtentwurf innerhalb eines philosophisch interpretierten Weltverständnisses, in dem Christus als das „Neue Sein" verstanden wird.

1967 Neuordnung der römischen Kurie. Das „Heilige Offizium", das über die Reinheit der Lehre wacht, wird nun als „Glaubenskongregation" bezeichnet. – Dem Papst tritt, wie während des Konzils von Paul VI. angekündigt, eine „Bischofssynode" beratend an die Seite; sie wird fallweise zusammengerufen.

1967 Die 1563 durch den flämischen Jesuiten ins Leben gerufene „Marianische Kongregation", in der Jugendliche in Selbstheiligung und Apostolat an der Aufgabe der Kirche teilnehmen, nennt sich nun **„Gemeinschaft Christlichen Lebens"** (GCL).

1968 Um die Kirche **Sant'Egidio** in Rom (Trastevere) bildet sich eine gleichnamige Gemeinschaft, eine Laienbewegung, zu der heute mehr als 40 000 Personen in mehr als 60 Ländern gehören. In gemeinsamem Gebet und gegenseitiger spiritueller Förderung widmet sich ihr Engagement den Armen und dem ökumenischen Dialog, auch mit den Muslimen.

1968 Tod des Jesuiten **Hugo Rahner** (geb. 1900 in Freiburg im Breisgau, Bruder Karl Rahners). Der Patrologe an der Universität Innsbruck macht in zahlreichen Veröffentlichungen den Reichtum der frühen Kirchenschriftsteller zur Theologie der Kirche zugänglich.

1968 Tod **Karl Barths** (geb. 1886 in Basel); nach Studium und Tätigkeit als Pfarrer Professor in Göttingen, Münster und Bonn. Dort wegen Verweigerung des Treueides auf Hitler 1935 entlassen, Rückkehr nach Basel, dort Professor bis 1962. Seine Glaubenslehre (Hauptwerk: „Kirchliche Dogmatik“) macht ihn zum führenden Theologen der evangelischen Kirche. Hochgeschätzt auch von katholischer Seite wird er 1966 zu Gesprächen in den Vatikan eingeladen.

1969 Tod **Romano Guardinis** (geb. 1885 in Verona). Dem Professor für Religionsphilosophie in Berlin, Tübingen und München gelingt es, in einer sprachlich vollendeten, feinfühligen Art die theologischen Aussagen dem modernen Menschen zu erschließen.

1969 Zum Zeichen dafür, wie sehr er am ökumenischen Fortschritt interessiert ist, besucht Paul VI. die Zentralstelle des Weltkirchenrates (ÖRK) in Genf.

1971 Die selbständigen katholischen Jugendverbände (17 Organisationen, darunter Bund Neudeutschland, Pfadfinder St. Georg, Gemeinschaften christlichen Lebens, Christliche Arbeiterjugend, Kolping-Familie, Quickborn) schaffen sich einen Dachverband im **Bund der Deutschen Katholischen Jugend**, der nun etwa 500.000 Mitglieder umfasst.

1971–1975 Angeregt durch die Niederlande, wo 1966–1970 ein Pastoralkonzil stattgefunden hat, tagt in Würzburg die **Gemeinsame Synode der Bistümer der Bundesrepublik Deutschland**, unter dem Vorsitz von Kardinal Julius Döpfner (1913–1976). Ihre Beschlüsse, die die Vermittlung der Glaubensbotschaft an den Menschen unserer Zeit betreffen (darunter Religionsunterricht, Beteiligung von Laien an der Verkündigung), werden von Rom anerkannt.

1973 In der **„Leuenberger Konkordie“**, beschlossen auf dem Leuenberg bei Basel, gewähren sich 103 lutherische, reformierte, unierte, methodistische und hussitische Gemeinschaften sowie die vorreformatorischen der Waldenser und der Böhmischen Brüder „Gemeinschaft an Wort und Sakrament" und erstreben „eine möglichst große Gemeinsamkeit in Zeugnis und Dienst an der Welt".

1976 Tod **Rudolf Bultmanns** (geb. 1884 in Wiefelstede, Oldenburg), Professor der Theologie in Breslau, Gießen und Marburg. Er gewinnt hohes Ansehen durch seine exegetischen Beiträge zum Neuen Testament (besonders Johannes). In seinen Arbeiten betont er das existentielle Getroffenwerden vom „Dass" des Lebens Jesu und seines Kreuzestodes.

seit 1978 Papst **Johannes Paul II.**

1978 In der programmatischen Rede nach seiner Wahl verspricht Johannes Paul II., sich für die Verwirklichung der Konzilsbeschlüsse einzusetzen. Sowohl unkontrollierte Neuerungen wie auch die Ablehnung der beschlossenen Reformen sind zu missbilligen.

1979 Januar: Teilnahme Johannes' Pauls II. an der dritten Vollversammlung der lateinamerikanischen Bischöfe in **Puebla** (Mexiko). Neben der Warnung, Jesus Christus als Politiker und Revolutionär zu sehen, weist der Papst darauf hin, dass der Verkündigungsauftrag der Kirche auch den Einsatz für Gerechtigkeit und die Förderung des Menschen miteinschließt.

1979 März: In seiner ersten Enzyklika ***Redemptor hominis*** legt der Papst dar, dass Christus in einer Welt, in der Menschen zu Sklaven der Produktion, der Systeme und Ideologien werden, eine wahre Befreiung anbietet.

1979 9. April: Am Gründonnerstag veröffentlicht Johannes Paul II. ein „Schreiben an die Priester". Er versichert, dass die Kirche weiterhin am Zölibat festhalten will. Die Ehelosigkeit der Priester ist nicht nur ein eschatologisches Zeichen, sondern von großer sozialer Bedeutung: sie ermöglicht eine „Vaterschaft über viele Menschen".

1979 15. Dezember: Die Glaubenskongregation entzieht dem international bekannten und in Tübingen lehrenden Theologen **Hans Küng** (geb. 1928) die kirchliche Lehrerlaubnis, weil er – während des Konzils zeitweise offizieller theologischer Berater – von der „vollen Wahrheit des katholischen Glaubens" abweicht. Sein Priesteramt ist davon nicht berührt. – 1990 ruft Küng das „Projekt Weltethos" ins Leben; gemeinsam wollen Vertreter der großen Religionen Werte herausarbeiten, die von allen bejaht werden und so als Grundlage internationaler Politik dienen können.

1981 Der Erzbischof von München, Kardinal **Joseph Ratzinger** (geb. 1927), wird von Johannes Paul II. als Präfekt der Glaubenskongregation nach Rom berufen.

1983 25. Januar: Johannes Paul II. setzt das **neue Kirchenrecht**, an dem eine Kommission seit 1963 arbeitet, in Kraft (CIC/1983). 1990 wird ein überarbeitetes Kirchenrecht für alle katholischen Ostkirchen promulgiert: **„Codex Canonum Ecclesiarum Orientalium“** (CCEO).

1986 Der erstmalige **Besuch einer jüdischen Synagoge** in Rom durch einen Papst signalisiert ein neues Verhältnis zwischen katholischer Kirche und Judentum.

1989 27. Januar: 170 deutsche Theologieprofessoren beklagen in ihrer **„Kölner Erklärung“** die römische Praxis bei Bischofsernennungen, der Besetzung theologischer Lehrstühle sowie die Überhöhung der päpstlichen Lehrautorität. Die Glaubenskongregation antwortet mit einer Instruktion über die „kirchliche Berufung von Theologen“, die den Lehrentscheidungen amtlicher Organe, auch wenn diese keine Unfehlbarkeit beanspruchen, mehr Gewicht beilegen sollen als ihren eigenen Positionen. – Im gleichen Jahr verlangt der Papst von allen Priesteramtskandidaten einen Treueid gegenüber dem kirchlichen Lehramt (den Antimodernisteneid hatte Paul VI. 1967 abgeschafft).

1995 30. März: In der Enzyklika ***Evangelium vitae*** spricht sich Johannes Paul II. eindringlich gegen die Abtreibung aus.

1995 25. Mai: Die Ökumene als eine zentrale Aufgabe der Kirche unterstreicht der Papst in seiner Enzyklika ***Ut unum sint***. Im Bewusstsein, dass sich viele getrennte Kirchen am päpstlichen Primat stoßen, hält es der Papst für notwendig, in der Zukunft eine Form der Primatsausübung zu finden, die auf das Wesentliche nicht verzichtet, sich aber neuen Situationen öffnet.

1998 16. März: In einer **Erklärung zur Schoa** beklagt der Papst, dass der „geistige Widerstand und das konkrete Handeln“ vieler Christen zur Zeit der nationalsozialistischen Judenverfolgung „nicht so war, wie man es von einem Jünger Christi hätte erwarten können“.

1982 Die Kommission für Glauben und Kirchenverfassung des Ökumenischen Rates der Kirchen legt ein von den verschiedenen Theologen gemeinsam erarbeitetes Papier über „Taufe, Eucharistie und Amt" den einzelnen Kirchen zur Begutachtung vor (so genannter **Lima-Text**). Rom erklärt es als gute Grundlage für die weitere theologische Arbeit.

1983 11. Dezember: Johannes Paul II. besucht die lutherische Christuskirche in Rom und hält dort – anlässlich des 500. Geburtstags von Martin Luther – eine Predigt.

1984 Der Papst besucht den Weltkirchenrat in Genf.

1984 Ein neues Konkordat zwischen dem Heiligen Stuhl und der italienischen Regierung regelt die Beziehungen zwischen Staat und Kirche. Der katholische Glaube ist nicht mehr Staatsreligion.

1984 Tod des Jesuiten **Karl Rahner** (geb. 1904 in Freiburg im Breisgau, Bruder Hugo Rahners), Dogmatikprofessor in Innsbruck, Münster und München, theologischer Berater beim Konzil, gilt als der führende Theologe dieses Jahrhunderts. Es gelingt ihm, das traditionelle theologische Denken auf moderne Fragestellungen hin aufzubrechen und so die Kontinuität der Theologie zu ermöglichen.

1988 Tod **Hans Urs von Balthasars** (geb. 1905 in Luzern); zunächst Studentenseelsorger in Basel, dann als freier Schriftsteller tätiger Theologe, 1929–1939 Mitglied des Jesuitenordens, den er verlässt, um das von der Mystikerin Adrienne von Speyr (1902–1967) gegründete Säkularinstitut „Johannesgemeinschaft" zu leiten. Steht in enger Nähe zu Karl Barth und noch mehr zu von Speyr, die unter seiner Führung konvertiert. Die enorme Breite und Tiefe seines Schrifttums (Philosophie, Theologie, Kunst, Ästhetik, Spiritualität) geben ihm eine Sonderstellung unter den deutschsprachigen Theologen.

1988 Durch die Weihe von vier Bischöfen gegen das Verbot Roms trennt sich Bischof **Marcel Lefebvre** (1905–1991) von der römisch-katholischen Kirche. Er lehnt die Neuerungen des Zweiten Vatikanischen Konzils konsequent als Irrweg ab und gründet als Fortsetzung der „tridentinischen Kirche" 1970 in Fribourg (Schweiz) die „Confraternitas Pius X.".

1992 Die Einsetzung der **ersten evangelischen Bischöfin** in Deutschland, Maria Jepsen (geb. 1945), wird von der katholischen Kirche als Erschwerung in der ökumenischen Annäherung betrachtet. (Kurz zuvor war die anglikanische Kirche mit einer Frauenordination vorangegangen.)

1999 Am Reformationstag und 469 Jahre nach der Confessio Augustana unterzeichnen Lutheraner und Katholiken in Augsburg eine **„Gemeinsame Erklärung zur Rechtfertigungslehre“**. Darin wird der alte Gegensatz zwischen „Rechtfertigung allein aus dem Glauben“ (evangelisch) und „Notwendigkeit guter Werke“ überwunden.

21. Jahrhundert
Im Zeichen des Globalismus

A. Kirche und Gesellschaft/Staat

2000 7. Mai: Zum ersten Mal gestattet **China** die Weihe eines von Rom approbierten Kandidaten zum Bischof.

▒ **2001** 10. April: Die Niederlande gestatten als erster Staat unter bestimmten Bedingungen die aktive **Sterbehilfe** (Belgien folgt im Mai 2002). Katholische und evangelische Kirchenvertreter legen Protest ein.

▒ **2001 11. September**: Arabische Terroristen bringen bei einem Terroranschlag die beiden Wolkenkratzer des World Trade Center in New York zum Einsturz und verursachen den Tod von mehr als 3000 Menschen. Schlagartig wird sich die Welt der Bedrohung durch den internationalen Terrorismus bewusst.

2001 7. Oktober: Die USA und Großbritannien eröffnen den **Angriff auf Afghanistan**, um die dort vermuteten Auftraggeber der Attentäter vom 11. September zu treffen.

2002 In den USA kommt es zu einer Welle von Enthüllungen über den Missbrauch von Jugendlichen durch pädophile katholische Priester. Rom und die Bischöfe versprechen eine restlose Aufklärung der Vorfälle (auch in anderen Ländern).

▒ **2003** Zusammen mit Großbritannien und weiteren Verbündeten eröffnen die USA den **Krieg gegen Irak**, um das Regime Saddam Husseins, das als internationale Gefahr betrachtet wird, zu beseitigen. Papst Johannes Paul II. versucht bis zuletzt, durch diplomatische und öffentliche Aufrufe den Krieg zu verhindern, der eine neue Kluft zwischen christlicher und muslimischer

Welt zur Folge haben wird. Auch dort, wo sich Bischofskonferenzen äußern, lehnen sie einen „Präventivkrieg" ab.

B. Innerkirchliches Leben

2000 Juni: Der 47. Eucharistische Weltkongress vereinigt in Rom 300.000 Gläubige.

2000 6. August: Die von der Glaubenskongregation veröffentlichte Erklärung ***Dominus Jesus***, die hervorhebt, dass die Kirche Christi „voll nur in der katholischen Kirche weiterbesteht" und dass die kirchlichen Gemeinschaften, „die den gültigen Episkopat und die ursprüngliche und vollständige Wirklichkeit des eucharistischen Mysteriums nicht bewahrt haben", nicht als „Kirchen im eigentlichen Sinn" betrachtet werden können, wird von den ökumenischen Partnern als Rückschlag in den ökumenischen Bemühungen bewertet.

2001 Die Konferenz Europäischer Kirchen, in der anglikanische, orthodoxe und protestantische Kirchen vertreten sind, und der (katholische) Rat der Europäischen Bischofskonferenzen erarbeiten eine gemeinsame **„Charta Oecumenica"**, in der sie sich zu Dialog und Zusammenarbeit verpflichten, „fest entschlossen, die unter uns gewachsene Gemeinschaft zu bewahren und fortzuentwickeln".

2001 21. Januar: Der Papst ernennt 37 neue Kardinäle, darunter den früheren Bischof von Rottenburg und derzeitigen Präsidenten des Rates zur Förderung der Einheit der Christen **Walter Kasper** (geb. 1933). Ende Februar folgen noch weiter sieben Namen. Zu ihnen zählt der Vorsitzende der Deutschen Bischofskonferenz und Bischof von Mainz **Karl Lehmann** (geb. 1936).

2002 7.–13. Oktober: In einer gemeinsamen Erklärung des Papst mit dem rumänisch-orthodoxen Patriarchen Teoctist I. wird betont, die Bemühungen um die Einheit von West- und Ostkirche verstärkt fortzusetzen.

2002 Heiligsprechung des umstrittenen, 1975 verstorbenen Gründers des „Opus Dei", Josemaría Escrivá de Balaguer, (s.o.

S. 190). – Johannes Pauls II. hat während seines Pontifikats mit über 470 Heilig- und über 1300 Seligsprechungen (Stand 2003) mehr **Kanonisationen** vorgenommen, als alle seine Vorgänger der letzten 400 Jahren zusammen.

2003 März: Die Deutsche Bischofskonferenz legt eine Stellungnahme zu dem im Frühjahr 2000 von katholischen und evangelischen Theologen gemeinsam erarbeiteten Dokument ***Communio Sanctorum*** vor. Sie betrachtet den Text als Ausgangspunkt für die Klärung weiterer Fragen wie etwa die der Apostolizität der Kirche, Entwicklung der Ämter in apostolischer Zeit, das Verständnis des „Lehramtes“, der Petrusdienst, die Frage nach Zahl und Wirksamkeit der Sakramente.

2003 17. April: Auf den Gründonnerstag datiert Johannes Paul II. seine Enzyklika über die **Eucharistie** *Ecclesia de Eucharistia.* Die von vielen Kreisen erhoffte Öffnung für gemeinsame Abendmahlfeiern mit den Protestanten wird ausdrücklich abgelehnt. Ohne volle Kirchengemeinschaft ist ein gemeinsames Abendmahl nicht möglich.

28. Mai – 1. Juni: In Berlin findet der **erste gemeinsame Kirchentag** von Katholiken und Protestanten statt.

Papstliste

In der folgenden Papstliste wird auf eine fortlaufende Zählung der Päpste verzichtet, weil die Zahl der zweifellos „rechtmäßigen“ Päpste nicht genau festgelegt werden kann. Denn nicht immer ist klar, ob ein einzelner Papst den Päpsten, den Gegenpäpsten oder keiner der beiden Kategorien zuzurechnen ist (unsichere Quellenlage, Unklarheit über die Umstände der Wahl und Weihe, äußere Einwirkungen bei Einsetzung und Entfernung aus dem Amt). Die mit * gekennzeichneten Namen sind – mit den genannten Einschränkungen – nicht als rechtmäßig anerkannte Bischöfe von Rom zu betrachten.

Petrus	– 67?
Linus	67? – 79?
Anaklet I.	79? – 91?
Clemens I.	91? – 101?
Evaristus	101? – 107?
Alexander I.	107? – 116?
Sixtus I.	116? – 125?
Telesphorus	125? – 138?
Hyginus	138? – 142?
Pius I.	142? – 155?
Anicet	155? – 166?
Soter	166? – 174?
Eleutherus	174? – 189?
Victor I.	189? – 198?
Zephyrinus	198? – 217?
Calixtus I.	217? – 222
Hippolyt v. Rom*	217? – 235
Urban I.	222 – 230
Pontianus	230 – 235
Anterus	235 – 236
Fabianus	236 – 250
Cornelius	251 – 253
Novatian*	251 – 258?
Lucius I.	253 – 254
Stephan I.	254 – 257
Sixtus II.	257 – 258
Dionysius	259? – 268?
Felix I.	268? – 274?
Eutychianus	274? – 282?
Gaius	282? – 295?
Marcellinus	296? – 304
Marcellus I.	307? – 309?
Eusebius	309? – 310?
Miltiades	310 – 314
Silvester I.	314 – 335
Marcus	336
Julius I.	337 – 352
Liberius	352 – 366
Felix (II.)*	355 – 358
Damasus I.	366 – 384
Ursinus*	366 – 367
Siricius	384 – 399
Anastasius I.	399 – 402
Innozenz I.	402 – 417
Zosimus	417 – 418
Bonifatius I.	418 – 422
Cölestin I.	422 – 432
Sixtus III.	432 – 440
Leo I.	440 – 461
Hilarus	461 – 468
Simplicius	468 – 483
Felix II. (III.)	483 – 492

Gelasius I.	492 – 496
Anastasius II.	496 – 498
Symmachus	498 – 514
Laurentius*	498 – 507
Hormisdas	514 – 523
Johannes I.	523 – 526
Felix III. (IV.)	526 – 530
Dioskur	530
Bonifatius II.	530 – 532
Johannes II.	533 – 535
Agapet I.	535 – 536
Silverius	536 – 537
Vigilius	537 – 555
Pelagius I.	556 – 561
Johannes III.	561 – 574
Benedikt I.	575 – 579
Pelagius II.	579 – 590
Gregor I.	590 – 604
Sabinianus	604 – 606
Bonifatius III.	607
Bonifatius IV.	608 – 615
Adeodatus I.	615 – 618
Bonifatius V.	619 – 625
Honorius I.	625 – 638
Severinus	640
Johannes IV.	640 – 642
Theodor I.	642 – 649
Martin I.	649 – 653 (655)
Eugen I.	654 – 657
Vitalianus	657 – 672
Adeodatus II.	672 – 676
Donus	676 – 678
Agatho	678 – 681
Leo II.	682 – 683
Benedikt II.	684 – 685
Johannes V.	685 – 686
Konon	686 – 687
Theodor*	687
Paschalis*	687
Sergius I.	687 – 701
Johannes VI.	701 – 705
Johannes VII.	705 – 707
Sisinnius	708
Konstantin I.	708 – 715
Gregor II.	715 – 731
Gregor III.	731 – 741
Zacharias	741 – 752
Stephan (II.)*	752
Stephan II.	752 – 757
Paul I.	757 – 767
Konstantin II.*	767 – 768
Philippus*	768
Stephan III.	768 – 772
Hadrian I.	772 – 795
Leo III.	795 – 816
Stephan IV.	816 – 817
Paschalis I.	817 – 824
Eugen II.	824 – 827
Valentin	827
Gregor IV.	827 – 844
Johannes (VIII.)*	844
Sergius II.	844 – 847
Leo IV.	847 – 855
Benedikt III.	855 – 858
Anastasius III.*	855
Nikolaus I.	858 – 867
Hadrian II.	867 – 872
Johannes VIII.	872 – 882
Marinus I. (Martin II.)	882 – 884
Hadrian III.	884 – 885
Stephan V.	885 – 891
Formosus	891 – 896
Bonifatius VI.	896
Stephan VI.	896 – 897
Romanus	897
Theodor II.	897
Johannes IX.	898 – 900
Benedikt IV.	900 – 903
Leo V.	903
Christophorus	903 – 904
Sergius III.	904 – 911
Anastasius III.	911 – 913
Lando	913 – 914
Johannes X.	914 – 928
Leo VI.	928
Stephan VII.	929 – 931

Johannes XI.	931 – 936
Leo VII.	936 – 939
Stephan VIII.	939 – 942
Marinus II. (Martin III.)	942 – 946
Agapet II.	946 – 955
Johannes XII.	955 – 964
Leo VIII.	963 – 965
Benedikt V.	964
Johannes XIII.	965 – 972
Benedikt VI.	973 – 974
Bonifatius VII.	974 – 985
Benedikt VII.	974 – 983
Johannes XIV.	983 – 984
Johannes XV.	985 – 996
Gregor V.	996 – 999
Johannes XVI.*	997 – 998
Silvester II.	999 – 1003
Johannes XVII.	1003
Johannes XVIII.	1003 – 1009
Sergius IV.	1009 – 1012
Benedikt VIII.	1012 – 1024
Gregor VI.*	1012
Johannes XIX.	1024 – 1032
Benedikt IX.	1032 – 1045
Silvester III.	1045
Gregor VI.	1045 – 1046
Clemens II.	1046 – 1047
Damasus II.	1048
Leo IX.	1049 – 1054
Victor II.	1055 – 1057
Stephan IX.	1057 – 1058
Benedikt X.	1058 – 1059
Nikolaus II.	1059 – 1061
Alexander II.	1061 – 1073
Honorius II.*	1061 – 1072
Gregor VII.	1073 – 1085
Clemens III.*	1084 – 1100
Victor III.	1086 – 1087
Urban II.	1088 – 1099
Paschalis II.	1099 – 1118
Theodorich*	1100 – 1101
Albert*	1101
Silvester IV.*	1105 – 1111
Gelasius II.	1118 – 1119
Gregor VIII.*	1118 – 1121
Calixtus II.	1119 – 1124
Cölestin (II.)*	1124
Honorius II.	1124 – 1130
Innozenz II.	1130 – 1143
Anaklet II.*	1130 – 1138
Victor IV.*	1138
Cölestin II.	1143 – 1144
Lucius II.	1144 – 1145
Eugen III.	1145 – 1153
Anastasius IV.	1153 – 1154
Hadrian IV.	1154 – 1159
Alexander III.	1159 – 1181
Victor IV.*	1159 – 1164
Paschalis III.*	1164 – 1168
Calixtus III.*	1168 – 1178
Innozenz III.*	1179 – 1180
Lucius III.	1181 – 1185
Urban III.	1185 – 1187
Gregor VIII.	1187
Clemens III.	1187 – 1191
Cölestin III.	1191 – 1198
Innozenz III.	1198 – 1216
Honorius III.	1216 – 1227
Gregor IX.	1227 – 1241
Cölestin IV.	1241
Innozenz IV.	1243 – 1254
Alexander IV.	1254 – 1261
Urban IV.	1261 – 1264
Clemens IV.	1265 – 1268
Gregor X.	1271 – 1276
Innozenz V.	1276
Hadrian V.	1276
Johannes XXI.	1276 – 1277
Nikolaus III.	1277 – 1280
Martin IV.	1281 – 1285
Honorius IV.	1285 – 1287
Nikolaus IV.	1288 – 1292
Cölestin V.	1294
Bonifatius VIII.	1294 – 1303
Benedikt XI.	1303 – 1304
Clemens V.	1305 – 1314

Johannes XXII.	1316 – 1334
Nikolaus V.*	1328 – 1330
Benedikt XII.	1334 – 1342
Clemens VI.	1342 – 1352
Innozenz VI.	1352 – 1362
Urban V.	1362 – 1370
Gregor XI.	1370 – 1378

Großes Abendländisches Schisma

Urban VI. (Rom)	1378 – 1389
Bonifatius IX. (Rom)	1389 – 1404
Innozenz VII. (Rom)	1404 – 1406
Gregor XII. (Rom)	1406 – 1415
Clemens VII. (Avignon)	1378 – 1394
Benedikt XIII. (Avignon)	1394 – 1417
Clemens VIII.*	1423 – 1429
Alexander V. (Pisa)	1409 – 1410
Johannes XXIII. (Pisa)	1410 – 1415

Martin V.	1417 – 1431
Eugen IV.	1431 – 1447
Felix V.*	1439 – 1449
Nikolaus V.	1447 – 1455
Calixtus III.	1455 – 1458
Pius II.	1458 – 1464
Paul II.	1464 – 1471
Sixtus IV.	1471 – 1484
Innozenz VIII.	1484 – 1492
Alexander VI.	1492 – 1503
Pius III.	1503
Julius II.	1503 – 1513
Leo X.	1513 – 1521
Hadrian VI.	1522 – 1523
Clemens VII.	1523 – 1534
Paul III.	1534 – 1549
Julius III.	1550 – 1555
Marcellus II.	1555
Paul IV.	1555 – 1559
Pius IV.	1559 – 1565
Pius V.	1566 – 1572
Gregor XIII.	1572 – 1585
Sixtus V.	1585 – 1590
Urban VII.	1590
Gregor XIV.	1590 – 1591
Innozenz IX.	1591
Clemens VIII.	1592 – 1605
Leo XI.	1605
Paul V.	1605 – 1621
Gregor XV.	1621 – 1623
Urban VIII.	1623 – 1644
Innozenz X.	1644 – 1655
Alexander VII.	1655 – 1667
Clemens IX.	1667 – 1669
Clemens X.	1670 – 1676
Innozenz XI.	1676 – 1689
Alexander VIII.	1689 – 1691
Innozenz XII.	1691 – 1700
Clemens XI.	1700 – 1721
Innozenz XIII.	1721 – 1724
Benedikt XIII.	1724 – 1730
Clemens XII.	1730 – 1740
Benedikt XIV.	1740 – 1758
Clemens XIII.	1758 – 1769
Clemens XIV.	1769 – 1774
Pius VI.	1775 – 1799
Pius VII.	1800 – 1823
Leo XII.	1823 – 1829
Pius VIII.	1829 – 1830
Gregor XVI.	1831 – 1846
Pius IX.	1846 – 1878
Leo XIII.	1878 – 1903
Pius X.	1903 – 1914
Benedikt XV.	1914 – 1922
Pius XI.	1922 – 1939
Pius XII.	1939 – 1958
Johannes XXIII.	1958 – 1963
Paul VI.	1963 – 1978
Johannes Paul I.	1978
Johannes Paul II.	1978 –

Die 21 Allgemeinen (Ökumenischen) Konzilien nach der Einteilung durch Hubert Jedin

1. Die acht ökumenischen Konzilien des Altertums: Reichssynoden, vom Kaiser einberufen

325 1. Allgemeines Konzil, (1. Konzil von) **Nizäa**: Wesensgleichheit des Sohnes mit dem Vater (Glaubensbekenntnis).

381 2. Allgemeines Konzil, (1. Konzil von) **Konstantinopel**: Bekräftigung der Gottheit des Heiligen Geistes; Vorrang Konstantinopels vor den übrigen Patriarchen der Ostkirche, aber nach Rom.

431 3. Allgemeines Konzil, Ephesus: Einheit der menschlichen und göttlichen Natur in Jesus; Maria ist „Gottesgebärerin" *(theotókos)* und „Mutter Gottes".

451 4. Allgemeines Konzil, Chalkedon: Zwei Naturen in Christus, in einer Person *(hypóstasis)* vereint: „unvermischt und ungetrennt" (Hypostatische Union).

553 5. Allgemeines Konzil, (2. Konzil von) **Konstantinopel**: Versuch der Versöhnung mit den Monophysiten, Formel von der „einen Natur des fleischgewordenen Logos".

680/681 6. Allgemeines Konzil, (3. Konzil von) **Konstantinopel**: Lehre von den zwei natürlichen (göttlich und menschlich) Willen und Wirksamkeiten in Christus; Verurteilung des Papstes Honorius I. (wegen Nachlässigkeit bei Unterdrückung der Häresie des Monotheletismus).

787 7. Allgemeines Konzil, (2. Konzil von) **Nizäa**: Erlaubnis der Bilderverehrung; Anbetung gebührt allein Gott.

869/870 8. Allgemeines Konzil, (4. Konzil von) **Konstantinopel**: Beendigung der Kirchenspaltung zwischen Rom und Konstantinopel, verursacht durch den Patriarchen Photius.

2. Die päpstlichen Generalkonzilien des Hochmittelalters, ohne Teilnahme der Ostkirche

1123 9. Allgemeines Konzil, (1.) **Laterankonzil** (Rom): Bestätigung des Wormser Konkordates, Verbot der Simonie, Einhaltung Gottesfrieden, Kreuzzugsablass; Heiligsprechung des Bischofs Konrad von Konstanz.

1139 10. Allgemeines Konzil, (2.) **Laterankonzil**: Verbot der Simonie, des Zinsnehmens; Ungültigkeit von Klerikerehen; Beseitigung des von Papst Anaklet verursachten Schismas; Recht des Domkapitels zur Wahl des Bischofs.

1179 11. Allgemeines Konzil, (3.) **Laterankonzil:** Besiegelung des Friedens zwischen Barbarossa und Alexander III.; Zweidrittelmehrheit bei Papstwahl erforderlich; Verbot der Pfründenhäufung; Verurteilung der Katharer.
1215 12. Allgemeines Konzil, (4.) **Laterankonzil:** Hervorhebung der Transsubstantiation von Brot und Wein; jährliche Osterkommunion; Judengesetzgebung; Kreuzzugswerbung; Verurteilung der Katharer.
1245 13. Allgemeines Konzil, (1. Konzil von) **Lyon:** Friedrich II. abgesetzt (wegen Eidbruch, Häresie und Friedensstörung).
1274 14. Allgemeines Konzil, (2. Konzil von) **Lyon:** Konklaveordnung für Papstwahl; Kreuzzugssteuer (kommt wegen des Falls von Akkon 1291 nicht mehr zustande); (kurzlebige) Union mit den Griechen *(filioque).*
1311/12 15. Allgemeines Konzil, Vienne: Prozess und Aufhebung des Templerordens; Armutsstreit der Franziskaner; Einmischung der weltlichen Gewalt in kirchliche Angelegenheiten; Problem der Exemtionen.
1512–1517 18. Allgemeines Konzil, (5.) **Laterankonzil:** Dekrete über das kuriale Steuerwesen, Religionsunterricht und Predigt; schwerwiegende Missstände – Pfründenhäufung, Residenzpflicht – werden nicht verhandelt.

3. Die Reformkonzilien des Spätmittelalters und der Konziliarismus

1409 16. Allgemeines Konzil, Pisa: Absetzung von zwei Päpsten, Wahl eines dritten,
und
1414–1418 Konstanz: Konzil als Vertretung der Gesamtkirche, über dem Papst; einzelne Reformdekrete; Verurteilung und Verbrennung von Jan Hus; Absetzung der drei Päpste, Wahl Martins V.
1431–1442 17. Allgemeines Konzil, Basel – Ferrara – Florenz: 1431 Basel: Konzil stellt sich über den Papst; 1437 Verlegung nach Ferrara; 1439 Verlegung nach Florenz: Union zwischen der lateinischen und der griechischen Kirche (bis 1453).

4. Das Konzil von Trient (1545–1563) – ein Papstkonzil

1545–1563 19. Allgemeines Konzil, Trient: Verhandlung über Fragen von Dogma (z. B. Rechtfertigung, Schrift und Tradition, Sakramente) und Kirchenreform; keine Repräsentation der (westlichen) Gesamtkirche mehr.

5. Die Vatikanischen Konzilien

1869/1870 20. Allgemeines Konzil, 1. **Vatikanisches Konzil:** Offenbarung und Erkennbarkeit Gottes; Jurisdiktionsprimat und Unfehlbarkeit des päpstlichen Lehramtes.
21. Allgemeines Konzil, Zweites Vatikanisches Konzil: 16 Dokumente zum theologischen Selbstverständnis der Kirche, inneren Leben der Kirche sowie zu Beziehung und Zeugnis nach außen.

Abkürzungen

Zitate aus Konzilsentscheidungen oder päpstlichen Lehräußerungen werden belegt durch Hinweis:
DH = Denzinger, H., Kompendium der Glaubensbekenntnisse und kirchlichen Lehrentscheidungen. Verbessert, erweitert und unter Mitarbeit von H. Hoping herausgegeben von P. Hünermann, Freiburg ^{37}1991.

Literatur

Die Auswahl beschränkt sich im Wesentlichen auf Gesamtdarstellungen der Kirchengeschichte der letzten Jahrzehnte innerhalb des deutschen Sprachraums. In den Werken findet sich leicht Literatur zu weiterführenden Einzelfragen.

Aland K., Geschichte der Christenheit, 2 Bde., Gütersloh ^{2}1991.
Aland K., Kirchengeschichte in Zeittafeln und Überblicken, Gütersloh ^{2}1991.
Andresen C./Denzler G., Wörterbuch der Kirchengeschichte, München ^{6}1997.
Andresen C./Ritter A. M., Geschichte des Christentums, Bd. 1 und 2, Stuttgart 1993–1995.
Andresen C./Ritter A. M./Krumwiede H.W., Geschichte des Christentums, 3 Bde., Stuttgart 1987–1993.
Bihlmeyer J./Tüchle H., Kirchengeschichte, 3 Bde, Paderborn ^{19}1996.
Bornkamm H., Zeittafeln zur Kirchengeschichte, Gütersloh ^{3}1971.
Brandt T., Basiswissen Kirchengeschichte. Kirche im Wandel der Zeit, Haan 1999.
Brox N. u. a. (Hg.), Die Geschichte des Christentums, 14 Bde., Freiburg 1991–2004.
Edwards D.L., Das Christentum. Die Geschichte seiner ersten zwei Jahrtausende, Würzburg 2001.
Franzen A., Kleine Kirchengeschichte, Freiburg ^{6}2000.
Fröhlich R., Grundkurs Kirchengeschichte, Freiburg ^{3}1986.
Fröhlich R., Lebendige Kirchengeschichte, Freiburg 1990.
Frohnes H. (Hg.), Kirchengeschichte als Missionsgeschichte, 2 Bde., München 1974–1978.
Gutschera H./Maier J./Thierfelder J., Geschichte der Kirchen, Freiburg 2003.

Haendler G. u. a. (Hg.), Kirchengeschichte in Einzeldarstellungen, (Berlin) Leipzig 1985ff.
Hartmann G., Daten der Kirchengeschichte, Kevelaer 2003.
Hauschild W.-D., Lehrbuch der Kirchen- und Dogmengeschichte, 2 Bde., Gütersloh ²2001.
Heussi K., Kompendium der Kirchengeschichte, Tübingen ¹⁸1991.
Jedin H., Kleine Konziliengeschichte, Freiburg ⁸1986.
Jedin, H. (Hg.), Handbuch der Kirchengeschichte, 7 Bde., Freiburg 1962–1979.
Kemler H., Christentum, 2 Bde., Stuttgart 1981–1984.
Kirchen- und Theologiegeschichte in Quellen. Ein Arbeitsbuch, 5 Bde., Neukirchen 1994–2001.
Kottje R./Moeller B., Ökumenische Kirchengeschichte, 3 Bde., Mainz 1970–1974.
Kotzula, S., Kirchengeschichte in Daten und Fakten, Leipzig ³2002.
Küng H., Kleine Geschichte der katholischen Kirche, Berlin ²2002.
Kupisch K., Kirchengeschichte, 5 Bde., Stuttgart 1973–1975.
Lenzenweger J. u. a., Geschichte der katholischen Kirche, Graz ³1995.
Lortz J., Geschichte der Kirche in ideengeschichtlicher Betrachtung, 2 Bde., Münster ²¹1964.
Moeller B., Geschichte des Christentums in Grundzügen, Göttingen ⁷2000.
Mühlenberg E., Epochen der Kirchengeschichte, Heidelberg 1980.
Rogier L. u. a., Geschichte der Kirche, 5 Bde., Einsiedeln 1963–1977.
Schatz K., Brennpunkte der Kirchengeschichte, Paderborn 1997.
Schmidt K. D./Ruhbach G., Chronologische Tabellen zur Kirchengeschichte, Göttingen ⁴1979.
Schmidt K. D., Grundriß der Kirchengeschichte, Göttingen ⁹1990.
Sierszyn A., Zweitausend Jahre Kirchengeschichte, 4 Bde., Holzgerlingen 2000–2002.
Sitzmann M./Weber C., Übersichten zur Kirchengeschichte, Göttingen 2001.
Sommer W./Klahr D., Kirchengeschichtliches Repetitorium, Göttingen ³2002.
Steimer B. (Red.), Lexikon der Kirchengeschichte (LThK kompakt), 2 Bde., Freiburg 2001.
Ulrich J./Heil U., Klausurenkurs Kirchengeschichte, Göttingen 2002.

Personen- und Sachregister

(Abkürzungen: K = König/Kaiser, Kl = Kloster, P = Papst)